A Ficção da Escrita

Estudos Literários 16

Claudia Amigo Pino

A Ficção da Escrita

Ateliê Editorial

CAPES

Copyright © 2004 Claudia Amigo Pino

Direitos reservados e protegidos pela Lei 9.610
de 19 de fevereiro de 1998.
É proibida a reprodução total ou parcial
sem autorização, por escrito, da editora.

Dados Internacionais de Catalogação na Publicação (CIP)
(Câmara Brasileira do Livro, SP, Brasil)

Pino, Claudia Amigo
  A ficção da escrita / Claudia Amigo Pino. –
Cotia, SP: Ateliê Editorial, 2004.

  Bibliografia.
  ISBN 85-7480-228-X

  1. Criação (Literária, artística etc.)
2. Estética 3. Perec, Georges, 1936-1982.
53 jours – Crítica e interpretação I. Título.

04-4886   CDD-843.09

Índices para catálogo sistemático:

1. Ficção: Literatura francesa: História e
   crítica   843.09

Direitos reservados à
ATELIÊ EDITORIAL
Rua Manoel Pereira Leite, 15
06709-280 – Granja Viana – Cotia – SP
Telefax: (11) 4612-9666
www.atelie.com.br / atelie_editorial@uol.com.br
2004

Printed in Brazil
Foi feito depósito legal

Sumário

AGRADECIMENTOS 13

PREFÁCIO – *Edson Rosa da Silva* 15

INTRODUÇÃO 21

I. LITERATURA E CRÍTICA DA CRIAÇÃO

1. A Literatura da Criação: Uma Rede de Processos 33

    1.1. *Scriptor in fabula* 33

        1.1.1. O que é literatura da criação 33

        1.1.2. A primeira tradição metaficcional 36

        1.1.3. Ruptura do império realista 39

        1.1.4. Resgate pré-vanguardas 42

        1.1.5. Um século auto-reflexivo 45

    1.2. *O OuLiPo: a criação como programa* 48

        1.2.1. O momento da criação 48

        1.2.2. Formação e princípios de trabalho 49

        1.2.3. Três momentos 51

    1.3. *Perec modo de usar* 53

        1.3.1. Fenômeno literário 53

        1.3.2. Primórdios do biotexto 55

        1.3.3. A vida em palavras 56

    1.4. *Os últimos "53 dias" de Georges Perec* 59

A FICÇÃO DA ESCRITA

    1.4.1. Um livro-manuscrito *59*

    1.4.2. Os livros-manuscrito dentro do livro-manuscrito *60*

1.5. *Nas redes da crítica* *64*

1.6. *Para uma abordagem do processo* *68*

2. A Crítica da Criação: A Revolução e a Reação da Crítica Genética *71*

2.1. *E os manuscritos saíram às ruas* *72*

2.2. *Esse obscuro prazer do manuscrito* *75*

    2.2.1. O que escondem os especialistas *75*

    2.2.2. Uma ideologia não-ideologizada *80*

    2.2.3. Uma ciência de ficções *83*

    2.2.4. O desafio dos "precursores" *86*

2.3. *Para uma estética da criação* *88*

    2.3.1. Um outro prazer dos manuscritos *88*

    2.3.2. Algumas propostas em curso *92*

2.4. *Precisões metodológicas* *93*

    2.4.1. Interpretar para analisar *93*

    2.4.2. Impasses conceituais *94*

    2.4.3. Confluências em uma análise vertical *96*

II. ESTÉTICA DA CRIAÇÃO

3. O Livro como Manuscrito *101*

3.1. *Um quebra-cabeça de escritura* *102*

    3.1.1. As diferentes peças do jogo *102*

    3.1.2. Onde está a redação *105*

    3.1.3. A escrita despedaçada *107*

    3.1.4. A criação como montagem *109*

    3.1.5. Fragmentação e memória *113*

    3.1.6. Entre o teto e a folha *116*

3.2. *A rasura não-rasurada* *121*

    3.2.1. Funções "normais" da rasura *121*

    3.2.2. Rasurar o traço, conviver com o erro *124*

SUMÁRIO

3.2.3. A necessidade das pistas falsas *128*

3.3. *O diálogo scriptural* *130*
    3.3.1. Perguntar para escrever *130*
    3.3.2. Quem é o outro da criação? *133*
    3.3.3. O diálogo infinito *141*

3.4. *O lugar do leitor no manuscrito* *145*
    3.4.1. *Scriptor*-leitor, *Lector*-escritor *145*
    3.4.2. O que é o lugar do leitor *146*
    3.4.3. Os interlúdios genéticos *149*
    3.4.4. Os dedos que batem na máquina *155*

4. O Manuscrito como Livro *159*
4.1. *Do abismo ao hipertexto* *160*
    4.1.1. A *mise en abyme* *160*
    4.1.2. De abismo em abismo *161*
    4.1.3. A verdade entre os livros *170*
    4.1.4. O diálogo dos textos *173*
    4.1.5. Hipertexto ou livro infinito *175*
    4.1.6. Uma falsa poética da diferença *181*

4.2. *Para uma nova literatura realista* *184*
    4.2.1. As peças reais do jogo *184*
    4.2.2. A realidade da recepção *186*
    4.2.3. A ficção sobre a emissão *187*
    4.2.4. As ficções reais *191*
    4.2.5. A autobiografia encriptada *193*
    4.2.6. Os *faits divers* *196*
    4.2.7. O diálogo com a antiga literatura realista *199*
    4.2.8. A nova literatura realista *202*

4.3. *Poética do inacabável* *208*
    4.3.1. O que é um texto acabado *208*
    4.3.2. "*53 jours*", texto inacabado? *212*
    4.3.3. O inacabável *222*
    4.3.4. O tempo do fim dos finais e o segundo tempo *226*

A FICÇÃO DA ESCRITA

4.4. *As partidas de dominó com o senhor leitor*   229
    4.4.1. A traição da leitura   229
    4.4.2. Caminho para a decepção   230
    4.4.3. A recompensa do silêncio compartilhado   233
    4.4.4. A doce verdade?   236

EPÍLOGO: A INVERSÃO FINAL   239

ANEXO

O Dossiê *53 Jours*   253
    Algumas questões técnicas   253

BIBLIOGRAFIA   259

*Aos meus queridos avós, responsáveis
direta e indiretamente por todo o meu gosto
pela leitura.*

Agradecimentos

Este livro corresponde a uma versão adaptada da minha tese de doutorado, defendida na Universidade de São Paulo, em dezembro de 2001. Agradeço aqui em ordem cronológica às pessoas que ajudaram na gestação, desenvolvimento e apoio logístico desse trabalho.

A Lorena Amaro, amiga de tantas aventuras e desventuras que, em 1996, no Chile, me emprestou um intrigante livro que acabara de ler: *"53 Jours"*, de Georges Perec, núcleo desta pesquisa. A Philippe Willemart, meu orientador, por ter acreditado no meu entusiasmo do começo, pelo apoio de todos estes anos, e pelos seus textos, que tanto inspiraram esta pesquisa. Aos meus pais, Paulina e Hugo, e ao meu irmão, Francisco, pelo incentivo mesmo na difícil escolha de viver longe de casa.

Ao Conselho Nacional de Desenvolvimento Científico e Tecnológico (CNPq), pela bolsa que me permitiu vir morar no Brasil. À Fundação de Amparo à Pesquisa do Estado de São Paulo (Fapesp), pela bolsa dos últimos três anos meio e pela possibilidade de realizar o estágio em Paris.

À toda minha família "francesa", especialmente a Bibi, Andrés e Nicole, por ter me apresentado os códigos da nova cultura na qual ingressava. A Ela Bienenfeld, prima e dona dos direitos de autor de Georges Perec, pela autorização para estudar os documentos do romance. Aos colegas da Association Georges Perec, especialmente a Cécile de Bary, Myriam Saussan e ao meu amigo Eric Lavallade, pelas indicações de leitura e ajuda no acesso ao manuscrito. A Almuth Grésillon, Odille de Guidis, Daniel Ferrer e Jacques Neefs, do ITEM (Institut de Textes et Manuscrits Modernes), pelos conselhos, orientação bibliográfica e apoio burocrático.

A todos os funcionários do Departamento de Letras Modernas, pela flexibilidade e disposição nos períodos de entrega. A Cleusa Rios Pinheiro Passos, Véronique Dahlet, Edson Rosa da Silva e Cecília Almeida Salles pelas sugestões da defesa de tese, algumas delas já incorporadas a este trabalho.

Um agradecimento especial a todos os colegas do Laboratório do Manuscrito Literário, pela interlocução destes anos, sem a qual este trabalho não teria sido possível. Gostaria de agradecer com especial carinho os meus amigos Artur Matuck, pela ajuda oportuna no final da pesquisa; Conceição Bento, pela preocupação nos momentos difíceis e pelas despreocupadas conversas nas tardes de sol; Carla Cavalcanti, pelas tediosas tardes dedicadas à impressão e paginação; Cristiana Vieira, pelo seu rápido interesse e entusiasmo pelas questões abordadas; Maria da Luz Pinheiro de Cristo, pelo apoio durante os temporais e pelo necessário radicalismo do seu olhar crítico; Roberto Zular, pelos construtivos desentendimentos e os belos momentos de reconciliação; Rosie Mehoudar, pela constante discussão dos nossos paradoxos quotidianos; Teresinha Meirelles, pela busca da palavra certa e pela orientação em questões psicanalíticas, e Verónica Galíndez Jorge, pelo companheirismo de sua leitura.

Aos meus recentes colegas do curso de Língua e Literatura Francesa, pelo apoio na publicação deste trabalho.

A Alessandro Gamo, pela alegria de acordar todas as manhãs.

Prefácio

◆

Um escritor ainda pouco conhecido do grande público brasileiro e também pouco estudado em nossas universidades é o objeto do livro que agora se publica, fruto da tese de doutoramento de Claudia Consuelo Amigo Pino, defendida na USP em dezembro de 2001.

O texto tem muitos méritos: revela não só um grande domínio do *corpus* como também de toda a obra desse escritor, que morre muito jovem, aos 46 anos, em pleno vigor de sua produção literária. Essa obra interrompida é, sem dúvida alguma, audaciosa e inovadora, um contínuo questionamento do seu mundo e da cultura francesa: antiliteratura?, antitexto?, anticultura? Muitas questões se podem colocar, questões essas a que o livro em questão, se não procura responder, pois respostas não há, alude com freqüência, com o intuito de refletir sobre a "construção de uma estética da criação".

Georges Perec opõe ao discurso da literatura tradicional um texto fragmentado, múltiplo, desigual, e, servindo-se da paródia e da ironia, vai sutilmente contestando os clichês da cultura e do mundo francês. Comparando idéias e coisas, fazendo literatura a partir do simples e do banal, juntando notícias de época, citações inúmeras, as mais variadas descrições, e observando as coisas por todos os ângulos para daí extrair os mais insólitos e reveladores, compõe uma obra de intertextualidade confessada, uma obra sempre em processo, um projeto inacabado, desejo insatisfeito de outros textos.

Não é outra a sensação que nos desperta o texto escolhido por Claudia Amigo. *53 jours*, como bem diz a autora, é "um processo de criação":

o livro *53 Jours* não é um projeto acabado, não tem estágio final, não há – supostamente – sequer um conceito de autoria, já que ninguém assinou um datiloscrito final; ninguém decidiu que aquilo que ele havia escrito devia ser publicado. *53 Jours* é uma escritura viva, é um manuscrito lançado em livro de bolso, que faz de todos os seus leitores geneticistas, e de todas as suas críticas estéticas da criação.

O projeto desse livro de Georges Perec (ainda inédito em língua portuguesa, infelizmente!!!) é curioso, e é bom que se fale dele para que o leitor possa saber do que a tese trata. Retomando as palavras da autora,

na primavera de 1981, Perec assinou um contrato com a editora P.O.L., no qual se comprometia a escrever um romance cujo título seria *53 Jours*. No entanto, sua correspondência indica que ele só começou a escritura durante a sua visita "cultural" à Austrália, realizada nos meses de setembro e outubro de 1981 e que teria durado – mera coincidência? – exatamente 53 dias. Perec pretendia concluir o romance durante esse período, mas percebeu que copiar a experiência de Stendhal era bem mais difícil do que ele pensava. Após a viagem, permaneceu algumas semanas em Paris e logo partiu para a Itália, onde realizou um série de conferências sobre o OuLiPo.

Com o agravamento de sua doença, o tratamento radioterápico e sua morte imediata, o romance ficou inacabado, realmente inacabado, numa espécie de grande metáfora de sua escritura. Restava assim aos estudiosos reunir os manuscritos, ordená-los, supor, imaginar, colar... como se, enfim, Georges Perec tivesse efetivamente conseguido fazer com que seu leitor escrevesse com ele, desafiando sua ousadia, provocando sua imaginação.

Não foi outra a intenção de Harry Mathews e Jacques Roubaud, que editaram o romance em 1989. Conforme indicação dos

PREFÁCIO

editores, o livro "compreende, por um lado, o que Georges Perec já havia redigido e que preenche onze dos 28 capítulos previstos; por outro lado, um abundante dossiê com notas e rascunhos deixados pelo autor permite decifrar o resto do livro".

Mas essa decifração não é tão fácil assim, como tampouco é fácil a decifração do enigma que constitui o centro da trama do romance. Numa espécie de *enquête* policial em que o seu romance parece transformar-se, Perec desafia toda e qualquer tentativa de tipologia da forma romanesca, com inúmeras narrativas encaixadas, que fornecem e suprimem ao mesmo tempo as (possíveis) pistas, fazendo do texto um jogo de armar, ou muitas vezes um quebra-cabeças impossível.

O livro de Claudia Amigo tenta essa decifração. Mas, é bom que se diga, não busca *a* decifração: apenas *uma* de suas múltiplas possibilidades, uma das possibilidades de ler, folhear, montar e desmontar o que chama de "livro-manuscrito". Citando ainda a autora, "o romance publicado apresenta três partes: a reprodução integral dos 11 capítulos que Perec deixou datilografados, um conjunto de notas organizadas por capítulo para que o leitor reconstitua o 'final', e a transcrição quase integral do manuscrito de *53 Jours*".

Mas qual o conteúdo dessa história (se é que se pode conseguir resumi-la)? Conforme indicação da autora, forneço alguns elementos para aguçar a curiosidade dos leitores, deixando porém, à moda de Perec, a história inconclusa:

A primeira parte, *53 Jours*, começa no dia 15 de maio, na cidade fictícia de Grianta, no norte da África. Um professor francês de matemática, que narra toda esta primeira parte, é convocado pelo cônsul da França para um almoço no restaurante de um hotel. No encontro, o cônsul explica que o escritor Robert Serval desapareceu e deixou apenas um datiloscrito para ser entregue a ele, o narrador, que tinha sido seu colega de colégio na cidade de Étampes. O narrador evoca suas lembranças de colégio, mas não consegue em nenhum momento lembrar-se de alguém chamado Robert Serval ou Stéphane Real, o verdadeiro nome do escritor. De qualquer forma, como não tinha muito o que fazer, resolve ler o

A FICÇÃO DA ESCRITA

manuscrito e tentar descobrir alguma pista sobre o desaparecimento de Serval. O datiloscrito, intitulado "La crypte", está inacabado, tem 130 páginas, e é um romance policial de duas partes, em que a segunda destrói completamente o que a primeira tenta estabelecer. O detetive se chama Robert Serval e a ação se passa na cidade de Gotterdam, em um país nórdico. Os restos de Rémi Rouard, um funcionário da embaixada francesa, foram encontrados no seu carro após uma explosão. A polícia chegou à conclusão de que o principal suspeito é César Vichard, outro funcionário da embaixada, grande amigo de Rouard, com quem compartilhava a casa e até a amante, Anne Pedersen. Vichard suplica ao famoso detetive Serval que faça sua própria pesquisa e o livre das suspeitas. A segunda parte do romance é a investigação do detetive, que tem como partida um livro policial encontrado no banheiro da casa de Rouard, "Le juge est un assassin".

Muitas peripécias e surpresas advirão, o que não deixará de estimular a inteligência e de fomentar a ansiedade dos adeptos da literatura policial. Mas não só a estes trará prazer a leitura do romance. Também àqueles que, como a autora da presente publicação, se interessam pelo jogo proposto pelo escritor, pelo texto enigmático, pela escritura ambígua, ou ainda àqueles estudiosos que, afeitos às técnicas romanescas ou aos estudos literários, gostam de refletir sobre os processos de criação, as formas narrativas, as técnicas de interpretação, além das tendências da crítica literária e da evolução da literatura.

As questões apontadas na tese são, a meu ver, questões fulcrais, não só em relação à obra de Perec, como também no que se refere à reflexão teórica sobre literatura e crítica em geral. Agrada-me isso porque me parece (e cada vez mais a literatura contemporânea convence-me disso) que não é possível falar somente de um tipo de literatura ou de um único autor, nem mesmo de um único período da literatura ou da arte, sem que se esteja falando de literatura ou de arte enquanto processos decorrentes de um saber mais amplo que se espraia por outras áreas disciplinares e que se torna artificial, se não é lido em um vasto campo de relações culturais, sociais e políticas. O enfoque escolhido nem sempre é o mais importante: o fato é que, de qualquer forma que abor-

PREFÁCIO

demos a arte ou a literatura, vamos reencontrar sempre questões insolúveis e pertinentes, tais como a especificidade dos campos literário e artístico: o que é arte, o que é literatura, qual sua função, o que é o belo etc. etc., o que a arte deve representar, se é possível representar o mundo, e por aí afora.

Este livro sobre Perec me agrada justamente porque não se limita a defender um ponto de vista crítico único – o enfoque genético, aqui privilegiado – mas abre-se a essas indagações múltiplas. Ultrapassando as questões colocadas por uma crítica genética "pura" ("como o texto foi escrito?"), a reflexão da autora caminha em direção a uma interrogação mais ampla, qual seja, como determinar os parâmetros da "construção de uma estética da criação". Examinando os manuscritos que se acham publicados na mesma edição do romance e cotejando-os com os estudos que fez em Paris, junto ao Institut de Textes et Manuscrits Modernes (ITEM), a autora discute problemas de transcrição em busca de uma interpretação dos processos de criação. Aliás, a tese defendida trazia até mesmo um CD-Rom com todos os fólios disponíveis no acervo Perec, o que nos permitia entrar no jogo de forma moderna e curtir o prazer de ler e decifrar manuscritos. É pena que a edição em livro tenha deixado o CD-Rom de lado.

O livro se divide em duas grandes partes: 1) *Literatura e Crítica da Criação*, que discute os processos auto-reflexivos da literatura, a forma lúdica da obra de Georges Perec e as técnicas e os impasses da crítica genética; e 2) *Estética da Criação*, que, após a análise minuciosa do dossiê, tenta recompor o *puzzle* para assim estabelecer as principais características do romance em questão.

As conclusões desta análise são, a meu ver, bastante instigantes, pois mostram como a análise dos documentos não se restringe à busca de um sentido escondido na escolha, na rasura ou troca de uma palavra (sentido camuflado no inconsciente do texto), mas insiste sobretudo no aspecto estrutural do processo: não só a rasura simplesmente enquanto supressão ou troca de uma palavra, mas a rasura enquanto "filosofia" da criação, enquanto *abertura infinita*, *diálogo dialógico*, enquanto escritura (naquele sen-

I 9

A FICÇÃO DA ESCRITA

tido definido por Barhtes em *Le bruissement de la langue*: "esse neutro, esse compósito, esse oblíquo onde se esvai nosso sujeito, o preto-e-branco onde se vem perder toda identidade, a começar pelo próprio corpo que escreve". E, se me refiro a esse texto sobre "a morte do autor", não é aleatoriamente, mas porque *53 Jours* é o resultado da própria morte do autor Perec, donde as possibilidades infindas de abertura que o romance propõe, aquilo que a autora chama, de uma forma muito feliz, de "poética do inacabável" ou "diálogo infinito". Assim é efetivamente esse encontro proliferante de textos, essa augestação, parto abundante / parto deformante, geração de monstros – a literatura como deformação de outros textos –, numa magnífica lição de inovação, de criação de mundos diversos, conforme vemos em outros mestres, que instalam universos totalmente alterados e até mesmo inconcebíveis. Esta publicação, que o Atliê Editorial traz ora a lume, ressalta essa marca da escritura perecquiana, a marca da alteridade, da possibilidade de desencadear um tempo novo da literatura e da crítica.

Fico feliz que este excelente trabalho acadêmico não vá ficar apenas nas estantes especializadas dos bancos de tese: poderá agora ser apreciado pelo grande público. Falta, apenas, o romance. Tenho certeza de que, nestes tempos pós-modernos, *53 Jours* faria bela figura entre todas aquelas obras que se vêm destacando entre nós como formas híbridas, de gênero indefinível, provocadoras da inteligência dos leitores. Mas tese já está aí, tese tornada em livro, um belo ensaio crítico que nos ajudará a pensar questões literárias tão ao gosto da atualidade.

Edson Rosa da Silva (UFRJ)

Introdução

◆

Esta pesquisa nasceu de uma coincidência: em 1996, caiu nas minhas mãos um estranho livro de um autor que já admirava há alguns anos – Georges Perec. O livro em questão chamava-se *"53 Jours"* (*"53 Dias"*) e contava, aparentemente, uma história policial sobre um escritor que desaparecia e deixava como única pista um manuscrito inacabado. Antes de vislumbrar qualquer vestígio de solução, o romance simplesmente se interrompia com a seguinte frase: "o texto datilografado termina aqui". A partir dessa página são transcritos diversos trechos dos cadernos do autor, por meio dos quais seria possível inferir o final da narrativa. Por que o livro fora interrompido? Esta explicação encontrava-se na contracapa do romance: o escritor Georges Perec morrera e deixara o manuscrito, inacabado, em sua mesa de cabeceira.

Pela primeira vez, como leitora, sentia-me impelida a ler um documento de trabalho. Era inevitável, pela estrutura do romance, ter pelo menos a sensação de que o manuscrito inacabado que tinha nas mãos deveria ser considerado uma espécie de "pista" do desaparecimento do verdadeiro escritor. Esse manuscrito não constituía apenas uma referência, uma "curiosidade"; era, de certa forma, um componente do romance que, por sua vez, transformava-me em outro componente, em uma "quase personagem". Pois, se o manuscrito era uma pista, então eu, a leitora, era a detetive deste desaparecimento principal da narrativa.

A FICÇÃO DA ESCRITA

No mesmo ano de 1996, por meio das minhas primeiras conversas com Philippe Willemart, tomei conhecimento de uma disciplina totalmente nova para mim: a crítica genética, cujo objetivo era abordar os processos de criação de textos literários através da análise de seus manuscritos. Ou seja, era uma disciplina que, de certa forma, impelia o pesquisador ao estudo dos documentos de trabalho do escritor. Ela fazia dos documentos um componente essencial da criação e desta forma transformava o pesquisador – a pessoa que classificava, transcrevia e construía hipóteses sobre os manuscritos – em outro componente do processo de criação, em um "quase escritor".

Naquele momento, então, senti-me a espectadora de um choque, o choque entre a crítica e a literatura da criação. Tanto o livro que acabara de ler quanto a disciplina da qual tomava conhecimento coincidiam em levar o leitor-pesquisador ao gabinete do escritor e transformá-lo em uma espécie de cúmplice do seu trabalho. Esse choque não podia ser uma simples coincidência e devia, de alguma maneira, significar uma tendência ou mudança na história da literatura e da crítica. Ainda mais se considerarmos que a crítica genética surgiu ao mesmo tempo em que Perec começava a publicar seus primeiros textos (segunda metade dos anos sessenta).

O projeto inicial desta pesquisa era estudar essa "coincidência" entre a ficção e a teoria da criação, a partir de uma análise genética do romance *"53 Jours"*. Hoje, no entanto, a palavra "coincidência" parece-me um tanto ingênua, pois a sobreposição que ela descreve não é acidental; ela acusa a existência de uma certa estética da criação. Em outras palavras, uma tendência a encontrar uma satisfação na leitura e na pesquisa de manuscritos e documentos de processo.

Ao escrever "estética da criação", sei que estou plantando uma semente de discórdia. São inevitáveis comentários como "mas então você quer tratar o manuscrito como uma obra literária?", "você acha que os manuscritos são portadores de alguma beleza?", "Afinal, se o autor decidiu publicar uma versão e não outra, ele estava

INTRODUÇÃO

conferindo beleza a essa versão e não à outra" ou, finalmente, "os manuscritos são acessíveis apenas aos especialistas; não podem ser considerados no mesmo nível que a obra literária".

Mas não sou eu, a pesquisadora, a responsável por essas contradições. Não fui eu quem escreveu um romance sobre o deciframento de um manuscrito inacabado. Não fui eu quem decidiu espalhar esse mesmo romance em forma de manuscrito por várias prateleiras no mundo. Não fui eu quem inventou uma disciplina que tem como objeto o processo de criação. Não sou eu quem vende manuscritos por milhões de dólares e muito menos quem os compra. Sou apenas espectadora dessa nova visão da criação que toma os manuscritos – gostemos ou não – como portadores de alguma beleza[1].

Como analisar este caráter "belo" dos manuscritos? Esta foi a segunda preocupação desta pesquisa: a construção teórica de uma estética da criação. Antes de apresentar o que será esta proposta, gostaria de esboçar duas implicações fundamentais dessa escolha, que serão abordadas de diferentes maneiras ao longo deste trabalho.

Em primeiro lugar, referir-se à beleza dos manuscritos implica trabalhar com outra forma de abordar os textos literários; uma forma que se encontra além (ou aquém) do princípio da interpretação. É importante destacar que não tenho a menor intenção de atacar esse princípio ou eliminar a necessidade da interpretação. Tal como no célebre texto de Freud, esse "além" só adquire sentido a partir da identificação daquele que o referencia. Dessa forma, espero que fique claro que, mais do que propor uma nova maneira de abordar o fenômeno literário, quero apenas apontar outra força, que age junto ao princípio da interpretação.

Para fazê-lo, é necessário concentrar-se um pouco no que seria o princípio da interpretação. Segundo Alfredo Bosi, a interpre-

1. Uso o termo "beleza" não para me referir a uma harmonia visual dos documentos, mas a um efeito sobre o leitor. Assim, um manuscrito composto de alguns rabiscos e muitas rasuras pode não ser "belo" no sentido padrão da palavra e provocar algum prazer, ou gozo, no leitor.

2 3

A FICÇÃO DA ESCRITA

tação é a maneira de identificar a relação entre a palavra escrita e o não-escrito (a subjetividade, a sociedade, a ideologia etc.). Desse modo, o intérprete é uma espécie de tradutor de uma dimensão para outra:

Interpres chamavam os romanos àquele que servia de intermediário das partes em litígio. Com o tempo, interpretes assumiu também a função de tradutor: o que transporta o significado da sua forma original para outra; de um código primeiro para um código segundo; o que pretende dizer a mesma mensagem, mas de modo diferente. A interpretação opera nessa consciência intervalar e ambiciona traduzir fielmente o mesmo, servindo-se, dialeticamente, do outro[2].

.Em outras palavras, a interpretação supõe a existência de um outro texto, não escrito, que pode ser deduzido daquele que está no papel.

No estudo de um processo de criação, não existe um texto escrito do qual outro possa ser deduzido. A narrativa é fragmentada, as soluções em geral não existem, as estruturas estão em movimento. A idéia de criar outra narrativa através desse todo instável torna-se totalmente ilusória. E talvez aí esteja a beleza dos manuscritos: nesta impossibilidade de encontrar uma verdade através da leitura. Como veremos mais adiante, este princípio corresponde a uma das chaves do livro "53 Jours", o que permite concluir que ele não se refere apenas à leitura de manuscritos, mas também à leitura de um certo tipo de narrativa, também instável, em permanente formação e que, sem dúvida, também está ligada a essa estética da criação.

Neste sentido, essa segunda abordagem não mostrará a possibilidade de expansão (de movimento em direção a outra dimensão) do texto, mas seu limite. Seu objetivo será dar a ver o silêncio das palavras. Esse movimento de percepção do erro, do vazio, está presente em todo manuscrito literário e, talvez, de for-

2.   "A Interpretação da Obra Literária", em Céu, Inferno, São Paulo, Ática, 1988, p. 277.

INTRODUÇÃO

ma ainda mais intensa em um conjunto de documentos de Georges Perec, já que sua própria narrativa apresenta essas características.

Não posso dizer algo como: "neste trabalho proponho, de forma inédita, uma análise baseada nesse segundo princípio da crítica literária". Esta visão sobre a insuficiência da linguagem vem se configurando, desde o final do século XIX, com a obra de Mallarmé e é expressa de forma precisa pelo filósofo Maurice Merleau-Ponty na seguinte citação: "Ora, se eliminarmos de nosso espírito a idéia de um texto original, cuja linguagem seria a tradução ou a versão cifrada, veremos que a idéia de uma expressão completa constitui um *non-sense*, que toda linguagem é indireta ou alusiva; é – se queremos – silêncio"[3]. Como veremos no capítulo 3, Jacques Lacan baseará sua visão da interpretação nessas palavras de Merleau-Ponty. Mas ainda estamos longe dessa discussão, esta é apenas a introdução.

Somente queria advertir que a discussão sobre a estética da criação está ligada a uma certa percepção da insuficiência da linguagem, da representação e, em conseqüência, da interpretação. Estas questões irão nos acompanhar durante todo o desenvolvimento deste trabalho, às vezes de forma positiva, às vezes de forma negativa, e vão sofrer – anuncio desde já – uma importante mudança na conclusão.

Outra implicação da nossa proposta, que gostaria de destacar nesta introdução, está relacionada à difícil separação entre leitura e escritura numa estética da criação. Ao analisar um manuscrito, não estamos lidando com o processo de criação tal como ele realmente aconteceu; estamos analisando as marcas de leitura, ou seja, as rasuras, as hesitações, os acréscimos, as supressões. A partir

3. "Or, si nous chassons de notre esprit, l'idée d'un texte original, dont le langage serait la version chiffrée, nous verrons que l'idée d'une expression complète fait non-sens, que tout langage est indirect ou allusif, est, si l'on voit, silence" ("Le langage indirect et le voix du silence", *Signes*, Paris, Éditions Gallimard, 1960, p. 54).

dessas marcas, construiremos uma ficção sobre um processo de criação. Analogamente, o escritor construirá o seu suposto "texto definitivo" a partir dessas releituras dos esboços anteriores e dessas marcas que ele imprimiu no papel. Por isso, é impossível pensar em uma análise da escritura – e menos em uma estética da criação – sem dialogar com uma teoria da leitura, ou uma estética da recepção. Produção e Recepção são normalmente vistas como "irmãs inimigas"[4], mas são também irmãs inseparáveis.

Este diálogo, aparentemente natural, tem alguns custos para a compreensão. Em geral, farei referência ao escritor enquanto leitor de seu próprio texto – ou ao scriptor-leitor, como será nomeado. Porém, como analisaremos um manuscrito inacabado, muitas vezes veremos esses papéis se inverterem. O leitor externo insere seu olhar em um manuscrito ainda em formação e tende a construir, ele mesmo, uma continuação para a narrativa. Nesse caso, vou me referir então a um lector-escritor, ou seja, a um lugar do leitor enquanto escritor. De qualquer maneira, muitas fronteiras entre leitor e escritor não ficarão tão claras, o que pode implicar uma ligeira confusão durante a leitura deste livro. Peço desculpas, desde já, ao leitor se isso acontecer, pois esta confusão é inerente ao processo de escritura, como já veremos.

Agora que já me referi às implicações da nossa proposta, é necessário fazer uma advertência sobre uma decepção que a leitura deste trabalho pode produzir. Apesar desta introdução sobre a importância de construir uma base teórica para uma estética da criação, não vamos encontrar, nas próximas páginas, nenhum capítulo dedicado apenas à discussão abstrata do prazer dos manuscritos. Justamente pela dificuldade de separar a recepção da produção em termos gerais, optei por localizar a discussão teórica junto à análise do texto ou, neste caso, junto à análise do manuscrito.

---

4. Referência ao título de um texto de Hans Robert Jauss, "Production et récéption: le mythe des frères enemis", em Louis Hay (org.), *La naissance du texte*, Paris, CNRS, 1987.

INTRODUÇÃO

E assim chegamos ao momento de apresentar as diferentes articulações deste trabalho. O livro está dividido em duas partes que pretendem dar conta do projeto esboçado acima, a saber: a construção de uma estética da criação a partir da análise de *"53 Jours"*, de Georges Perec.

O objetivo da primeira parte é abordar a gênese dessa estética ou, em outras palavras, o choque entre literatura e crítica da criação. O leitor encontrará, nos dois primeiros capítulos que constituem esta subdivisão, uma breve análise da história dessa literatura que privilegia o processo de criação, um levantamento do lugar que ocupa *"53 Jours"* nessa tradição, um resumo das principais características e problemas da crítica genética e as conseqüências do choque entre essas duas áreas do conhecimento. Também no final dessa parte esboçaremos o que poderia ser uma estética da criação, que será desenvolvida nos próximos capítulos.

Na segunda parte, começaremos o verdadeiro trabalho de uma estética da criação. Tomaremos os principais movimentos encontrados no estudo do processo de criação e, a partir de sua análise, tentaremos estabelecer as principais características do prazer de sua escritura[5] neste romance.

Assim, as conclusões às quais chegaremos não vão se referir à estética da criação como um todo; limitar-se-ão ao que acontece no romance analisado. Porém, acredito que essa abordagem trará alguma contribuição à teoria literária em geral, já que a pergunta que faremos aos manuscritos, ou à ficção construída a partir deles, implica uma nova tomada de posição em relação à criação. Em vez de perguntar, como a crítica genética propõe, "como o escritor cria?", perguntaremos neste trabalho: "por que um escritor cria desta maneira?" Ou, em outras palavras, "qual é o prazer des-

---

5. A palavra "escritura", que em português faria referência apenas aos textos sagrados, também é usada aqui como sinônimo de trabalho de escrita. A opção está ligada a uma certa filiação com textos estruturalistas que usam essa palavra (por exemplo, *A Escritura e a Diferença*, de Jacques Derrida, e *Texto, Crítica, Escritura*, de Leyla Perrone-Moisés).

2 7

sa escritura?" Essa pergunta constitui, de certa forma, a primeira pedra para a construção de uma estética da criação.

Como veremos no capítulo 2, não posso afirmar que este trabalho traz consigo essa primeira pedra; vários pesquisadores no Brasil já começaram a construir suas respostas a partir desta pergunta. Em relação a essa questão, a única originalidade desta proposta é, talvez, apontar suas diferenças em relação à crítica genética francesa. O que não significa – é necessário enfatizar este ponto – que este trabalho defenda uma postura totalmente oposta a essa disciplina.

Tal como no caso da leitura e da escritura, receio, aqui, criar divisões que, na prática, podem mostrar-se um pouco nebulosas. Mesmo que seja possível identificar uma clara diferença entre o que seria uma estética da criação e a crítica genética, muitos pesquisadores que se consideram geneticistas vão além de se perguntar como um determinado objeto artístico foi criado. Para solucionar esses impasses, Almuth Grésillon[6], em um curso dado na Universidade de São Paulo, optou por chamar todo estudo sobre manuscritos de "crítica genética", desde a filologia até os debates teóricos sobre a criação. Pessoalmente, acredito que uma discussão sobre as diferenças pode ajudar a entender um pouco mais o percurso escolhido.

Antes de convidar o leitor a seguir este caminho, considero necessário realizar algumas precisões "estilísticas". Depois de várias tentativas de redação, cheguei à conclusão de que é impossível relatar um estudo genético sem partir do pronome "eu". Nesse sentido, gostaria de fazer minhas as palavras de Philippe Lejeune[7]:

6. Almuth Grésillon é uma das fundadoras dos estudos genéticos na França. O curso no qual ela se referiu ao caráter amplo dos estudos genéticos chamavase "La critique littéraire et la critique génétique" e foi ministrado no Departamento de Letras Modernas da Universidade de São Paulo no segundo semestre de 2000.

7. Apesar de fazer parte do ITEM/CNRS (instituição dedicada ao estudo da crítica genética na França), considero que Philippe Lejeune se afasta um pouco das questões iniciais da crítica genética. Não hesitaria em dizer que ele usa os

INTRODUÇÃO

Como comunicar ao outro o que foi encontrado? Comunicando-lhe essa paixão. Na medida em que é possível, é necessário contar a gênese de sua própria busca. É inútil confinar-se na impessoalidade, deixando o leitor frente à massa inerte dos manuscritos cientificamente descritos, mas mornos e mortos. O movimento da minha busca, que eu posso pintar, dará uma imagem análoga ao que está no fundo do objeto perdido que buscamos através dos rascunhos e das rasuras: o movimento de criação. É mais interessante visitar um campo de escavações com um arqueólogo do que ver potes alinhados em uma vitrine. [...] Os estudos genéticos foram feitos para tornar-se narrativas[8].

Em alguns momentos do texto, porém, trocarei o "eu" do relato dessa busca pelo "nós", já que muitas vezes ela só existe quando compartilhada com um leitor.

Em relação às citações, optei por traduzir no corpo do texto todos os trechos em outros idiomas, salvo os relativos à obra de Georges Perec. Esta opção tem o custo de sempre oferecer ao leitor uma versão minha do texto citado, que não pretende ser perfeita ou literal. Preferi assumir este custo ao invés de comprometer o fluxo da leitura. Para evitar qualquer dúvida, transcrevi em notas de rodapé as citações no idioma original. O recurso usado com as citações de Perec foi exatamente o contrário, com a consciência de que a tradução integral de *"53 Jours"* e seus manuscritos mereceria um outro trabalho.

---

estudos genéticos *para* desenvolver também uma estética da criação, que, no seu caso, deveria ser chamada de uma estética da criação autobiográfica. Os seus textos sobre Perec serão fundamentais em várias passagens deste trabalho, principalmente no capítulo 3.

8.   "Comment communiquer à autrui ce qu'on a trouvé? En lui communicant cette passion. Dans la mesure où c'est possible, il faut raconter la genèse de sa propre enquête. Inutile de se retirer dans l'impersonalité, en laissant son lecteur devant la masse redevenue inerte de manuscrits scientifiquement décrits, mais mornes et morts. Le mouvement de mon enquête, que je puis peindre, donnera une image analogique de ce qui est au fond de l'objet perdu que nous cherchons à travers ces brouillons et ces ratures: le mouvement de création. Il est plus intéressant de visiter un champ de fouilles avec l'archéologue que de voir des tessons alignés dans une vitrine. [...] Les études génétiques sont faites pour aboutir à des récits" (Philippe Lejeune, "Auto-genèse. Les études génétiques des textes autobiographiques", *Genesis 1*, p. 80).

I

♦

Literatura e Crítica da Criação

1

A Literatura da Criação:
Uma Rede de Processos

Neste primeiro capítulo, tentarei descrever a literatura da criação e a forma como *"53 Jours"* se insere nessa tradição. Em um primeiro momento, mostrarei as principais definições sobre esse tipo de narrativa, que depois usarei como referência para fazer uma breve resenha diacrônica dessa literatura. Nessa pequena história, inevitavelmente encontraremos o grupo do qual Perec era membro, o OuLiPo, que propunha métodos ou processos de criação específicos para a literatura e ao qual estará dedicada a segunda parte deste capítulo. Sem entender as propostas do OuLiPo, é impossível ter uma imagem da obra de Perec como um todo, que é o tema do momento seguinte do nosso percurso. O último elemento dessa rede na qual nos concentraremos é o próprio romance *"53 Jours"*, as circunstâncias de sua produção e os debates críticos de que foi objeto.

As últimas páginas estarão dedicadas ao que chamei de relação que a obra estabelece com a rede na qual está inserida, ou o novo fio que este trabalho pretende tecer nessa trama.

1.1. SCRIPTOR IN FABULA

1.1.1. O que é literatura da criação

Como o nome o diz, é a literatura que se refere ao seu próprio processo de criação. De certa maneira, toda obra integra parcialmente as características de sua produção, ou em forma de metáfora, ou como visão do mundo, do trabalho. Porém, há um determinado tipo de narrativa que escapa ao efeito mimético da literatura e revela que aquilo que estamos lendo não constitui um universo paralelo; trata-se de uma construção de um autor, que por sua vez só se completa na presença do próprio leitor.

Essa classificação já foi realizada por outros autores, que utilizarei aqui apenas como referência inicial[1]. É o caso da crítica canadense Linda Hutcheon, que, no seu livro *Narcissistic narrative*, chamou esse tipo de narrativa de "metaficção", ou seja, uma ficção sobre a ficção. Esta aparentemente daria a impressão de fugir da representação, mas não seria mais do que uma representação do processo de representar, que faria o leitor refletir sobre o ato de criar e sobre o seu papel nesse ato:

As metaficções despem as convenções, rompem os códigos que agora *têm* que ser conhecidos. O leitor deve aceitar a responsabilidade pelo ato de decodificar, o ato de ler. Perturbado, desafiado e expulso de sua complacência, ele deve, autoconscientemente, estabelecer novos códigos para chegar a um acordo com o novo fenômeno literário. Uma vez que o produto mímese não é suficiente para dar conta das novas funções do leitor tal como foram tematizadas nos próprios textos, talvez seja necessário propor uma mímese do *processo*. Pede-se agora que ele esteja consciente do trabalho, da construção que se produz, da qual também está a cargo, já que é o leitor quem, nos termos de Ingarden, "concretiza" a obra de arte e lhe dá vida[2].

1. É importante destacar que as propostas desses autores não constituem o eixo central do meu trabalho nem serão abordadas em outros desenvolvimentos. Entretanto, seus trabalhos constituem uma referência obrigatória para descrever a literatura da criação e não podem ser ignorados.
2. "Metafictions [...] bare the conventions, disrupt the codes that now *have* to be acknowledged. The reader must accept responsibility for the act of decoding, the act of reading. Disturbed, defied, forced out of his complacency, he must self-consciously establish new codes in order to come to terms with new literary phenomena. Since product mimesis alone does not suffice to account for the new functions of the reader as they were thematized in the texts themselves, a mimesis of *process* must perhaps be postulated. It now demands that he be conscious of the work, the actual construction, that he

Hutcheon descreve várias estratégias das metaficções, que podem variar de época para época. A estratégia mais evidente dessas narrativas é a inclusão de elementos relacionados à criação, como a figura do escritor – às vezes, inclusive, do próprio autor do livro –, a ação de escrever, a presença de manuscritos, datiloscritos ou textos em construção e, muitas vezes, até o leitor.

Porém, a alusão explícita à criação não é a única forma de se remeter à produção de uma obra; alguns recursos narrativos também revelam uma certa "instância criadora". É o caso da paródia e da *mise en abyme*[3]. Ao ler uma paródia de um romance de cavalaria, por exemplo, seria inevitável remeter-se a outras ficções e assim perceber que aquilo que estamos lendo também é uma criação. Na *mise en abyme*, por outro lado, a necessidade de unir histórias fragmentadas e a suposição de que existe sempre uma narrativa mais "ampla" que engloba aquela que estamos lendo, levaria o leitor a voltar-se sobre a instância criadora.

O crítico norte-americano Robert Stam definiu a metaficção como narrativa *auto-reflexiva* ou *antiilusionista*, já que, através da reflexão sobre si mesma, destruiria a ilusão artística na qual o leitor de um romance ou o espectador de um filme são imersos. "Enquanto a arte ilusionista procura causar a impressão de uma coerência espácio-temporal, a arte *antiilusionista* procura ressaltar as brechas, os furos e as ligaduras do tecido narrativo"[4].

Para o autor, a grande estratégia dessa narrativa é a descontinuidade, que pode apresentar-se de distintas maneiras como a simples interrupção, a história dentro de uma história, a referência a

---

too is undertaking, for it is the reader who, in Ingarden's terms, 'concretizes' the work of art and gives it life" (Linda Hutcheon, *Narcissistic Narrative. The Metafictional Paradox*, London, Methuen, 1980, p. 39).

3. Por enquanto, definiremos *mise en abyme* como o recurso narrativo que inclui uma história dentro de outra história contada, como o que acontece, por exemplo, em as *Mil e Uma Noites*. No capítulo 4, veremos que essa não é a única definição possível.

4. Robert Stam, *O Espetáculo Interrompido. Literatura e Cinema de Desmistificação*, São Paulo, Paz e Terra, 1981, p. 22.

outro texto etc. Essa descontinuidade obrigaria o leitor a se ver como cúmplice da ilusão artística e, nesse mesmo momento, esta ilusão estaria destruída e a reflexão sobre a narrativa, instaurada.

Da mesma forma que Hutcheon, Stam afirma que os modos de descontinuidade apresentam variações de era para era, de gênero para gênero. Por isso, em vez de descrever um conjunto de traços, é necessário fazer um percurso diacrônico pela narrativa *antiilusionista*. É este percurso que me proponho seguir nas próximas páginas, ciente de que essa tarefa nunca será exaustiva e corre o risco de ser chamada, como bem aponta Stam, pelo menos de *quixotesca*[5].

1.1.2. A primeira tradição metaficcional

Hutcheon e Stam coincidem ao afirmar que esse tipo de ficção não é exclusiva de nenhum período e tem se manifestado de diversas maneiras na história literária. Contudo, é possível delimitar um ponto de partida dessa tradição: *Dom Quixote*[6].

O livro de Cervantes foi o primeiro, segundo Stam, a "descobrir, na ficcionalidade das ficções, a chave do predicamento de toda uma cultura e a criar, a partir disso, novas ficções"[7]. *D. Quixote* é uma paródia repleta de descontinuidades que fazem o leitor deslocar sua atenção da história contada ao fato dessa história ser contada.

Uma grande parte dessas descontinuidades refere-se à representação do processo de criação. Por exemplo: quando o padre e o barbeiro da aldeia resolvem queimar os livros de D. Quixote, eles salvam um romance de Cervantes, *La Galatea*, que, segundo o padre,

---

5.   Embora seja evidente, considero importante advertir que a escolha das obras abordadas nesse percurso também está ligada aos exemplos dados por Hutcheon e Stam e às minhas preferências pessoais. De maneira alguma poderia ser definida como uma amostra "científica" da história da literatura.

6.   Sabemos que uma análise mais detida poderia apontar exemplos de autoreflexividade anteriores a *D. Quixote*, como, por exemplo: *A Demanda do Santo Graal*.

7.   *Op. cit.*, p. 26.

propõe mas não conclui. Para ele, seria necessário esperar a segunda parte. É possível ler esta referência como uma alusão ao próprio livro que se lê, ao seu inacabamento e, conseqüentemente, à idéia de que o nosso objeto de leitura é um processo e não uma obra acabada. Também podemos interpretá-la como uma referência à criação e à existência de vários manuscritos no interior da trama. Dentre eles, o manuscrito do próprio *D. Quixote*. No final do capítulo 8, o narrador – que se diz "segundo autor" – interrompe a narração e explica que a história de D. Quixote da qual ele dispõe está incompleta. O capítulo seguinte desenvolve a história do narrador, que compra uma série de manuscritos árabes e descobre que correspondem às aventuras de seu herói. Uma vez traduzidos, ele retoma a narrativa, mas apenas até o fim da segunda saída de D. Quixote, já que os manuscritos da terceira saída não podiam ser decifrados. Estas alusões a manuscritos indecifráveis e a obras incompletas (que se repetem várias vezes no romance) correspondem a uma das mais importantes estratégias para remeter o leitor à idéia de que a história que lê está sendo construída e não é um novo mundo que se abre a cada vez que corre os olhos sobre uma linha do livro que tem nas mãos.

Mas o fim dessa ilusão é o começo de outra. Ao remeter-se a um suposto autor, ao contar como o narrador encontra os manuscritos dessa história cuja continuação ainda não foi decifrada, a narrativa produz no leitor a sensação de que o livro não corresponde a outro universo, mas ao seu próprio. Assim, por alguns segundos ele pode ter a ilusão de que também poderia encontrar os manuscritos de D. Quixote, traduzi-los e ser seu novo autor, como o famoso Pierre Menard borgiano. Essa nova cumplicidade e aproximação (para não dizer identificação) entre autor e leitor é uma das características mais importantes da metaficção que será desenvolvida mais adiante na história da literatura.

Mais de um século depois, Diderot, em *Jacques le Fataliste et son maître*, desenvolveria um dos exemplos mais conhecidos dessa cumplicidade. No livro, o narrador apela diretamente para o leitor e o faz, de certa maneira, ter a idéia de que também está construindo a narrativa.

A FICÇÃO DA ESCRITA

O romance começa no momento em que Jacques decide contar ao seu mestre a história de seus amores, que é permanentemente interrompida ao longo do texto. As expectativas do leitor são sempre frustradas, mas ele não pode deixar o livro de lado ou criticar o autor por sua decepção: de certa forma, ele – o leitor – é colocado como co-responsável por essa frustração: "Você quer ou não quer que Jacques continue a história de seus amores? De uma vez por todas, explique-se; isso lhe dará ou não lhe dará prazer?"[8]

De fato, o leitor não é responsável pelo fato de que Jacques não continua a história; ele só é responsável por continuar lendo um livro que pode frustrá-lo no momento seguinte. Além disso, por mais que seja "consultado", no romance, sobre o curso da história, ele na realidade está lendo um livro terminado, revisado e impresso e que foi feito sem nenhuma consulta ao leitor. A alusão ao processo de criação, assim como no caso de D. Quixote, não é real; trata-se de um artifício que permite ao leitor sentir-se mais incorporado, mais seduzido pela narrativa.

Um dos mestres desse artifício foi Laurence Sterne, amigo e inspirador de Diderot. Em seu A Vida e as Opiniões do Cavaleiro Tristram Shandy, o narrador "permite" inclusive que o leitor – ou, mais precisamente, a leitora – participe do romance e "tenha a palavra", como podemos observar:

– Como pôde a senhora mostrar-se tão desatenta ao ler o meu último capítulo? Nele eu vos disse *que minha mãe não era uma papista.* – Papista! O senhor absolutamente não me disse isto. – Senhora, peço-vos licença para repetir outra vez que vos disse tal coisa tão claramente quanto as palavras, por inferência direta, poderiam dizê-lo. – Então, senhor, devo ter pulado a página. – Não, senhora – não perdestes uma só palavra. – Então devo ter pegado no sono, senhor[9].

8. "Vous ne voulez donc pas que Jacques continue le récit de ses amours? Une bonne fois pour toutes expliquez-vous; cela ne vous fera-t-il pas plaisir?" (Denis Diderot, *Jacques le fataliste et son maître*, Lausanne, Jack Rollan Éditeur, 1965, p. 15).

9. Laurence Sterne, *A Vida e as Opiniões do Cavaleiro Tristram Shandy*, São Paulo, Companhia das Letras, 1998, p. 89.

Neste trecho, não se cria a impressão de que a narrativa segue o curso do desejo do leitor – o que poderia ser deduzido da leitura de *Jacques le fataliste* – mas de que a história é fruto do diálogo entre um suposto autor e seu leitor. E que, portanto, só começa a ser escrita mediante a aparição deste, ou seja, com a leitura. No caso de Sterne, essa afirmação até poderia ter um fundo de verdade, já que os nove volumes do romance foram publicados em anos diferentes e, de fato, muitas vezes há no texto comentários de leitores, relativos aos volumes anteriores. No entanto, é impossível dizer que não estamos diante de uma ilusão produzida: o autor, obviamente, não está escrevendo o livro enquanto dialoga com o leitor.

Além desse constante apelo ao leitor para construir a narrativa, *Tristram Shandy* é uma enciclopédia de elementos auto-reflexivos. A quantidade de interrupções e portanto descontinuidades é tamanha que em seiscentas páginas o relato "autobiográfico" de Tristram Shandy chega apenas aos seus sete anos. Há histórias dentro de histórias e referências à criação, seja do livro que estamos lendo, seja de outras produções. Em um certo momento, inclusive, reproduzem-se os manuscritos dos sermões do padre Yorick (o padre do povoado onde nasceu Tristram Shandy, supostamente inspirado no próprio Sterne) com suas rasuras, que o narrador tenta analisar.

1.1.3. Ruptura do império realista

Embora seja impossível encontrar uma obra sem nenhuma descontinuidade ou alusão ao ato de escrever, o século XIX caracterizou-se pelo império da mímese e do efeito realista na literatura. De certa maneira, até hoje vivemos as conseqüências desse império, já que a idéia de romance na cultura ocidental está indissoluvelmente ligada à representação, à construção de um mundo paralelo e à ilusão de realidade, Ainda que durante o século XX a tendência seja oposta, como veremos adiante.

As razões desse domínio realista são complexas e para abordá-las com a devida seriedade, seria necessária uma pesquisa exclusivamente dedicada ao tema. Limitar-me-ei, aqui, a esboçar alguns elementos apontados por outros autores. Mikhail Bakhtin, em *Estética da Criação Verbal*, indica que, de certa maneira, a narrativa sempre foi e sempre será realista porque sua função é proporcionar uma "imagem global do mundo e da vida". No entanto, as noções de mundo e de vida nem sempre têm sido iguais. Na literatura do fim da Idade Média, a idéia de mundo não tinha nenhuma relação com a que temos hoje: sequer sabiam que a Terra era redonda e que girava ao redor do Sol. O "mundo" era uma noção vaga, fantástica, ligada sobretudo a um "além". Muito depois, configurou-se a noção de realidade que dissemos predominar até hoje:

> O processo que estava em andamento e do qual ia emanar o mundo real, arredondado, completo e total, atingiu uma primeira fase de conclusão no século XVIII, precisamente na época de Goethe. Fora determinada a posição do globo terrestre no sistema solar, bem como a constituição geológica dos países, das espécies, das vias de comunicação etc. O mundo fora conceituado e adquirira realidade histórica[10].

Por outro lado, também a noção de vida não tem sido a mesma durante toda a história do romance. A personagem da idade antiga ou medieval tinha basicamente um caráter designado pelos deuses, imutável. Já a personagem dos romances do século XIX aprende, absorve, rejeita, forma-se e relaciona-se com outros seres humanos e com sua realidade histórica. Dessa forma, a idéia de vida está intimamente ligada à realidade: a personagem se desenvolve no seu confronto com esse mundo real.

Auerbach atribui a importância do realismo na literatura do século XIX ao desencanto com os ideais iluministas. O suposto fracasso da Revolução Francesa e o período da restauração teriam levado a literatura a se concentrar naquilo que não permitiu a permanência da idéia de um homem natural, livre: a realidade histórica.

---

10. Mikhail Bakhtin, *Estética da Criação Verbal*, São Paulo, Martins Fontes, 1997, p. 264.

LITERATURA E CRÍTICA DA CRIAÇÃO

Na medida em que Rousseau contrapunha com paixão o estado natural do homem e a realidade existente da vida determinada historicamente, converteu esta última em problema prático; somente então desvalorizou-se a representação historicamente a-problemática e imóvel da vida, no estilo do século XVIII[11].

Era necessário representar a personagem não mais como um conjunto de essências, mas como um eu dinâmico, em tensão com o mundo.

Contudo, algo começa a ruir nessa estrutura. Julia Kristeva, em *La révolution du langage poétique*[12], aponta que no final do século XIX o foco da literatura começa a se deslocar do eu para a linguagem. Segundo a autora, a formação dos estados nacionais e a conseguinte necessidade de estabelecer línguas, com gramáticas e dicionários, teria limitado o movimento de mudança natural das línguas. A literatura teve, então, que assumir a responsabilidade por esse movimento, através do questionamento e, muitas vezes, pelo desrespeito às regras discursivas. Era uma nova forma de auto-reflexividade, mais agressiva, em vez de satírica, como nos exemplos anteriores. Em seu trabalho, Kristeva refere-se especificamente à obra de Lautréamont e Mallarmé, que teriam instaurado um novo tipo de prazer no discurso poético: o prazer pela negatividade. Quanto mais desrespeitassem as formas instauradas na literatura (disposição na página, ritmo, rima, métrica, concordância, coerência de imagens etc.), mais a obra adquiria valor e era objeto de discussão.

Essa "revolução" do simbolismo francês teria anunciado o que aconteceria apenas alguns anos depois: o surgimento das vanguardas. Mas estamos nos adiantando um pouco. Antes de entrar no modernismo, é necessário destacar que a mudança de século também se caracterizou pelo resgate de uma tradição, justamente a tradição metaficcional.

11. Erich Auerbach, *Mimesis. A Representação da Realidade na Literatura Ocidental*, São Paulo, Perspectiva, 1976 [1950], p. 418.
12. Paris, Gallimard, 1974.

1.1.4. Resgate pré-vanguardas

No Brasil, temos o caso de Machado de Assis, que, em suas *Memórias Póstumas de Brás Cubas*, confessa ter escrito um romance ao estilo de Sterne. A confissão nem seria necessária: o uso da digressão, as referências ao ato de escrever, as interpelações ao leitor, revelam claramente a influência. Mesmo assim, de forma alguma estamos diante de um Tristram Shandy nascido no Rio de Janeiro. Brás Cubas carrega toda a tradição do romance psicológico do século XIX e aborda a personagem segundo suas regras, com provas, erros, aprendizado etc. Mas Brás Cubas, além de não se formar, de "não crescer", está morto. E morto não depois de uma série de sucessos, que lhe teriam mostrado a impossibilidade de sua adaptação ao mundo, como no romance realista. Ele está morto desde o começo da narração, onde é relatado seu triste enterro com onze pessoas sob uma garoa fina. Não há possibilidades, nem esperança de desenvolvimento: Brás Cubas é o anti-herói de formação.

Essa impossibilidade de "desenvolvimento" não está ligada apenas à personagem, mas também à própria escritura. Assim como a formação da personagem é uma ilusão, também é a criação de uma obra literária. Ao se referir ao seu próprio estilo, à sua escritura, ao seu diálogo com o leitor, o narrador de Machado de Assis tende a ser crítico e corrosivo, como se sua obra fosse um objeto desonesto, impossível:

> Começo a arrepender-me deste livro. Não que ele me canse; eu não tenho que fazer; e, realmente, expedir alguns magros capítulos para esse mundo sempre é tarefa que distrai um pouco da eternidade. Mas o livro é enfadonho, cheira a sepulcro, traz certa contração cadavérica; vício grave e, aliás, ínfimo, porque o maior defeito deste livro és tu, leitor[13].

Na Espanha, vemos uma crítica ao realismo e um resgate da narrativa auto-reflexiva semelhantes aos de Machado de Assis.

---

13. Machado de Assis, *Memórias Póstumas de Brás Cubas*, São Paulo, Ática, 1987 [1881], p. 85.

"Nosso Senhor D. Quixote"[14] é o Deus de Miguel de Unamuno, autor da novela *Niebla*, que de certa forma concentra as mudanças pelas quais a literatura estava passando naquele momento. *Niebla*, como ocorre em boa parte dos romances psicológicos, narra um período da vida de uma jovem personagem, Augusto, que se apaixona e, não sendo correspondido, tenta encontrar uma forma de ser amado. Na metade do relato um amigo, Víctor, explica-lhe que está escrevendo uma novela que poderia ser chamada de *nivola*, pois as personagens não terão um caráter definido; não haverá descrições psicológicas e ela será escrita enquanto se escreve: "como se vive"[15]. Essa digressão auto-reflexiva poderia passar despercebida se, alguns capítulos depois, em uma nova conversa de Víctor e Augusto sobre a *nivola*, a narrativa não fosse interrompida pelo seguinte trecho em itálico:

> *Enquanto Augusto e Victor tinham essa conversa nivolesca, eu, o autor desta nivola, que você, leitor, tem nas mãos e está lendo, ria enigmaticamente ao ver que essas personagens nivolescas estavam advogando por mim e justificando meus procedimentos [...]*[16].

De uma forma diversa do que acontece em *Tristram Shandy* ou nas *Memórias Póstumas*, por exemplo, em que o narrador justifica suas digressões e comentários, aqui se cria outra instância: um narrador de outro grau, que o leitor identifica com o autor e que se refere à criação do romance que se está lendo. Esse narrador terá uma importância ainda maior no desenvolvimento final do relato. Uma vez rejeitado por sua amada e disposto a cometer suicídio, Augusto resolve visitar Miguel de Unamuno, que acabara de publicar um texto sobre o assunto. O escritor é claro: Augusto

14. Miguel de Unamuno, *Niebla*, Madrid, Taurus, 1974 [1914], p. 184.
15. *Op. cit.*, p. 106.
16. "Mientras Augusto y Víctor sostenían esta conversación nivolesca, yo, el autor de esta nivola, que tienes, lector, en las manos y estás leyendo, me sonreía enigmáticamente al ver que nivolescos personajes estaban abogando por mí y justificando mis procedimientos [...]" (*op. cit.*, p. 153. Itálico no original).

A FICÇÃO DA ESCRITA

não pode suicidar-se porque não está vivo; é uma personagem de uma *nivola* que está escrevendo e só ele pode definir se morrerá ou não. Depois de uma longa discussão, na qual pergunta se D. Quixote estaria menos vivo que Cervantes, Augusto acrescenta:

– [...] Então eu hei de morrer, ente de ficção? Pois bem, meu senhor criador Dom Miguel, também o senhor morrerá, também o senhor, e voltará ao nada do qual saiu... Deus deixará de sonhar-lhe! O senhor morrerá, sim, morrerá, ainda que não o queira; o senhor morrerá e todos os que lerem a minha história, todos, todos, sem ficar nenhum. Entes de ficção como eu, da mesma forma que eu! Morrerão todos, morrerão todos, todos, todos. Digo-lhes eu, Augusto Pérez, ente fictício como vocês, *nivolesco*, da mesma forma que vocês. Porque o senhor, meu criador, meu Dom Miguel, não é menos ente *nivolesco* do que outros, e entes *nivolescos* seus leitores, da mesma forma que eu, que Augusto Pérez, que sua vítima...[17]

É bastante complexo tentar distinguir todas as linhas que se cruzam neste trecho de novela. Por um lado, é possível observar um típico artifício de auto-reflexividade de Sterne: a ilusão de que a narrativa está sendo construída no mesmo momento em que a obra é lida. Por outro lado, é possível distinguir nessa figura de Miguel de Unamuno um narrador de um aparente grau zero, que daria mais força à impressão de que a obra está sendo construída. Também vemos uma destruição do primado da personagem, já que ele nada decide e nada é, além da fantasia do seu criador. Finalmente, a própria personagem se pergunta se o seu criador não é também uma criação de alguém e se a personagem não é mais viva

17. "[...] Con que he de morir, ente de ficción? Pues bien, mi señor creador don Miguel, también usted se morirá, también usted, y se volverá a la nada de que salió... Dios dejará de soñarle! Se morirá usted, sí, se morirá, aunque no lo quiera; se morirá usted y todos los que lean mi historia, todos, todos, sin quedar uno. Entes de ficción como yo, lo mismo que yo! Se morirán todos, todos, todos, Os lo digo yo, Augusto Pérez, ente ficticio como vosotros, *nivolesco*, lo mismo que vosotros. Porque usted, mi creador, mi don Miguel, no es usted más que otros ente *nivolesco*, y entes *nivolescos* sus lectores, lo mismo que yo, que Augusto Pérez, que su víctima..." (*op. cit.*, p. 174).

na cultura que o seu próprio criador, mesmo sendo ela "criatura" e o criador, "real".

Neste nó produzido pela coincidência dessas linhas, pouco resta. Tanto a representação como o ato de representar são questionados; o que acaba criando uma pergunta sobre a própria obra, o sentido da literatura e a desonestidade da escritura. Dessa maneira, a nova auto-reflexividade do começo do século, ilustrada aqui pelas obras de Machado de Assis e Miguel de Unamuno, já não via no ato criador uma forma de humor, mas uma fonte de angústia.

1.1.5. Um século auto-reflexivo

Agora podemos voltar às vanguardas artísticas do começo do século XX. Assim como o simbolismo francês, mas de maneira bem mais programática, o modernismo centrou sua busca numa postura agressiva em relação às regras da linguagem e da tradição. Essa postura criava uma evidente descontinuidade nas obras produzidas e uma remissão ao seu caráter de "criação" e não de representação da realidade. Mas este não era o único ponto que unia as vanguardas à reflexão sobre a escritura. Não podemos esquecer que o surrealismo, em vez de propor uma temática ou uma forma para as suas obras, propôs um método de criação: a escrita automática. A obra começou a ter valor pelo seu processo de criação.

Algumas experiências paralelas às vanguardas, mas que foram destacadas muito tempo depois, também apontam essa tendência. Os *Cahiers* (*Cadernos*) de Valéry – sua principal produção – nunca foram publicados pelo autor. Ele tentou muitas vezes chegar a algum tipo de forma aceita, mas seus escritos já tinham sentido na forma em que estavam, de obra em movimento, incompleta e múltipla. Em outras palavras, na forma de manuscrito, que, aliás, era bastante coerente com o tema de grande parte de suas obras: a criação. Já André Gide atreveu-se a publicar o *Diários dos Moedeiros Falsos*, um diário sobre a construção do seu romance *Os Moedeiros Falsos*, cujo tema é a criação de um livro homônimo. A atitude de Gide não foi compreendida pelo público da época, mas desde os anos sessenta é núcleo de discussões por parte da crítica[18]. Também nessa linha podemos classificar a grande obra de Marcel Proust, *Em Busca do Tempo Perdido*, que é uma reflexão não-acabada sobre a sua própria gênese (ou seja, trata-se de um "manuscrito").

Para continuar nosso percurso e nos aproximarmos da obra de Perec, é necessária uma breve recapitulação. Vimos que, no começo do século XX, a forma literária talvez mais estabelecida durante o século XIX – o romance psicológico realista – começava a ser questionada e atacada pela própria literatura. As razões são múltiplas e não podemos nos deter muito sobre elas, mas certamente devem ser destacadas a já referida necessidade de agressão à língua e às formas discursivas, desenvolvida por Kristeva, e a recente invenção do cinema, um meio que talvez fosse mais eficiente nas demandas de verossimilhança da narrativa realista. Como formas de desestabilização desse tipo de relato, encontramos os dois tipos de auto-reflexividade: por um lado, uma tendência a não seguir ou desvirtuar as regras de expressão instituídas; por outro, encontramos também um retorno à tradição metaficcional anterior ao século XIX, mas não da mesma maneira. Se a narrativa como forma era atacada, sua auto-reflexividade não poderia ser "positiva". A atitude de representar é imperfeita, a idéia de autor, o Deus de Unamuno, é desonesta. Escrever, mais do que "conseguir expressar", uma conquista começa a ser visto como uma perda, já que a linguagem e as formas discursivas parecem insuficientes para a comunicação. A forma de chegar ao leitor é fazê-lo cúmplice desse fracasso. Para isso, não bastam as ilusões de cumplicidade de Sterne, por exemplo. A forma mais eficiente de comunicar ao leitor a insuficiência da língua é tentar criar com ele, é convidá-lo para o mundo do manuscrito, é mostrar-lhe a obra incompleta, a hesitação.

Nesse contexto, surge a obra de Raymond Queneau, um dos mais importantes inspiradores de Georges Perec. Queneau inte-

18. Refiro-me especialmente a *Le récit spéculaire*, de Lucien Dällenbach, Paris, Seuil, 1977 e a *Seuils*, de Gérard Génette, Paris, Seuil, 1977.

LITERATURA E CRÍTICA DA CRIAÇÃO

grou a central surrealista, mas uma discussão com André Breton o afastaria do grupo. Sua reação inicial foi uma completa aversão às propostas de Breton, que ele expressaria e superaria através da escrita. *Odille*, o romance que começou a escrever imediatamente após sua saída do grupo, possuía a estrutura de um poema: as situações narrativas "rimavam" e seguiam um ritmo predeterminado. Anos depois, em *Exercícios de Estilo*, Queneau exacerbaria essa escrita através de regras ao escrever um mesmo episódio 99 vezes, seguindo 99 regras diferentes, como o lipograma (escrever sem uma letra) e os alexandrinos, por exemplo. Era a antiescrita automática.

Mas essa postura contrária ao surrealismo de forma alguma eliminava a ênfase no processo de criação e a necessidade de tornar o leitor partícipe da escrita. Pelo contrário, a escrita sob regras possibilitava ao leitor um acesso mais direto ao método usado para produzir uma obra do que a escrita automática. Aparentemente, é bem mais fácil imaginar ou recriar a criação de uma narrativa quando se sabe que ela foi escrita sem a letra "e", do que quando simplesmente se diz que ela foi escrita sem pensar, seguindo a associação livre. Assim, é quase impossível ler os *Exercícios de Estilo* sem ter ao menos a vontade de escrever o episódio número cem[19].

Mas as regras não foram a única forma que Queneau encontrou de integrar o leitor na criação da obra. Em *Cent mille milliards de poèmes* (*Cem Mil Bilhões de Poemas*), ele apresenta uma série de cem versos que podem ser combinados entre si e transformados em "cem mil milhões" de poemas diferentes. Com essa obra, Queneau dava ao leitor a possibilidade de criar sua (tanto do leitor quanto do autor) própria obra. Essa interatividade criadora – que será amplamente desenvolvida na escrita eletrônica de nossos dias – junto ao fascínio pelas regras, levaria Queneau a unir-se a um grupo de matemáticos e fundar, em 1960, o OuLiPo: Ouvroir de Littérature Potentielle (Ateliê de Literatura Potencial). Mais tarde,

19. Luiz Resende, o tradutor brasileiro de *Exercices de style*, deixa claro esse desejo, ao propor pelo menos dez novas versões para o episódio.

A FICÇÃO DA ESCRITA

vários escritores importantes seriam convidados a integrar o Ou-LiPo, dentre eles: Italo Calvino, Jacques Roubaud e Georges Perec.

1.2. O OULIPO: A CRIAÇÃO COMO PROGRAMA

1.2.1. O momento da criação

Durante a primeira parte deste capítulo, vimos que a tradição metaficcional está presente na literatura desde uma obra fundadora como *Dom Quixote* e que passa por diferentes desenvolvimentos durante os últimos séculos. Com as propostas que confluem no modernismo e a sua recusa à representação realista, a literatura metaficcional começa a ter maior relevância, mas agora com alguns aspectos mais marcados. Refiro-me especialmente à ênfase no processo de criação e a uma participação ativa (e não tão ilusória) do leitor na composição da obra. Em literatura francesa, o OuLiPo talvez tenha sido o grupo mais importante no desenvolvimento destes aspectos. Entretanto, não foi a única expressão desse tipo, nem na França nem no mundo.

Os textos dos autores do dito *Nouveau Roman,* por exemplo, apostavam na descontinuidade, na fragmentação, na falta de interpretação, para exigir do leitor uma participação ativa na composição do romance. Pelo lado da criação, o poeta Francis Ponge, nos anos sessenta, publicou os seus manuscritos, para mostrar o movimento de seu processo de criação, que considerava mais importante que a própria obra. A criação também é o ponto central do primeiro livro em inglês de Vladímir Nábokov, *A Verdadeira Vida de Sebastian Knight*, mas de maneira mais sutil. O título corresponde ao nome do livro que o narrador está escrevendo, o que no romance é justificado pela idéia de que a única maneira de retratar uma pessoa é descrever a busca desse retrato. Também a obra de Jorge Luis Borges caminha nesse sentido, mas ao contrário de Nábokov, cujo nome jamais aparece (mesmo quando é impossível não identificar o narrador ao autor), Borges se coloca como o sujeito da história que está construindo, o que cria no leitor a ilusão de que aquilo que se lê faz parte do mundo real (e não do mundo da ficção) e que se pode, então, ser também uma personagem desse conto. Julio Cortázar integra de tal forma o leitor ao mundo da ficção, que o torna o assassino no conto "Continuidad de los parques" e o criador de vários livros possíveis em *O Jogo de Amarelinha*. Nos últimos anos, essa tendência a priorizar o processo de criação e o papel da leitura têm estado nos romances mais vendidos nas livrarias. É o caso, por exemplo, de *O Nome da Rosa*, de Umberto Eco, *A Trilogia de Nova Iorque*, de Paul Auster e, no Brasil, *Vastas Emoções e Pensamentos Imperfeitos*, de Rubem Fonseca, cujas tramas giram em torno de manuscritos e leitores[20].

1.2.2. Formação e princípios de trabalho

Todas estas obras dialogam com a produção do OuLiPo, mas o grupo se destaca por apresentar uma natureza programática e consciente, de maneira similar às vanguardas modernistas, mesmo que esta não seja a opinião de seu fundador: "O que não é o OU.LI.PO? 1º Não é um movimento ou uma escola literária. Nós nos colocamos aquém do valor estético, o que não quer dizer que o desprezemos"[21].

Para entender essa discussão, é preciso retomar um pouco da história da formação do OuLiPo. No começo, o grupo se chamava SELITEX (Séminaire de littérature expérimentale), tinha apenas

20. Estes últimos romances são, em geral, considerados "narrativas pós-modernas" e a inclusão, na trama, de elementos do processo de criação é então classificada como "característica do pós-modernismo". De fato, há um aumento no uso desses elementos na narrativa atual e, sobretudo, um aumento da popularidade dessas obras. Porém, o que quisemos mostrar é que o interesse pela criação não é necessariamente contemporâneo. Para uma leitura mais extensa sobre as relações entre o pós-modernismo e a literatura da criação remeto ao meu artigo "A Criação na Crítica e a Crítica na Criação" em *Manuscrítica*, n. 7, 1998.

21. "Qu'est-ce que n'est pas l'OU.LI.PO? 1º Ce n'est pas un mouvement ou une école littéraire. Nous nous plaçons en deçà de la valeur esthétique, ce qui ne veut pas dire que nous en fassions fi" ("La littérature potentielle", *Bâtons, chiffres et lettres*, p. 297).

A FICÇÃO DA ESCRITA

dez membros e era uma das atividades regulares do Colégio de Patafísica[22]. Seu objetivo era propor aos escritores novas "estruturas" de natureza matemática ou novos procedimentos que contribuíssem com a atividade literária. Ou, como eles mesmos definiram, queriam produzir "inspiração" ou algum tipo de "ajuda à criatividade"[23]. Assim, nas suas primeiras reuniões, o grupo apresentava aspirações pseudocientíficas e não precisamente literárias.

Estas novas "estruturas" eram por eles denominadas *contraintes*, que aqui traduziremos como regras formais ou restrições. As *contraintes* sempre existiram e estiveram presentes nas atividades literárias, como, por exemplo, na forma soneto, na sextina, ou no alexandrino. Também alguns aparentes "jogos de palavras" constituiriam regras formais, como, por exemplo, escrever sem uma letra (lipograma) ou com apenas uma vogal (monovocalismo), ou os enunciados que podem ser lidos da esquerda para a direita e vice-versa (palíndromos).

Os trabalhos do OuLiPo seguiam duas linhas de pesquisa: a analítica e a sintética. Com a primeira, os oulipianos pretendiam procurar nas obras do passado regras formais ainda não completamente exploradas. A segunda era mais ambiciosa: tinha a finalidade de criar novas regras. Embora seja vista como a verdadeira vocação do OuLiPo[24], a atividade sintética muitas vezes se confundia com a analítica. Uma nova *contrainte* podia ser criada a partir da exploração de uma antiga. Dessa maneira, o procedimento S + 7, por exemplo, que consistia em substituir cada substantivo de um texto pelo sétimo substantivo seguinte no dicionário, esta-

22. Instituição inspirada na personagem Dr. Faustroll, do dramaturgo Alfred Jarry, e da qual fizeram parte vários escritores como André Gide, Paul Valéry, Boris Vian e o próprio Raymond Queneau. O Dr. Faustroll exercia a "patafísica", ciência das soluções imaginárias, que tentava justificar hipóteses absurdas com uma paródia da linguagem científica.
23. "La littérature potentielle", p. 297.
24. Afirmação de Vinícius Meira em "*La vie mode d'emploi*, de Georges Perec: Quatro Possíveis Modos de Interrogação". Dissertação de mestrado orientada pela professora Glória Carneiro do Amaral. Departamento de Letras Modernas, Universidade de São Paulo, 1999. Inédita.

va inspirada no isossintaxismo, escrever um texto diferente com a mesma estrutura sintática de outro. Por outro lado, a haikaização de um poema de Mallarmé, uma proposta absolutamente nova, provém da exploração da estrutura do hai-kai.

1.2.3. Três momentos

Os trabalhos entre essas duas linhas de pesquisa marcaram os primeiros anos de funcionamento do OuLiPo, mas o caráter de suas publicações começou a mudar a partir de 1967. A entrada dos escritores Georges Perec, Jacques Roubaud e, mais tarde, de Italo Calvino marcaria o início de uma segunda etapa do grupo[25]. Em vez de fornecer novas estruturas ou inspirações para outros escritores, os novos membros queriam experimentar as regras formais, chegar ao seu limite e criar novas obras literárias a partir delas. Assim, com as experiências do OuLiPo, Perec escreveu o romance *La disparition (O Desaparecimento)*, um lipograma gigantesco que em suas mais de trezentas páginas não tem uma só letra e. O matemático Jacques Roubaud, por sua vez, publicou o livro $\in$, uma coletânea de poemas baseada no jogo do Go. Já Italo Calvino, no seu *O Castelo dos Destinos Cruzados*, constrói uma narrativa baseada em diferentes seqüências do jogo de tarô. Com esses exemplos, pretendo mostrar que o OuLiPo tinha deixado de ser um grupo com pretensões pseudocientíficas e de diversão, para se transformar realmente em um tipo de movimento literário, com princípios, procedimentos e produção própria.

Segundo o oulipiano Paul Braffort, o OuLiPo ainda teria um terceiro momento, marcado pelas obras mais maduras desses autores, nas quais teriam sido utilizadas regras complexas e de ordem semântica. *A Vida Modo de Usar*, de Georges Perec, é um dos exemplos mais citados dessa etapa. As intrigas, as personagens,

---

25. As etapas do OuLiPo foram definidas por Paul Braffort em "F.A.S.T.L. Formalismes pour l'analyse et la synthèse de textes littéraires" (Oulipo, *Atlas de littérature potentielle*, Paris, Gallimard, 1981).

A FICÇÃO DA ESCRITA

suas atividades, o que elas comiam, o número de páginas de cada capítulo e todos os elementos imagináveis que podem fazer parte de uma narrativa foram definidos no romance a partir de uma união entre problemas do xadrez e da combinatória. As regras formais já não eram apenas uma restrição para a redação de um texto (como escrever sem a letra e): elas agora determinavam a estrutura e o "conteúdo" do que era contado.

Neste caso, o autor teve mais trabalho em criar o processo de criação do romance do que em escrevê-lo; o que, de certa forma, seria a "evolução natural" deste seguimento da tradição metaficcional na literatura, que mostrava um deslocamento do objeto estético da obra para o seu processo. Esse movimento é confirmado pelo fato de que esses manuscritos não ficaram guardados em uma biblioteca ou nas mãos de especialistas. Perec sempre fez questão de falar da criação deste romance em entrevistas e artigos e de mostrar os quadros e gráficos usados como prototextos. O dossiê preparatório foi finalmente publicado em 1993, em uma edição de luxo, com fac-símiles e transcrições[26].

Por outro lado, também, nessa fase o leitor começa a ser cada vez mais integrado às obras oulipianas. O livro *Se uma Noite de Inverno um Viajante* é uma das tentativas mais evidentes dessa integração. O herói do romance neste caso é o leitor, que, ao começar a ler o *Se uma Noite de Inverno um Viajante*, de Italo Calvino, é levado a viver uma série de aventuras. A princípio, pode parecer uma simples ilusão, já que o leitor neste caso não é leitor, mas personagem. No entanto, trata-se de uma personagem que ocupa um lugar de leitor, já que todas as aventuras pelas quais deve passar estão no âmbito da leitura: ele encontra um livro que é interrompido no meio, outro que no meio tem outro livro, e depois outro que é idêntico a outro, com algumas mudanças; finalmente encontra uma leitora que também relata suas experiências de leitura e se apaixona por ela.

26. *Cahier de charges de la Vie mode d'emploi*, Paris, Zulma/CNRS, 1993.

LITERATURA E CRÍTICA DA CRIAÇÃO

A ênfase no processo de criação e a participação ativa do leitor são dois eixos da obra do OuLiPo nessa fase mais produtiva e chegam a uma união enigmática no último romance de Georges Perec, *"53 Jours"*. Mas antes de descrevê-lo, é necessário afastar-se um pouco da história do grupo que integrava, para acompanhar a trajetória da obra de Georges Perec, pois, assim como vimos que o OuLiPo carregava toda uma tradição metaficcional que foi potencializada pela obra de Perec, este também construía sua própria busca, que teve um impulso essencial com a sua entrada no OuLiPo.

1.3. PEREC MODO DE USAR

1.3.1. Fenômeno literário

Georges Perec morreu em 1982 e até hoje não tem deixado de publicar pelo menos um livro por ano. Em 1999, ele até se adaptou às novas tecnologias e lançou um CD-Rom com a sua obra[27]. No mesmo ano também, foi estreada uma ópera[28] com seus textos no teatro Ópera Bastille de Paris. Uma rua da cidade tem o seu nome e, nas calçadas, é possível comprar pelo menos três modelos de cartão-postal com o seu rosto e frases célebres.

Todos os meses, estudantes, professores e amantes de sua obra geralmente se reúnem na Universidade de Paris 7 para assistir a uma nova sessão do "Séminaire Georges Perec", onde são discutidos desde tratados sobre a retórica até a possibilidade de Perec ter anunciado o fim do mundo em seus textos. O "Séminaire" é organizado pela Association Georges Perec, que tem trezentos membros em vários países do mundo, e se ocupa dos encontros e publicações de Perec, além de guardar os seus manuscritos como se fossem um tesouro nacional.

27. *Machines à écrire.* CD-Rom, Paris, Gallimard, 1999.
28. *Espèces d'espaces.*

A FICÇÃO DA ESCRITA

É inevitável afirmar que Georges Perec é um fenômeno literário e da crítica. No entanto, aqui no Brasil ainda é quase desconhecido. As quatro traduções que existem de obras suas: *As Coisas, Um Homem que Dorme, A Vida Modo de Usar* e *W ou a Memória da Infância*[29] tiveram pouca repercussão na mídia e hoje é bem difícil encontrá-las nas livrarias. E, ao contrário da França, a crítica quase não tem discutido sua obra. Alguns artigos em jornais[30] motivados pelo lançamento das traduções, uma dissertação de mestrado em São Paulo e outra no Rio de Janeiro e as publicações do professor Edson Rosa da Silva foram tudo o que eu pude encontrar sobre o autor no Brasil.

Em outros países sua obra recebeu mais atenção: foi quase totalmente publicada em inglês e espanhol e os seus romances mais conhecidos foram também traduzidos para o italiano, alemão, dinamarquês, japonês, russo, húngaro, romeno, estoniano, polonês e catalão, dentre outros. Inclusive o seu romance *La disparition*, o lipograma em "e", já teve várias traduções, das quais se destaca *El Secuestro*, em espanhol, em que foi suprimida a letra "a", por ser a vogal mais importante em espanhol, como acontece com a letra "e" em francês.

29. *As Coisas. Uma História dos Anos Sessenta*, trad. Teixeira Coelho, São Paulo, Nova Crítica, 1969. *Um Homem que Dorme*, trad. Dalva Laredo Diniz, Rio de Janeiro, Nova Fronteira, 1988. *A Vida Modo de Usar*, trad. Ivo Barroso, São Paulo, Companhia das Letras, 1991. *W ou A Memória da Infância*, trad. Paulo Neves, São Paulo, Companhia das Letras, 1995.
30. José Maria Cançado, "Perec Pulveriza o Mundo em *A Vida Modo de Usar*", *Folha de S. Paulo*, Caderno Letras, 5 de dezembro de 1991. Denice Bárbara Catani, "Um Homem que Dorme", *O Estado de S. Paulo*, Caderno Cultura, 21 de maio de 1988. Afrânio M. Catani, "O Escritor, numa Autocrítica Implacável", *Jornal da Tarde*, São Paulo, 5 de março de 1988. Helena Celestino, "Biografia e Lançamentos Revalorizam a Obra de Georges Perec. Os Modos de Usar a Vida", *O Globo*, Rio de Janeiro, 24 de setembro de 1994. Marisa Lajolo, "Um Inventário de Sensações Tortuosas, mas Fascinantes", *Jornal da Tarde*, São Paulo, 16 de abril de 1988. Arthur Nestrovski, "Georges Perec, O Puzzle da Liberdade na Disciplina", *O Estado de S. Paulo*, Caderno Cultura, ano VII, n. 583, São Paulo, 12 de outubro de 1991. Carlos Vechi, "Não é Somente o Herói que Dorme", *O Estado de S. Paulo*, Caderno 2, 13 de março de 1988". (Artigos levantados por Vinícius Meira em sua dissertação de mestrado.)

LITERATURA E CRÍTICA DA CRIAÇÃO

Mas Perec não escreveu apenas romances. Em sua obra há também receitas de cozinha, palavras cruzadas, ensaios sobre literatura, poemas, teatro; concebeu, produziu e realizou filmes, além de elaborar as listas mais inusitadas, como dos quartos onde dormiu, dos sonhos durante alguns meses, das lembranças de infância, dos carros que passaram pelo Boulevard Mabillon durante quatro horas, dos alimentos sólidos e líquidos ingurgitados no ano de 1974.

1.3.2. Primórdios do biotexto

Georges Perec incluía em suas obras – e especialmente em "53 Jours" – elementos de sua própria biografia de forma consciente; era inclusive um dos seus objetivos como escritor: "Le projet d'écrire mon histoire s'est formé au même temps que mon projet d'écrire"[31].

Algumas informações básicas são necessárias para entender esse projeto. Perec nasceu no dia 7 de março de 1936 em Paris, mas seus pais não eram franceses. Icek Perec e Cyrla Szulewicz eram judeus poloneses, que tinham imigrado para a França fugindo da pobreza de seu país natal. Em 1939, o pai de Perec alistou-se voluntariamente na Legião Estrangeira: a França estava em guerra contra a Alemanha, para defender a Polônia. Menos de um ano depois foi mortalmente ferido. Com a ocupação alemã da França, os judeus começaram a ser perseguidos: o pequeno Georges foi levado pela Cruz Vermelha para uma área não ocupada e Cyrla foi detida junto ao seu pai e sua irmã e enviada para o campo de Dracy e depois deportada para Auschwitz. No ano de 1967, Perec recebeu o "Acte de disparition" de sua mãe, documento que é freqüentemente citado de forma encoberta nos seus textos.

---

31. "O projeto de escrever minha história se formou ao mesmo tempo que o meu projeto de escrever" (W ou le souvenir d'enfance, Paris, Denoël, 1975). A crítica perequiana tem chamado a rede de elementos autobiográficos em sua obras de biotexto (conceito introduzido pelo crítico B. Magné).

5 5

Em 1941, foi entregue, raquítico e desnutrido, aos tios Esther e David Bienenfeld, que se ocuparam de sua educação. Com muitos problemas de adaptação à nova família, Perec foi submetido ao primeiro tratamento psicanalítico, com Françoise Dolto, que depois se tornaria um dos mais importantes expoentes da escola de Jacques Lacan. Por sua sugestão e por uma reprovação escolar, foi afastado de seus tios e enviado a um internato, o Collège Geofroy-Saint-Hilaire, em Étampes, tema do segundo capítulo de *"53 Jours"*, como veremos mais à frente.

Desde a adolescência, Perec manifestou sua vontade de ser escritor e nunca seguiu com determinação outra formação. Em 1955, iniciou uma licenciatura em história na Sorbonne e depois inscreveu-se em um certificado em sociologia, mas nenhum dos cursos foi concluído.

Em 1956, termina seu primeiro romance *Les errants* (*Os Errantes*), que não é publicado. Seu próximo texto, *L'attentat de Sarajevo* (*O Atentado de Sarajevo*), é recusado pelas editoras Seuil e Julliard, assim como suas próximas tentativas, *Gaspard Winckler pas mort* (*Gaspard Winckler não Morto*) e *La Condottiere*. Ainda que estes livros nunca tenham sido publicados, seus componentes aparecem em muitos dos romances posteriores, como o caso do próprio Gaspard Winckler, duplo protagonista de *W ou a Memória da Infância* e personagem fundamental em *A Vida Modo de Usar.*

1.3.3. A vida em palavras

Só em 1965 Perec consegue publicar o seu primeiro romance, *As Coisas. Uma História dos Anos Sessenta*, um retrato da vida de um casal através de seus objetos de consumo. O livro imediatamente recebeu o Prix Renaudot, o prêmio mais importante na França para autores estreantes, e transformou-se em um sucesso de vendas. Desde o final dos anos sessenta até hoje, é leitura obrigatória nas escolas francesas. Um ano depois, a editora Gallimard publicaria *Quel petit vélo à guidon chromé au fond de la cour?* (*Qual Bicicleta Pequena com Guidão Cromado no Fundo do Pátio?*), uma suposta "brincadeira", em que Perec tenta escrever um episódio banal de sua própria vida com todas as figuras da retórica (apócopes, eufemismos, hipérbatos, prosopopéia etc.). Seu próximo romance, *Um Homem que Dorme* (1967), é o relato de um homem deprimido na segunda pessoa singular, que, através da repetição de frases e descrições, consegue produzir a sensação do tempo da depressão no leitor. Estes três livros já anunciavam uma certa predileção pela experimentação com a linguagem, pela descontinuidade e pela imposição de "regras". Por isso, a entrada de Georges Perec ao OuLiPo em 1967 foi um acontecimento quase natural. A obra de Perec caminhava na mesma direção que as pesquisas do OuLiPo.

O primeiro produto dessa união foi o romance *La disparition* (*O Desaparecimento*, 1969). Pelo fato de ter sido escrito sem a letra "e", foi alvo de preconceitos e considerado não mais do que um exercício de estilo ou um jogo literário. No entanto, alguns críticos na época do lançamento nem sequer deram-se conta da ausência da letra "e", pois *La disparition* é um romance com todos os seus componentes: narrador, personagens, perspectiva, voz etc. Só um elemento anuncia, talvez, o seu caráter experimental: o fato de que os personagens morrem ao proferir a letra proibida, que é a grande desaparecida do romance. Neste caso, como podemos observar, não há uma alusão direta ao processo de criação, nem um "caro leitor"; a auto-reflexividade é mais sutil: só o conhecimento da regra formal usada para a escritura (o lipograma em e) nos dará a solução da trama (a grande desaparecida é a letra e). Essa equação vai ao núcleo da auto-reflexividade oulipiana: somente ao termos consciência do processo de criação, é que a própria obra terá sentido. Depois de *La disparition*, Perec escreveu *Les revenentes* (*Os Mortos-Vivos*, 1972), uma espécie de revanche da letra e. A regra da novela é o monovocalismo em e, ou seja, todas as palavras usadas só podem ter a vogal "e".

Paralelamente às narrativas oulipianas, Perec desenvolvia uma espécie de projeto autobiográfico, que compreendia duas obras diferentes: *L'arbre* (*A Árvore*) e *Lieux* (*Lugares*). Porém, essas obras nunca chegaram a ser terminadas ou foram muito transformadas;

o que alguns críticos relacionam com o processo de análise ao qual Georges Perec se submeteu de 1971 a 1975 com o psicanalista J.-B. Pontalis[32]. Fruto desse projeto biográfico revisado é uma das obras mais comentadas de Perec, *W ou A Memória da Infância*. O livro é composto por duas narrativas alternadas: o relato das lembranças de infância do próprio Perec e a história de um país dedicado aos esportes, W. A parte autobiográfica apresenta várias diferenças com os relatos habituais do gênero (em geral, um registro cronológico dos fatos que marcaram a vida do autor), já que as lembranças se repetem várias vezes, sempre com alguma diferença em relação à versão anterior. Para reconstituir a memória do suposto Georges Perec, o leitor deverá percorrer os erros das lembranças e compará-los à fantasia (o país W), em um processo muito semelhante a uma psicanálise, como desenvolve Philippe Lejeune[33]. As obras *La boutique obscure* (*A Loja Escura*, 1973), uma coletânea de sonhos escritos para a análise, e *Je me souviens* (*Eu me Lembro*, 1978), uma lista de lembranças quotidianas, entre outras, também fazem parte do programa autobiográfico seguido por Perec nesses anos. De certa maneira, todos os seus textos, mesmo aqueles que partem de outros objetivos, fazem referência a um ou mais aspectos de sua vida pessoal[34].

Após a difícil escritura de *W*, que durou seis anos, Perec se concentrou também em um projeto que desenvolvia há algum tempo: *A Vida Modo de Usar*, o romance sobre um prédio escrito

---

32. Entre a análise com Françoise Dolto e a análise com Pontalis, Perec também esteve em tratamento com o psicanalista Michel de M'Uzan, mas apenas entre 1956 e 1957.
33. Philippe Lejeune, *La mémoire et l'oblique. Georges Perec autobiographe*, Paris, P.O.L., 1991.
34. Por exemplo, *La disparition* é uma clara referência à morte da mãe de Perec. Em *As Coisas*, o casal de personagens se dedica às pesquisas de mercado e viajam à Tunísia, como Perec e sua mulher, Paulette. A personagem de *Um Homem que Dorme* tinha uma cicatriz no mesmo lugar que o autor (na parte superior do lábio). Em *A Vida Modo de Usar*, Cécile, que mora no último andar e teve um filho morto, está inspirada na mãe do autor, entre outros infinitos exemplos desse romance.

LITERATURA E CRÍTICA DA CRIAÇÃO

através da combinação de diferentes regras de composição, como vimos acima. O livro é considerado a reunião de todos os projetos anteriores de Perec e a mais importante de suas obras. E não só de suas obras, como afirma Italo Calvino:

> Creio que este livro, publicado em Paris em 1978, quatro anos antes da morte prematura do autor, aos 46 anos, seja o último verdadeiro acontecimento na história do romance. E isto por vários motivos: o incomensurável do projeto nada obstante realizado; a novidade do estilo literário; o compêndio de uma tradição narrativa e a suma enciclopédica de saberes que dão forma a uma imagem do mundo; o sentido do hoje que é igualmente feito com acumulações do passado e com a vertigem do vácuo; a contínua simultaneidade de ironia e angústia; em suma, a maneira pela qual a busca de um projeto estrutural e o imponderável da poesia se tornam uma só coisa[35].

Entre 1978 e 1981, Perec desenvolveu uma série de trabalhos curtos (dentre os quais se destacam um livro de poemas com regras oulipianas, *La clôture et autres poèmes* (*A Clausura e Outros Poemas*, 1980), e a novela *Un cabinet d'amateur. L'histoire d'un tableau* (*Um Gabinete de Amador. A História de um Quadro*, 1979) e escreveu e dirigiu filmes, como *Le récit de Ellis Island* (*A Narrativa da Ilha Ellis*), sobre a migração judia para os Estados Unidos.

1.4. OS ÚLTIMOS "53 DIAS" DE GEORGES PEREC

1.4.1. Um livro-manuscrito

Na primavera de 1981, Perec assinou um contrato com a editora P.O.L., no qual se comprometia a escrever um romance policial cujo título seria *"53 Jours"*, em homenagem ao tempo que Stendhal teria levado para escrever *A Cartuxa de Parma*.

Sua intenção era escrever o romance nos 53 dias em que ocuparia a função de professor-convidado na cidade de Brisbane, na

---

35. Italo Calvino, *Seis Propostas para o Próximo Milênio*, São Paulo, Companhia das Letras, 1990, p. 135.

Austrália, mas a sua escrita durou bem mais do que isto e jamais pôde ser concluída. Problemas de saúde impediam-no de escrever tanto quanto gostaria e, no mês de fevereiro, recebeu a notícia de que estava com um câncer em estado avançado no pulmão. Faleceu menos de um mês depois, no dia 3 de março de 1982. Até pouco antes de sua morte, Perec trabalhava na redação do romance.

Seus leitores só tiveram acesso à sua última obra escrita no ano de 1989, em uma edição realizada pelos escritores oulipianos Jacques Roubaud e Harry Mathews. No seu projeto original, o romance teria 28 capítulos divididos em uma primeira parte de treze capítulos e uma segunda de quinze, também em homenagem a *A Cartuxa de Parma*. O livro publicado apresenta três partes: a reprodução integral dos onze capítulos que Perec deixou datilografados e um conjunto de notas organizadas por capítulo para que o leitor reconstitua o "final", e a transcrição quase integral do manuscrito de *"53 Jours"*. Trata-se, então, de um livro-manuscrito, pois sequer os capítulos datilografados podem ser considerados "terminados": a continuação do romance poderia determinar mudanças no que já havia sido escrito.

Curiosamente, esta condição de livro-manuscrito – que só foi possível pela morte do autor – é bastante coerente com os acontecimentos descritos no romance.

1.4.2. Os livros-manuscrito dentro do livro-manuscrito

Como o livro não está traduzido no Brasil, e é portanto quase desconhecido do público brasileiro, sinto-me na obrigação de resumir as narrativas do romance.

A primeira parte, *"53 Jours"*, começa no dia 15 de maio, na cidade fictícia de Grianta, no norte da África. Um professor francês de matemática, que narra toda esta primeira parte, é convocado pelo cônsul da França para um almoço no restaurante de um hotel. No encontro, o cônsul explica que o escritor Robert Serval desapareceu e deixou apenas um datiloscrito para ser entregue a

LITERATURA E CRÍTICA DA CRIAÇÃO

ele, o narrador, que tinha sido seu colega de colégio na cidade de Étampes. O narrador evoca suas lembranças de colégio, mas não consegue em nenhum minuto lembrar de alguém chamado Robert Serval ou Stéphane Réal, o verdadeiro nome do escritor. De qualquer forma, como não tinha muito que fazer, resolve ler o manuscrito e tentar descobrir alguma pista sobre o desaparecimento de Serval.

O datiloscrito, "La crypte" ("A Cripta"), está inacabado, tem 130 páginas (aproximadamente o mesmo número do datiloscrito de "53 *Jours*": 128[36]) e é um romance policial de duas partes, em que a segunda parte destrói completamente o que a primeira tenta estabelecer. O detetive se chama Robert Serval e a ação se passa na cidade de Gotterdam, em um país nórdico. Os restos de Rémi Rouard, um funcionário da embaixada francesa, foram encontrados no seu carro após uma explosão. A polícia chegou à conclusão de que o principal suspeito é César Vichard, outro funcionário da embaixada, o grande amigo de Rouard, com quem compartilhava a casa e até a amante, Anne Pedersen. Vichard suplica ao famoso detetive Serval que faça a sua própria pesquisa e o livre de suspeitas. A segunda parte do romance é a investigação do detetive, que tem como ponto de partida um livro policial que ele encontra no banheiro da casa de Rouard, "Le juge est l'assassin" ("O Juiz é o Assassino").

Nesse romance, o juiz Tissier é testemunha do assassinato de uma prostituta por um americano chamado Mr. Fly e, dias depois, Tissier é seqüestrado. A polícia suspeita evidentemente de Fly e vai até a sua casa, onde encontra restos de um corpo queimado na caldeira. Fly é então preso, julgado e executado pela morte de Tissier. No último capítulo, Tissier conta ao autor do romance, Lawrence Wargrave, como ele planejou sua própria morte e fez Fly cair em uma armadilha.

---

36. Na edição da coleção Folio, Paris, Gallimard, 1989. A edição original do romance é da éditeur P.O.L., 1989. O datiloscrito original de Perec tem 121 páginas, sem considerar a cópia de carbono e um datiloscrito especial do capítulo 10. (Todas as referências neste trabalho consideram a edição Folio.)

6 I

A FICÇÃO DA ESCRITA

Com a leitura de "Le juge est l'assassin", Serval conclui que Rouard deve estar vivo e que planejou que as suspeitas recairiam sobre Vichard. Efetivamente, a análise dos restos de Rouard parecia ter sido modificada e um certo Julian Labbé teria aparecido em um hotel perto do lugar da explosão com documentos falsos. Serval explica que Vichard parece estar livre de toda culpa "a menos que...". E o datiloscrito de "La crypte" se interrompe nesse momento.

O narrador de *"53 Jours"* encontra algumas referências a pessoas e a lugares de Grianta, mas não é capaz de estabelecer nenhuma pista concreta sobre o desaparecimento de Serval. Ele acredita que essas pistas só poderiam estar no final ou nos manuscritos, e, para saber o seu conteúdo, decide procurar a pessoa que o datilografou (o datiloscrito não tem rasuras nem acréscimos: parece escrito por uma profissional), que talvez ainda conserve o manuscrito.

Ele consegue encontrar a pessoa em questão, Lise Carpenter, por quem logo se apaixona. Ela explica que não tem o manuscrito, porque Serval "ditava" seu texto a partir de cadernos de notas, que ele logo destruía[37]. Lise não acha que o romance esteja inacabado (ela diz: "para mim, está terminado") mas explica ao narrador que ele talvez encontre alguma pista nos modelos que Serval usou para a feitura do romance: *Os Dez Negrinhos*, de Agatha Christie; *Un dent contre lui* (*Um Dente Contra Ele*), de Bill Ballinger; *Edith au cou du cygne* (*Edith do Pescoço de Cisne*), de Maurice Leblanc, e o romance de espionagem *K comme Koala* (*K como Koala*), do qual copiou um trecho completo, que relata a história de um falso culpado e de um falso morto.

O narrador chega a uma conclusão que depois será muito citada pela crítica de Perec: "la verité que je cherche n'est pas *dans le*

37. O processo de criação de Serval é uma dupla referência ao processo de criação de Stendhal e do próprio Perec. Stendhal escreveu *A Cartuxa* dessa mesma maneira: todos os dias ele "ditava" o seu romance a um copista. O dossiê de *"53 Jours"*, por outro lado, não tem primeiras nem segundas versões dos capítulos escritos ou por escrever, apenas notas dispersas escritas em cadernos.

livre, mais *entre* les livres"[38]. Ele procura então as associações entre os livros e chega pelo menos a duas pistas: "la main noire" (a mão negra), a máfia de Grianta, e o recente roubo da estátua de um imperador romano.

Nesse momento, a leitura se interrompe com a seguinte frase "o texto datilografado se interrompe aqui". Este aviso não é uma surpresa: na contracapa do livro, está escrito que este romance era o texto em que Perec trabalhava antes de morrer. Depois da frase no meio da leitura, encontramos as notas organizadas por capítulo, o que permite fazer uma "continuação do romance".

Dessas notas, é possível deduzir que o narrador logo descobriria estar em uma armadilha preparada por Lise e Serval. Sua pesquisa o levaria apenas a preparar pistas que o acusariam do assassinato não de Serval, que estaria vivo, mas do cônsul. Com sua prisão terminaria a primeira parte do romance.

No começo da segunda parte, chamada "Un R est un M qui se P le L de la R"[39], vemos que a anterior era um datiloscrito, *"53 Jours"*, encontrado no carro de um empresário desaparecido que, tal como o escritor, chamava-se Robert Serval. O detetive Salini, da mesma forma que o narrador da primeira parte, deve investigar o desaparecimento do empresário a partir dos intertextos de *"53 Jours"*[40] – *O Coronel Chabert*, de Balzac, e *A Cartuxa de Parma*. Ele chega à pista de um episódio de resistência, a morte de quase todos os membros de um grupo de resistentes, assassinados em uma caverna das montanhas de *La chartreuse*[41]. Serval teria traído

---

38. "A verdade que eu procuro não está *no* livro, mas *entre* os livros" (*"53 Jours"*, p. 93).

39. Abreviação de "Un Roman est un Miroir qui se Promène le Long de la Route" ("Um Romance é um Espelho que Passeia ao Longo da Estrada"), citação levemente alterada da epígrafe do 13º capítulo de *O Vermelho e o Negro*, de Stendhal.

40. Por enquanto, chamaremos de "intertextos" aqueles textos aos quais o romance alude e de "intertextualidade", a atitude de aludir. No meio acadêmico, parece-me, esta denominação é a mais simples e direta para descrever esse tipo de relação. Estes conceitos vão mudar no último capítulo.

41. A região de *La Chartreuse* (*A Cartuxa*) é próxima à cidade de Grenoble, na França, onde Stendhal teria nascido.

os seus companheiros e sua morte seria uma vingança dos dois sobreviventes. No último capítulo, saberíamos que, tal como na primeira parte, a única pista do crime serviria apenas para desviar a atenção da verdade: a esposa de Serval, Patricia, e seu amante o teriam matado para ficar com a sua fortuna. O livro *"53 Jours"* teria sido escrito por Georges Perec, um escritor que Patricia teria contratado especialmente para elaborar essa pista falsa.

As duas partes do romance começariam da leitura de livros-manuscrito, como aquele que o leitor está lendo na realidade. Nos dois casos também, esses livros-manuscrito são uma pista para desvendar o desaparecimento e talvez a morte de uma personagem, que na primeira parte é o próprio autor do romance. É inevitável que o leitor também tenha a sensação de que o livro-manuscrito que tem nas mãos seja uma pista do desaparecimento de Georges Perec, que, como informa a contracapa do romance, desapareceu enquanto o escrevia. Assim como, na primeira parte, o narrador-leitor do manuscrito seria considerado o culpado, é também possível que o próprio leitor se sinta em uma armadilha, pela qual será acusado de ser o responsável pela morte do autor. Evidentemente, ninguém chega a esta conclusão, mas ela se desprende da leitura como uma "sensação". E esta sensação fundamenta o prazer desse texto.

"53 Jours" é, talvez, um dos exemplos mais extremos de autoreflexividade. O romance é um manuscrito que aparentemente não foi fabricado; não é fruto de um artifício narrativo, já que o autor morreu enquanto o escrevia. Como as personagens também se debruçam sobre um manuscrito para procurar a verdade, o leitor sente-se impelido não só a reconstituir a narrativa – e tornar-se, portanto, co-autor – mas também a se transformar em mais uma personagem dessa *mise en abyme*.

1.5. NAS REDES DA CRÍTICA

As perturbadoras características do romance não tardaram a gerar um debate na crítica perequiana. O ponto de partida foi o livro como um todo ou, em outras palavras, a edição proposta por Roubaud e Mathews.

Este foi o tema do primeiro artigo publicado sobre o romance, uma entrevista a Roubaud, feita pelo geneticista Jacques Neefs, na qual o escritor sugere que Perec sabia, de maneira mais ou menos consciente, que não poderia terminar o romance e que ele seria publicado na forma de manuscrito.

Essa impressão de Roubaud deve-se, em grande parte, à sua última conversa com Perec, pelo telefone. Assim como Serval diz a Lise que "La crypte" estaria terminada apesar de seu aspecto inacabado, Perec teria dito, nesse telefonema, que teria tentado terminar o livro:

> Ele levou seus cadernos para o hospital e da última vez que falou comigo pelo telefone, disse-me que tinha tentado terminar. Essa incerteza e, à medida que o tempo avançava, a probabilidade cada vez maior de que não o acabasse, penetram o livro. Há esses personagens que, nas passagens que ele terminou e que se encontram justamente no fim do plano [...], dizem que eles falaram com G.P. e que foi necessário apressá-lo. Estas coisas se encontram ali de uma maneira a meu ver totalmente consciente[42].

Mas essa opinião de Roubaud sobre a consciência do inacabamento por parte de Perec não é partilhada por toda a crítica. Bernard Magné, um dos críticos mais importantes da obra de Perec, afirma que a opção de publicar os manuscritos foi a "opção menos pior" para tornar acessível o romance inacabado, mas que de forma alguma refletiria uma intenção (ou, neste caso, uma intenção consciente)[43] do autor. Esse tipo de publicação de alguma

42. "Il a amené ses cahiers à l'hôpital, et la dernière fois qu'il m'a parlé au téléphone, il m'a dit qu'il avait essayé de terminer. Cette incertitude, et, à la mesure que le temps avançait, la probabilité de plus en plus grande qu'il ne l'achèverait pas, pénètrent le livre. Il y a ces personnages qui, dans les passages qu'il a terminés, et qui se trouvent donc tout à fait vers la fin du plan prévu [...], disent qu'ils se sont adressés à G.P. et qu'il a falu le presser. Ces choses se trouvent là d'une manière à mon avis tout à fait conscient" (*op. cit.,* p. 97).

43. De fato, não podemos dizer que Perec tinha a "intenção" de não terminar o livro. O que Roubaud destaca é que ele teria consciência de que provavel-

maneira destruiria algumas estratégias textuais ideadas por Perec e conseqüentemente diminuiria o prazer da leitura. É o caso das citações de Stendhal, que o leitor teria que descobrir ele mesmo, e não encontrá-las facilmente em algumas páginas do manuscrito: "a legibilidade imediata dos manuscritos suprime todo artifício enunciativo e toda manobra pragmática, o dispositivo construído expressamente para fazer o leitor cair na armadilha dá lugar a um reconhecimento de fontes bastante banal"[44].

Eric Lavallade, em sua dissertação de mestrado, faz uma crítica bem mais categórica à edição, mas o motivo está longe de ser a publicação dos manuscritos. Para ele, o final indicado nos manuscritos e apontado pelos editores provavelmente não seria o final escolhido por Perec. A intenção de Perec era escrever um romance policial e o processo de criação foi lentamente abrindo as possibilidades de leitura do livro e transformando-o em algo bem diferente de um bom exemplar do gênero. Portanto, conclui Lavallade, o livro provavelmente não teria uma solução que explicasse tudo, como Perec esboça em seus manuscritos:

No seu estado atual e quase definitivo (a menos que ocorra uma nova adaptação), *"53 Jours"* encontra-se bloqueado em uma interpretação puramente policial em que o leitor vê somente os jogos sobre a construção e a intertextualidade policial, sem poder realmente abri-los em uma interpretação global mais ampla. Propondo continuamente retornos de interpretação no âmago da intriga, Perec parece preparar o leitor para aquilo que teria sido o salto final do livro, sua inversão definitiva, sua última revelação, seu fecho surpresa, a saber, segundo nós, que esse romance policial que se faz passar por um romance policial não é um de forma

---

mente não o terminaria, que contou com este fato na escritura do romance e que, portanto, construiu um livro que deveria ser, assim, inacabado e na forma de manuscrito.

44. "la lisibilité immédiate des manuscrits supprime tout leurre enonciatif et toute manoeuvre pragmatique, le dispositif étagé propre à piéger le lecteur cède la place à un repérage des sources somme toute assez banal" (Bernard Magné, *53 jours: pour lecteurs chevronnés...*", *Études Littéraires*, vol. 23, n. 1-2, Québec, Université Laval, 1990, p. 189).

LITERATURA E CRÍTICA DA CRIAÇÃO

alguma: a verdade é então o contrário daquilo que se crê no começo; o problema é escolher entre todos os contrários possíveis[45].

Voltaremos a essa hipótese de Lavallade ao abordarmos a discussão em torno da relação do romance com o gênero policial. Por enquanto, é importante perceber que a decisão da publicação dos manuscritos foi vista pela crítica em geral como imprescindível, mas ao mesmo tempo incômoda. Por um lado, essa publicação parecia revelar uma parte da "cozinha literária" que geralmente fica encoberta na leitura de um romance (e, especificamente, num romance de Perec[46]); por outro, tais manuscritos pareciam conter uma riqueza essencial à interpretação, mas uma riqueza em potencial, ainda não descoberta.

Além dos artigos citados, as críticas específicas sobre *"53 Jours"* têm-se limitado a trabalhos inéditos de *maîtrise* e DEA (equivalente ao mestrado). Estas pesquisas centram-se em vários pontos que desenvolverei nos capítulos de análise como, por exemplo, a intertextualidade (com as obras de Stendhal, Balzac, Flaubert), a

45. "Dans son état actuel et quasi-définitif (à moins d'une nouvelle adaptation), '53 *Jours*' se trouve bloqué dans une interprétation purement policière où le lecteur ne voit que les jeux sur la construction et l'intertextualité policière sans pouvoir vraiment ouvrir à une interprétation globale plus large. En proposant continuellement des retournements d'interprétation au sein de l'intrigue, Perec semble préparer le lecteur à ce qui aurait été le rebondissement final du livre, son renversement ultime, sa révélation dernière, sa chute surprise, à savoir, selon nous, que ce roman policier qui se fait passer pour un roman policier n'en est absolument pas un: la verité est donc le contraire de ce que l'on croit d'abord; le problème est de choisir entre tous les contraires possibles" (Eric Lavallade, "Une bibliothèque de cadavres. Réfléxions autour du roman policier pour l'analyse de *53 jours*, de Georges Perec". *Mémoire présenté sous la direction de Jacques Neefs*, Université Paris VIII, Septembre, dissertação sob a direção de Jacques Neefs, 1999, inédita, p. 70).

46. Por um lado, Perec tentava esconder na narrativa o processo de criação, ou seja, as regras formais usadas. Por outro, tentava esconder essa cobertura, ao aludir, na própria narrativa, a alguns aspectos que poderiam estar relacionados à escritura. Assim, por exemplo, em *A Vida Modo de Usar*, não é possível observar nenhuma alusão à poligrafia do cavalo, mas o protagonista, Bartlebooth, dedica o seu tempo à construção de quebra-cabeças, uma metáfora que poderia ser aplicada tanto à feitura quanto à estrutura do romance.

A FICÇÃO DA ESCRITA

auto-referência (a obras de Perec e a dados autobiográficos), o uso de restrições oulipianas na elaboração do romance, o motivo do espelho ou da inversão (os papéis de vítima e assassino estão em constante inversão dentro do livro), a relação com o gênero policial, a importância do inacabamento e do lugar do leitor[47].

1.6. PARA UMA ABORDAGEM DO PROCESSO

Ao revisar a bibliografia crítica sobre *"53 Jours"*, percebi que a maioria dos trabalhos entra na mesma contradição: por um lado, destacam o papel do inacabamento e da estética da escritura, do processo e, por outro, abordam o livro como um texto acabado, estático. Ou seja, como um romance com final e estrutura definidos. No entanto, um manuscrito dificilmente pode ser considerado um objeto terminado. Mesmo um livro escrito com regras formais rígidas ou com um plano determinado muda durante o seu processo de escritura. Afinal, repetidos depoimentos e estudos apontam que o escritor não se debruça sobre o papel para dizer alguma coisa que está clara em seu pensamento, mas exatamente para procurar essa coisa.

Uma estética da escritura será sempre uma estética dessa procura. E um livro que de alguma forma constrói e ficcionaliza essa estética e que, além disso, é um manuscrito, não pode ser abordado como se essa procura já tivesse sido feita. Para ser mais específica, como se o assassino fosse Mme Serval, como se Salini tivesse sido realmente enganado pela história da resistência, como se Serval fosse um importante executivo, como se *"53 Jours"* tivesse sido encontrado no seu carro, como se o narrador da primeira parte fosse efetivamente preso e como se o datiloscrito correspondesse a uma parte "terminada" do romance.

---

47. Marcelo Villena Alvarado, "Roman à tiroirs ou tora à miroirs? Les structures spéculaires dans *53 jours*, de Georges Perec", *Mémoire de maîtrise de lettres modernes sous la direction de M. Bernard Magné*, Université de Toulouse le Mirail, 1992 (Inédita).

LITERATURA E CRÍTICA DA CRIAÇÃO

Uma estética da escritura implica uma abordagem do livro-manuscrito como um objeto instável, em movimento. É necessário ver as mudanças entre os estados de escritura e ver que tendências se encontram por trás dessas mudanças para realmente entender o que é essa proposta por trás do romance. Esse é o processo que segue o próprio narrador da primeira parte, Veyraud, que procura a pista do desaparecimento de Serval exatamente na tendência que levou Serval a mudar certas palavras na escritura de "La crypte"[48].

Seria possível contra-argumentar e dizer que o livro é um manuscrito por obra do acaso, já que o autor morreu quase inesperadamente durante a feitura do romance. Porém, como vimos acima, a valorização do processo de criação é uma tendência da literatura ocidental que adquiriu maior importância durante o século XX, especialmente com as propostas do OuLiPo e com a obra de Perec em geral. Um livro que pertence a esse contexto e que, além disso, ficcionaliza o ato de criação e a investigação sobre essa criação como forma de encontrar "a verdade"[49], dificilmente está no estado de manuscrito inacabado por simples coincidência. Se há algo de acaso nisto, certamente coincide com a estética do romance. Não deve ser também por acaso que Lise Carpenter fala ao narrador sobre o datiloscrito inacabado "La crypte": "para mim, está terminado" e que Perec disse a Jacques Roubaud ter tentado terminar o romance antes de morrer. Mesmo que, para isto, ainda faltasse muito mais da metade do livro, segundo a estrutura predeterminada de vinte e oito capítulos.

48. Lise diz para o narrador que Serval nunca lhe deu os manuscritos, mas fornece uma pista para a criação: o livro "K comme Koala". Segundo Lise, Serval teria copiado um trecho completo desse romance em "la crypte", mudando apenas onze palavras. Comparando as onze palavras originais de "K comme Koala" e as onze palavras modificadas em "La crypte", Veyraud chega ao nome de um dos supostos implicados no crime, Alphonsus Blablami, líder da máfia de Grianta.

49. Como veremos na parte dedicada à análise do manuscrito, o final do romance, ou seja, a descoberta do verdadeiro assassino de Serval, sempre é chamada por Perec de "la vérité, l'âpre vérité", frase que por sua vez é uma referência a Stendhal, que assim definia os acontecimentos narrados nos seus romances.

Mas, além das intenções de Perec, o livro por si só faz sentido na forma em que está. Não podemos esquecer que uma obra literária está longe de se definir apenas pelas intenções do autor, mas pela coincidência entre a obra que o escritor "quis" escrever, as disposições dos editores e o prazer do público. E as editoras P.O.L. e Gallimard não teriam publicado o *"53 Jours"* dessa maneira se não supusessem que o livro, na sua forma de manuscrito, provocaria algum prazer no leitor.

Dessa maneira, *"53 Jours"* converteu-se em algo como um ponto-limite da tradição metaficcional. Tão limite que não só é necessário reescrever e transformar-se em co-autor do romance, como também é preciso desfazer-se dessa co-autoria e assumir que isto não será possível, pois o romance jamais será terminado. É a máxima cumplicidade entre escritura e leitura: assim que o autor morre, o leitor como co-autor morre junto. E desse duplo falecimento surge o processo como valor.

Esse processo como valor é o centro do romance, e também deste trabalho. A forma como o abordaremos será o tema do próximo capítulo, que tem como objetivo discutir a crítica da criação, que chamamos na introdução de "crítica genética". A partir da análise desta crítica e de sua relação com a literatura da criação, tentaremos definir o que seria uma estética da criação e a sua possível aplicação à análise de *"53 Jours"*.

2

A Crítica da Criação: A Revolução e a Reação da Crítica Genética

Como anunciamos no final do capítulo anterior, nesta parte nos concentraremos na corrente da crítica que estuda os processos de criação: a crítica genética, que portanto deveria ser o nosso grande instrumento metodológico. Mas, como já dissemos, nossa abordagem será outra e nascerá exatamente do "choque" entre a literatura da criação descrita acima e os estudos da gênese que agora vamos apresentar.

Essa necessidade de diferenciação pode produzir no leitor a impressão de que a nossa postura é totalmente oposta à crítica genética. Será apenas uma primeira impressão; logo veremos que esta abordagem crítica mantém muitos elementos da disciplina.

Para desenvolver esta proposta, começaremos por uma reavaliação da história e das propostas da crítica genética francesa. Em seguida, vamos analisar algumas ressalvas feitas a essa corrente, que nos ajudarão a isolar os principais impasses que ela representa. Em um terceiro momento, tentaremos definir nossa proposta inicial, a estética da criação e como ela já vem sendo desenvolvida – embora em silêncio – pela crítica genética brasileira. Por último, tentaremos esboçar as principais características do método específico de análise que usaremos neste trabalho.

A FICÇÃO DA ESCRITA

2.1. E OS MANUSCRITOS SAÍRAM ÀS RUAS

No ano de 1968, enquanto os estudantes de Paris saíam às ruas pedindo a revolução, a crítica genética dava seus primeiros passos. Aparentemente, o ressurgimento dos manuscritos na crítica representava um passo em direção à tradição, à filologia, às teses lansonianas[1] repudiadas por Roland Barthes. Mas seus fundadores defendiam justamente o contrário: os manuscritos tinham saído às ruas para fazer a revolução.

Décadas depois, sabemos que essa revolução não se referia à queda do regime político, mas ao fim dos anos de reinado do estruturalismo. O novo impulso marxista, que levava os estudantes a contestar o sistema e a impor suas exigências, ajudou a despertar o grande conceito recalcado da teoria dos anos sessenta: o sujeito, que já começava a se manifestar nas emergentes teses de Julia Kristeva, Émile Benveniste, Pierre Bourdieu e Jacques Derrida, entre outros.

Roland Barthes, a cabeça-chave do estruturalismo, não foi o mesmo Roland Barthes depois de 1968 e a publicação de seu livro S/Z, no qual começou a substituir o texto pela "escritura". Com esse conceito, Barthes não abandonava a metodologia da análise dos códigos e, ao mesmo tempo, abria uma brecha para o estudo da subjetividade. Essa subjetividade nada tinha a ver com o autor, com a pessoa física que tinha escrito determinado texto, mas com o vazio em que essa pessoa desaparecia; em outras palavras, o trabalho que o leitor devia realizar.

Essa noção da literatura como trabalho, como produtividade, importada para um outro momento, o da criação, será a grande aliada[2] para a suposta revolução dos manuscritos. Assim, a crítica gené-

---

1. Gustave Lanson (1857-1934) propôs um método de análise literária que abordava os manuscritos, mas tinha o objetivo diferente da crítica genética: estabelecer o verdadeiro texto que o autor tinha a intenção de publicar.
2. Mas não a única aliada. Almuth Grésillon destaca também outros conceitos contemporâneos, como "arqueologia do saber" (de Foucault) e "disseminação" (de Derrida), como impulsores da crítica genética ("La critique génétique française: hasards et nécessités", em Jean-Pierre Leduc-Adine (org.), *Mimesis et semiosis. Pour Henri Mitterand*, Lucon, Nathan, 1992).

LITERATURA E CRÍTICA DA CRIAÇÃO

tica não se centrará no estudo dos manuscritos como textos, mas como portadores de uma dinâmica, de uma produtividade: o processo de criação. Na linguagem barthesiana, é possível então afirmar que a crítica genética teria como objeto a escritura dos manuscritos.

A partir disso, os primeiros geneticistas vislumbraram todo um novo sistema, uma nova forma de olhar a literatura. Jean Bellemin-Noël, no primeiro livro publicado de crítica genética[3], em 1972, via no estudo do processo de criação um lugar privilegiado para estudar o inconsciente do texto (aquilo que foi escrito apesar da intenção do autor) e, ao mesmo tempo, o começo de uma nova tipologia dos textos através dos seus modos de escrita.

Já para Almuth Grésillon, a crítica genética estaria deslocando o campo da crítica literária, produzindo questões até hoje inéditas:

> Se o manuscrito moderno é realmente um novo objeto científico, disto decorre que ele apresente questões novas, que por sua vez devem solicitar respostas inéditas. Compreenda-se bem: não se trata de *substituir* a crítica literária, mas de operar um deslocamento nesse campo. Ao lado da busca do sentido e do prazer do texto e de suas leituras, veremos multiplicarem-se pesquisas sobre o prototexto, sobre o ato de escrever, sobre a produção e seus mecanismos. Como eles escrevem? Como elas escrevem? Como escrevemos?[4]

Para Louis Hay, essa mudança de perguntas colocadas à literatura é exatamente o que confere um caráter revolucionário à nova disciplina:

> Seu objetivo não é mais a pergunta "O que é a literatura". Ela se esforça por compreender *como isso funciona* – questão ao mesmo tempo

3. Jean Bellemin-Noël, *Le texte et l'avant-texte*, Paris, Librairie Larousse, 1972.
4. "Si le manuscrit moderne est réellement un nouvel objet scientifique, il en découle qu'il soulève des questions nouvelles, qui à leur tour doivent solliciter des réponses inédites. Que l'on comprenne bien: il ne s'agit pas de *remplacer* la critique littéraire, mais d'opérer un déplacement dans ce champ. A côté de la quête du sens et du plaisir du texte et de ses lectures, on verra se multiplier des investigations sur l'avant-texte, sur l'acte d'écrire, sur la production et ses mécanismes. Comment écrivent-ils? Comment écrivent-elles? Comment écrit-on?" (Almuth Grésillon, *Eléments de critique génétique*, Paris, PUF, 1994, p. 146).

7 3

A FICÇÃO DA ESCRITA

mais moderna e que talvez corresponda ao momento em que o estudo dos textos se afasta de um certo cerco metafísico da crítica francesa para se aproximar de uma reflexão analítica na tradição anglo-saxônica[5].

A crítica genética nascia então de uma fissura no estruturalismo e propunha uma maneira de analisar o texto, que não só provocava uma revolução – segundo os seus fundadores – nas teorias vigentes até esse instante, mas também em toda a tradição da crítica literária francesa.

Mais de trinta anos depois do momento em que os manuscritos saíram as ruas, esse novo sistema já deveria estar em vigor. Aparentemente, essa realidade parece confirmar-se. Na França[6], a crítica genética tem conquistado um espaço físico e oficial: o ITEM (Instituto de Textos e Manuscritos Modernos), ligado ao CNRS (Centro Nacional de Pesquisa Científica), está localizado no último andar da École Normale Supérieure, lugar privilegiado onde estudaram e ensinaram os grandes pensadores da França contemporânea, como Jean-Paul Sartre e Jacques Lacan. Ou seja, não é impossível dizer que a crítica genética tomou – pelo menos em parte – o lugar físico do poder do conhecimento na França.

Porém, seria um pouco precipitado afirmar que a crítica genética provocou aquilo que seus fundadores previam: uma *revolução* na forma de olhar a literatura. Raros foram os pensadores que viram nessa nova disciplina uma proposta teórica e muitas foram as críticas, centradas exatamente no caráter conservador do novo estudo dos manuscritos. Nas próximas páginas deste trabalho, tentaremos entender essas críticas, as suas respostas e discernir os motivos pelos quais os estudos de gênese se desviaram – pelo

5. "Son objectif n'est plus la question 'Qu'est ce que la littérature'. Elle s'efforce de comprendre *comment cela fonctionne* – question à la fois plus moderne et sans doute, qui correspond peut-être à un moment où l'étude des textes s'éloigne d'un certain sillage métaphysique de la critique française pour se rapprocher davantage d'une réflexion analytique dans la tradition anglo-saxonne" (Louis Hay, "Critiques de la critique génétique", *Genesis* 6, Paris, 1994, p. 26).
6. Mais à frente, abordaremos a experiência da crítica genética no Brasil.

LITERATURA E CRÍTICA DA CRIAÇÃO

menos no olhar de seus pares – do objetivo inicial de criar um novo sistema nos estudos literários[7].

2.2. ESSE OBSCURO PRAZER DO MANUSCRITO

2.2.1. O que escondem os especialistas

No sétimo exemplar da revista canadense *Texte*, de 1988, esboçou-se a crítica mais conhecida aos estudos genéticos: a proximidade com a filologia e a falta de uma proposta realmente nova. É importante entender, no entanto, que os artigos da revista não apresentam uma abordagem negativa da crítica genética, mas uma observação em relação ao seu alcance.

É o caso do artigo de Graham Falconer[8], que defende que a crítica genética de hoje oferece diferenciais importantíssimos, como a dessacralização do texto e do autor, mas é impossível não considerá-la herdeira da corrente filológica do começo do século. Entre as principais semelhanças das duas linhas, Falconer destaca em primeiro lugar as práticas: a crítica genética de hoje também procura estabelecer as diferentes versões de um dossiê de manuscritos, da mesma maneira que a filologia estabelecia as variantes de um texto. Em segundo lugar, Falconer aponta uma atitude mental em comum: a busca das origens, ligada aos ideais do romantismo. Há também outras semelhanças menores, como a pretensão de constituir uma disciplina com caráter "científico" e a necessidade de uma interdisciplinaridade para abordar o processo criativo. De qualquer maneira, Falconer afirma que a crítica ge-

---

7. As críticas que destaco neste trabalho são comentários de autores que não são geneticistas e que, portanto, têm um olhar "de fora" da crítica genética. Por isso, tais críticas podem parecer, à primeira vista, superficiais. Mas elas não serão o fim ou a conclusão de nossa argumentação; apenas o começo, a base. Nosso objetivo será, em parte, desenvolver "desde dentro" esses aspectos apontados desde fora da disciplina.

8. Graham Falconer, "Où en sont les études génétiques littéraires?", *Texte* 7, 1988, pp. 267-286.

nética de hoje realmente representa uma renovação, já que procura encontrar um sentido nos prototextos e no movimento entre eles e não confere um caráter sagrado ao texto final, como faziam os filologistas.

Contudo, é necessário desconfiar desse suposto elogio. No final do artigo, Falconer sugere, nas entrelinhas, que a prática dos estudos genéticos agiria contra esse ideal de desestimar o texto e o autor:

> As curiosidades, a confrontação dos métodos, os diferentes meios de explorar as variações textuais proliferam; mas a síntese, a teoria geral se fazem esperar; modéstia que se explica em parte, provavelmente, pelo fato de que a genética literária, hoje como ontem, é um assunto de especialistas, coisa talvez inevitável, tendo em vista a natureza dos documentos por eles abordados. Daí um fenômeno bastante impressionante nas obras coletivas e colóquios internacionais mais e mais freqüentes; ao mesmo tempo em que o campo de *perguntas* colocadas aos "prototextos" aumenta a cada ano, as *respostas* (e a evidência textual desenvolvida a partir dessas respostas) provêm em geral de um único autor, do qual o crítico se fez especialista[9].

Aparentemente, Falconer estaria afirmando que a excessiva especialização contribui para a dificuldade de formar uma teoria da criação. Mas é possível ler essa observação também como o apontamento de um paradoxo da crítica genética, que se sustentaria no enfraquecimento do conceito de autoria e, ao mesmo tempo, basearia a sua prática na pesquisa dos documentos de um único autor. Ou seja, haveria muito mais de filologia na prática dos estudos genéticos do que estava contemplado em sua proposta programática.

---

9. "Les curiosités, la confrontation des méthodes, les différents moyens d'exploiter les variations textuelles se profilèrent; mais la synthèse, la théorie générale se font attendre; modestie qui s'explique en partie, sans doute, par le fait que la génétique littéraire, aujourd'hui comme hier, est une affaire de spécialistes, chose peut-être inévitable, vu la nature des documents auxquels ils ont affaire. D'où un phénomène très frappant dans les ouvrages collectifs et colloques internationaux de plus en plus nombreux; tandis que le champ de *questions* posés aux "pré-textes" s'élargit chaque année, les *réponses* (et l'évidence textuelle avancée à l'appui de ces réponses) proviennent en général d'un seul auteur, dont le chercheur s'est fait un spécialiste" (*op. cit.*, p. 285).

O artigo de Falconer provocou várias reações da parte dos integrantes do ITEM, entre elas o texto de Jean-Louis Lebrave, "A Crítica Genética: Uma Nova Disciplina ou um Avatar Moderno da Filologia?"[10] Nele, o autor destaca que a crítica genética não é uma "continuação" da filologia, já que o objeto manuscrito, apesar de ser materialmente igual para geneticistas e filólogos, é, de um ponto de vista epistemológico, absolutamente diferente.

Para os filólogos, o objeto manuscrito serve para estabelecer o texto final e, portanto, não é de fato objeto de conhecimento, mas instrumento para o estabelecimento do verdadeiro objeto da filologia: o texto. Por isso, muitas vezes essa disciplina é chamada de "crítica textual", para confusão dos barthesianos[11]. Para o geneticista, pelo contrário, o próprio manuscrito é o objeto, que seria ao mesmo tempo instrumento de análise e fim das pesquisas genéticas. Essa nova valorização dos manuscritos como portadores de conhecimento estaria ligada a uma nova *epistemé* surgida no século XX, que teria colocado a linguagem, não mais como portadora de um espírito genial acabado, mas, como um lugar privilegiado – para não dizer único – de observação do funcionamento desse espírito.

O objeto manuscrito não emergiu, segundo Lebrave, apenas para os geneticistas, mas para toda a sociedade. Os escritores começaram a escrever e publicar os seus diários de criação, e os leitores estariam cada vez mais interessados em comprar edições críticas e genéticas. Não é por acaso que hoje a primeira pergunta que um jornalista faz a um escritor é: "como o senhor escreve?"

Nesse momento, Lebrave afirma que esse excessivo interesse da sociedade pelo manuscrito entorpece o trabalho do crítico genético, pela repercussão negativa de toda "moda" na comunidade

10. "La critique génétique: une discipline nouvelle ou un avatar moderne de la philologie?", *Genesis 1*, 1990. Existe uma tradução recente desse artigo na coletânea de ensaios de crítica genética *Criação em Processo*, Roberto Zular (org.), São Paulo, Iluminuras, 2002.

11. Roland Barthes propôs o nome "análise textual" para seu estudo da obra acabada através de diferentes códigos.

A FICÇÃO DA ESCRITA

científica. Esse comentário, no texto, é seguido de uma estranha advertência:

Para dizer a verdade, essa emergência social do objeto genético não facilita a tarefa dos geneticistas, porque o movimento de interesse da mídia tende a embaçar a imagem que a crítica genética dá de si mesma, e a refração da moda somente deforma essa imagem aos olhos da comunidade científica mais vasta. *A crítica genética corre assim o risco de perder o seu objeto verdadeiro, que é de ordem teórica*, de tal maneira que a dificuldade dos estudos de gênese, sua especialização, a duração necessária que a exploração de um dossiê exige carregam em si mesmas a tentação de estender indefinidamente a elaboração do corpo da doutrina subjacente ao trabalho crítico, em detrimento do aprofundamento exclusivo do trabalho de um scriptor, ou, em outras palavras, de um acervo[12].

Ou seja, pela "badalação" dos manuscritos de autores consagrados, os críticos cairiam na tentação de nunca sair desse trabalho, de nunca deixar de explorar mais e mais arquivos inexplorados, transformados depois em sucessos de vendas para as editoras. Uma vaidade pessoal que não pode ser caracterizada apenas como traço da neurose do pesquisador, estimulado por um capricho de mercado, como pareceria desprender-se das palavras de Lebrave.

Tentemos entender por quê. A "moda" dos manuscritos está relacionada, como Lebrave destacou, com uma nova *epistemé* que colocaria o conhecimento ao lado do trabalho com a linguagem. Mas, como afirma Eric Marty, em *Pourquoi la critique*

12. "A vrai dire, cette émergence sociale de l'objet génétique ne facilite pas la tâche de généticiens, car le mouvement d'intérêt de médias tend à brouiller l'image que la critique génétique donne d'elle même, et la réfraction de la mode ne peut que déformer cette image aux yeux de la communauté scientifique plus large. *La critique génétique court ainsi le risque de manquer son véritable objet, qui est d'ordre théorique*, autant que la difficulté des études de genèse, leur spécialisation, la nécessaire durée qu'exige exploration d'un dossier portent en elles la tentation de repousser indéfiniment l'élaboration du corps de doctrine sous-jacent au travail critique, au profit de l'approfondissement exclusif de la connaissance d'un scripteur, voire d'un corpus" (*op. cit.*, p. 71 – grifos nossos).

génétique?[13], essa *epistemé* da crítica genética também estaria ligada à concepção da obra como arquivo. O que isso quer dizer? Em parte, como defende Marty, significa "reencontrar a obra como objeto arqueológico, originário"[14], ou seja, como objeto que deve ser restaurado, reconstituído, exposto ao público e estudado como representante de uma civilização. Mas, por outro lado, que não foi destacado por Marty, significa também considerar os manuscritos como um tesouro. Ou seja, como um símbolo de poder. No caso de manuscritos, esse poder significa autoridade sobre a "obra" desses autores. No caso, dossiês de autores essenciais do cânone, como Flaubert, Zola, Valéry, Sartre e Proust (os principais estudados pelos integrantes do ITEM), esse poder significa "autoridade" sobre a literatura universal, sobre a cultura universal. Uma posição que, suponho, não deve ser alheia às políticas culturais do estado francês, que pelo menos nas últimas décadas tenta se afirmar através dessa autoridade sobre o "cânone cultural".

Não é nosso objetivo desenvolver aqui este aspecto de nossa argumentação, nem dispomos dos instrumentos necessários para isso mas é preciso ao menos sugeri-lo para uma pesquisa posterior. Se essa moda está relacionada à idéia de considerar os manuscritos modernos como um tesouro, como um tesouro que legitima uma cultura como autoridade em relação a outras, então é necessário cuidá-lo com absoluto zelo, expô-lo constantemente, encontrar detalhes ainda não descobertos, gerar debates sobre pontos específicos, criar verdadeiras disputas sobre edições, considerá-los precursores de inúmeras mudanças da sociedade. Todas tarefas de um especialista.

O especialista surge como o agente principal dessa moda, uma moda que não é capricho do mercado, mas uma verdadeira estra-

---

13. Eric Marty, "Génétique et Phénoménologie", *Pourquoi la critique génétique? Méthodes, théories.* Sous la direction de Michel Contat e Daniel Ferrer, Paris, CNRS éditions, 1998.
14. *Op. cit.*, p. 96.

tégia de reafirmação do poder de uma determinada cultura, de um determinado país e de um determinado sistema. A palavra "crítica" está muito longe, não há distância suficiente. Qualquer empenho teórico exige uma certa marginalidade ao sistema, que aqui é, pelo contrário, incentivador dessas pesquisas.

2.2.2. Uma ideologia não-ideologizada

Outra crítica muito difundida ao trabalho dos geneticistas foi feita pelo sociólogo Pierre Bourdieu em um de seus livros mais conhecidos:

> Por uma estranha reviravolta das coisas, a crítica "criadora" procura hoje uma saída para a crise do formalismo profundamente antigenético da semiologia estruturalista voltando para o positivismo da historiografia literária mais tradicional, com uma crítica chamada, por um abuso de linguagem, "genética literária", "procedimento científico que possui suas técnicas (a análise dos manuscritos) e seu próprio processo de elucidação (gênese da obra)". Concluindo sem maiores formalidades do *post hoc* ao *propter hoc*, essa "metodologia" busca, no que Gérard Génette chama de "antetexto", a gênese do texto. O rascunho, o esboço, o projeto, em suma, tudo o que está contido nas cadernetas e cadernos constituem objetos únicos e últimos da busca da explicação científica. Assim, tem-se muita dificuldade em ver o que faz a diferença entre os Durry, os Bruneau, os Gothot-Mersch, os Sherrington, autores de análises minuciosas de planos, dos projetos ou dos roteiros de Flaubert e os novos "críticos genéticos", que fazem a mesma coisa (perguntam-se muito seriamente se "Flaubert começara a preparar a *Educação sentimental* em 1862 ou em 1863"), mas com o sentimento de realizar uma espécie de "revolução nos estudos literários"[15].

Ao afirmar que a semiologia estruturalista seria "antigenética", Bourdieu não se refere à gênese dos manuscritos, mas a uma gênese social do texto literário. É esse tipo de gênese que ele pretende desenvolver nesse livro, a partir da obra de Flaubert. Daí o seu

---

15. Pierre Bourdieu, *As Regras da Arte*, São Paulo, Companhia das Letras, 1992, p. 224.

desconcerto com os trabalhos de crítica genética que encontrou: eles estavam muito longe de apontar o processo de criação social dos textos. O desconcerto foi ainda maior ao ver que os trabalhos dos geneticistas franceses pouco se diferenciavam das pesquisas filológicas e que, mesmo assim, queriam propor como uma "revolução".

Para responder a esta crítica de Bourdieu, Louis Hay afirma que a crítica genética se encontra desde o início em um paradoxo. Por um lado, recebe críticas dos estruturalistas, que a condenam por ir "além" do texto e considerar os manuscritos como objeto de análise. Por outro, recebe críticas daqueles que pretendem realizar estudos culturais através da literatura, exatamente porque se limitam aos "textos", ou seja, aos manuscritos. E em relação a esse último ponto, afirma: "Ora, a crítica genética difere dos sistemas interpretativos – marxismo, feminismo – que lhe são propostos como exemplo. Ela não é nem uma ideologia, nem uma filosofia da literatura"[16].

Mas é possível conceber uma linha de pensamento (neste caso, uma linha de "crítica" literária e de arte) que não implique uma ideologia nem uma filosofia da literatura? Embora estruturalistas e pós-estruturalistas estejam certos disso, alguns teóricos céticos em relação a essas propostas apontaram que essa certeza só poderia ser fruto de uma cumplicidade com algumas políticas da sociedade burguesa tardia[17].

Que políticas seriam essas? Novamente nos encontramos em um ponto que dificilmente poderemos desenvolver com algum tipo de profundidade neste trabalho; por isto nos limitaremos a indicar algumas questões. Terry Eagleton aponta que as teorias do pós-estruturalismo, ao destacarem o fracasso como valor estético, estariam dando conta da impossibilidade de ir contra o sis-

16. "Or, la génétique diffère des systèmes interprétatifs – marxisme, féminisme – qui lui sont ici proposés en exemple. Elle n'est ni une idéologie, ni une philosophie de la littérature" ("Critiques de la critique génétique", p. 19).
17. Terry Eagleton, *A Ideologia da Estética*, Rio de Janeiro, Jorge Zahar Editor, 1993, p. 274.

tema, e da necessidade de submeter-se a ele. Embora a crítica genética compartilhe, de maneira um pouco lateral, essa valorização do fracasso (de certa maneira ela trata de todo o material "fracassado", que não entrou no textò elevado à categoria de "obra literária"), é possível encontrar algum tipo de relação com a crítica de Eagleton na medida em que ela se define como alheia a qualquer ideologia ou filosofia. Essa necessidade de destacar sua "alienação social" pode implicar a afirmação da submissão à qual se refere Eagleton.

É também essa a posição de Paulo Eduardo Arantes na sua "Tentativa de Identificação da Ideologia Francesa"[18], onde, com uma escrita pouco sutil, classifica os pensadores do pós-estruturalismo francês como representantes de um novo tipo de conservadorismo:

> [...] enquanto a combalida "ideologia principal" do sistema dominante se encarregaria da tarefa rotineira, e hoje bastante desacreditada, de persuadir os indivíduos de que o problema da sociedade enquanto tal não tem cabimento ou está sendo resolvido pelo bloco hegemônico de plantão, o discurso desviante dos *maîtres-à-penser*, amplificado pela engrenagem educacional, mídia etc., assumiria proporções de verdadeira manobra diversionista, abortando a gestação de idéias pertinentes sobre questões pertinentes. A cada nova figura, a fraseologia de ponta retomaria seu poder exclusivo de "ideologia complementar"[19].

Comentários estilísticos à parte, é preciso entender as razões da dura crítica de Arantes aos pensadores pós-estruturalistas. Baseado em Habermas, Arantes defende que a corrente francesa estaria ligada a uma recapitulação do modernismo. A "arte pela arte" das vanguardas teria tomado uma forma crítica durante o estruturalismo e se acentuado no chamado pós-estruturalismo, com os conceitos como "o olhar", o "silêncio", o "indizível" e o "fracasso", como apontado por Eagleton. A valorização destes aspectos de-

18. *Novos Estudos*, n. 28, São Paulo, Cebrap, 1990.
19. *Op. cit.*, pp. 74-75.

monstraria uma falta de elaboração de um discurso crítico, que estaria em função do momento político-econômico vivido na França no começo dos anos 70. Sem perspectivas de tornar-se uma grande potência econômica mundial e com a paz proporcionada pelo fim da guerra da Argélia, criou-se a impressão de que a importância da história se "evaporara", nas palavras de Arantes. Uma política de alienação, impulsionada pelos acadêmicos dos departamentos de "humanas", seria a receita ideal para a reafirmação do sentimento nacional e o prosseguimento da Quinta República Francesa, sem grandes questionamentos.

A idéia de que é possível criar uma corrente "crítica" desprovida de ideologias é, portanto, um engano que só reforça o caráter ideológico dessa suposta crítica não-ideologizada. Segundo o nosso percurso, essa seria uma das forças de reação do pós-estruturalismo em geral e também da crítica genética.

2.2.3. *Uma ciência de ficções*

A terceira crítica aos estudos genéticos que abordaremos neste trabalho é de autoria de Gérard Genette, um dos mais importantes representantes do estruturalismo em literatura. No seu livro *Seuils*, no qual o autor realiza uma descrição de todos os textos ou documentos paralelos ao texto – os paratextos –, Genette refere-se ao estudo dos prototextos com certa reserva:

[...] salvo circunstâncias muito particulares, das quais não conheço exemplos, *os prototextos dos quais dispomos são, por definição, manuscritos que seus autores quiseram deixar;* a cláusula escrita de diversas formas "queimar depois de minha morte" tem apenas um valor bem relativo e apenas um risco fraco de execução: quando um autor – digamos Chateaubriand – quer que um de seus manuscritos desapareça, ele sabe cuidar disso pessoalmente. *Os prototextos conservados para a posteridade são todos prototextos legados pelos autores,* com a parte de intenção que se liga a seu gesto, e sem garantia de exaustividade: nada resiste à técnica dos codicologistas e outros especialistas – a não ser uma página faltante. Resumindo, a mensagem objetiva e positiva do prototexto deve ser reescri-

A FICÇÃO DA ESCRITA

ta da seguinte forma: "Eis aqui aquilo que o autor deixou saber de como ele escreveu esse livro"[20].

Essa reserva pode parecer um detalhe, mas atinge a crítica genética em pelo menos dois aspectos fundamentais. Em primeiro lugar, o fato de que os manuscritos representam apenas aquilo que o "autor quis deixar" de como ele escreveu um livro implica a idéia não pouco conflitiva de que o objeto teórico do estudo dos prototextos não é "o processo de criação" de determinado texto, mas "um processo de criação idealizado pelo autor". Assim, os estudos genéticos não estariam descobrindo "como isso funciona", como pensou Louis Hay, ou "elucidando a gênese de um texto", como escreveu Almuth Grésillon. Mas, então, o que estariam fazendo? Se seguirmos as observações de Genette, devemos considerar os manuscritos como mais um objeto deixado pelo autor, assim como a própria obra literária. Nesse ponto alguns dirão: mas o manuscrito não tem o mesmo nível de um texto acabado, afinal ele não foi lido por prazer por leitores, não foi criticado, não foi elevado ao nível de obra literária pela instituição[21]. Se lembrarmos que há pouco, quando nos referimos à moda dos manuscritos, afirmamos que atualmente eles são editados, vendidos, lidos e inclusive trans-

20. "[...] sauf circonstances très particulières dont je ne connais pas d'exemple, les avant-textes dont nous disposons sont par définition des manuscrits que leurs auteurs ont bien voulu laisser derrière eux, la clause diversement rédigée 'A brûler après ma mort' n'ayant ici qu'une valeur toute relative et qu'un faible risque d'exécution: quand un auteur – disons Chateaubriand – veut qu'un de ses manuscrits disparaisse, il sait y veiller en personne. Les avant-textes conservés par la postérité sont donc tous des avant-textes *légués* par leurs auteurs, avec la part d'intention qui s'attache à un tel geste, et sans garantie d'exhaustivité: rien ne résiste à la technique de codicologues et autres experts – si ce n'est une page manquante. Bref, le message objectif et positif de l'avant-texte doit plutôt être récrit sous cette forme: 'Voici ce que l'auteur a consenti à nous laisser savoir de la façon dont il a écrit ce livre'" (Gérard Genette, *Seuils*, Paris, Éditions du Seuil, 1987, pp. 363-364 – tradução e grifos nossos).

21. Referência a uma afirmação de Almuth Grésillon em *Éléments de critique génétique*: "O objetivo maior da genética é explicar por quais processos de invenção, de escritura e de transformação um projeto se transformou em de-

8 4

LITERATURA E CRÍTICA DA CRIAÇÃO

formados em livros de bolso, é inevitável pensar que este "nível de obra literária" também vem sendo conferido aos manuscritos. Mas esse é um assunto complexo, que não se esgota no apontamento de Genette e que concentra um dos problemas mais difíceis da crítica genética. Voltaremos a ele quando nos referirmos às saídas possíveis para o estudo dos manuscritos.

Por enquanto, é preciso destacar o segundo aspecto do discurso de Genette que atinge a crítica genética. Se o objetivo teórico desses estudos não pode ser o verdadeiro processo de criação, pois o material que temos é apenas uma amostra daquilo que realmente existiu – e uma amostra que não é necessariamente representativa do todo – então não é possível concordar com o ideal de "cientificidade" que a crítica genética reclama[22]. Não há uma hipótese sobre o percurso de criação que possa ser "comprovada" de fato e, por outro lado, é possível criar hipóteses que, mesmo sem ter um traço que as comprove no manuscrito, estejam "certas". Novamente, como na própria crítica literária, o valor de cada texto de crítica genética não estará baseado no seu caráter "científico", mas na consistência de sua argumentação e no prazer de leitura provocado; embora não devamos esquecer que o pacto de leitura entre um leitor de crítica literária (ou genética) e o ensaio

terminado texto ao qual a instituição dará ou não o estatuto de obra literária" ("L'objectif majeur de la génétique est d'expliquer par quels processus d'invention, d'écriture et de transformation un projet est devenu ce texte auquel l'institution conférera ou non le statut d'oeuvre littéraire") (p. 205).

22. Este ideal de cientificidade pode ser observado em inúmeros textos de crítica genética, onde ele é exatamente colocado como uma vantagem em relação à crítica literária, que realizaria interpretações "delirantes", sem base na realidade. Para ilustrar essa postura cito um trecho dos *Élements de critique génétique* (p. 149): "[...] 'o renascimento genético' não visa atingir o 'funcionamento real', é no máximo uma simulação, um ato de construção científica, onde, a partir de um observável, o pesquisador formula hipóteses com as quais analisar e interpretar um processo de escritura" ("[...] 'la remontée génétique' ne vise pas à atteindre le 'fonctionnement réel', mais est tout au plus une simulation, un acte de construction scientifique, où, à partir d'un observable, le chercheur formule des hypothèses avec lesquelles analyser et interpréter un procès d'écriture").

8 5

A FICÇÃO DA ESCRITA

crítico implica a existência de trechos do texto, ou manuscrito referido. Salvo no caso dos "grandes críticos", é quase impossível que um trabalho seja aceito no meio acadêmico literário se só apresentar uma argumentação consistente sem referências explícitas à obra escolhida. O prazer de leitura da crítica está ligado a essa mediação do texto, ou, neste caso, do manuscrito.

2.2.4. O desafio dos "precursores"

A última observação sobre os estudos genéticos que usaremos nesta parte do trabalho é de Leyla Perrone-Moisés, no seu livro *Altas Literaturas*. No capítulo "Modernidade em Ruínas", no qual ataca o pós-modernismo como crítica, ela reserva uma pequena passagem para a crítica genética:

> Uma parte importante (em número e em qualidade) de universitários franceses passou a dedicar-se à crítica genética (estudo dos manuscritos), que os desconstrucionistas consideram positivista, saudosa das origens, da verdade e da totalidade. O fato é que o cânone institucional saiu praticamente ileso de todas essas peripécias. Os geneticistas, empenhados em trabalhos que desembocam em excelentes edições críticas, contribuem para a conservação dos acervos [*"grands corpus littéraires"*] e reforçam, assim, o cânone da Modernidade ocidental. Basta ver os nomes em torno dos quais se reúnem as principais equipes do Item (Institut de textes et manuscrits modernes): Flaubert, Zola, Proust, Joyce, Sartre...[23]

Este comentário pode parecer à primeira vista um elogio, mas basta uma observação mais atenta para perceber uma certa reserva em relação à crítica genética. Isso é particularmente visível no momento em que Perrone-Moisés afirma que os trabalhos dos geneticistas desembocam em excelentes edições críticas, contribuindo assim para a conservação dos acervos. Os geneticistas franceses provavelmente não gostariam que seu trabalho fosse desta-

---

23. Leyla Perrone-Moisés, *Altas Literaturas*, São Paulo, Companhia das Letras, 1998, pp. 193-194.

cado pelo seu papel de conservação. Eles diriam que esse é um mérito dos conservadores e dos bibliotecários, não deles. Como vimos nas citações do começo deste capítulo, os geneticistas consideram que a contribuição de suas pesquisa à crítica é a introdução de um novo olhar sobre a literatura, um olhar que destacaria o processo de criação, a maneira como "isso" funciona.

O fato de Leyla Perrone-Moisés não destacar esse aspecto pode apontar uma falta de reconhecimento da "inovação" teórica propiciada pela crítica genética. O que é bastante lógico, se considerarmos que a autora destaca que o cânone institucional sairia ileso dos estudos da gênese. Seria impossível propor um novo tipo de olhar totalmente revolucionário e que servisse como um poderoso conservador do passado. Perrone-Moisés aponta que é necessário preservar esse cânone, mas ressalta também a necessidade de propor novos universos teóricos sobre a literatura, em um momento em que a crítica pós-estruturalista é mal utilizada e desvirtuada, em que nos Estados Unidos há uma substituição da crítica literária pelos "estudos culturais", em que o livro tal como nós o concebemos corre perigo, ou se encontra em fase de transformação pelas novas tecnologias.

Para isso, seria necessário abordar não somente o cânone institucional, mas também o novo cânone que se constrói através dos desafios da literatura de hoje. Mas aventurar-se nesse campo não é simples para a crítica genética. Em primeiro lugar, porque, como levantamos acima, o poder que os estudos da gênese conquistaram está ligado a uma certa colaboração com uma política de preservação dos "monumentos culturais" franceses. Em segundo lugar, porque uma tradição da literatura que tem se acentuado no século XX questiona a idéia de "um processo de criação" que levaria a uma obra final institucionalizada, como vimos no capítulo anterior. A obra de Perec é o exemplo paradigmático que destacamos dessa tendência.

A crítica genética tem abordado de duas maneiras essa tendência literária: ou tratando esses autores como precursores ou interlocutores da crítica genética, ou simplesmente mostrando que

8 7

os processos de criação encontram-se, de forma explícita ou metafórica, na narrativa final.

Embora essas abordagens tenham gerado trabalhos interessantes, elas têm pelo menos ofuscado uma das reflexões mais importantes sobre esse tipo de literatura: o fato dela desestabilizar a noção de "obra acabada" e colocar o manuscrito e o processo de criação no lugar na esfera pública ou "institucionalizada". Esse fenômeno sem dúvida entra em choque com a crítica genética, já que se torna cada vez mais complicado separar o processo da obra, estabelecer hipóteses sobre como o scriptor se transformou em autor ou – ponto problemático para alguns críticos franceses – se debruçar sobre manuscritos totalmente inéditos, que garantiriam a originalidade da pesquisa, já que o processo e a sua divulgação começam a ser do interesse dos próprios autores.

Neste momento, é necessário perguntar se foi a crítica genética que instaurou esse novo olhar – o olhar da criação – sobre a literatura, ou se foi a literatura que instaurou um novo olhar sobre a crítica literária, transformando-a, por vezes, em crítica genética. Mas este não é um problema dos estudos de gênese; pelo contrário: é o que nos vai indicar a saída dos impasses que levantamos neste trabalho.

2.3. PARA UMA ESTÉTICA DA CRIAÇÃO

2.3.1. *Um outro prazer dos manuscritos*

A partir da análise de críticas feitas à crítica genética e da discussão de suas contestações, chegamos a alguns aspectos que poderiam representar uma certa força de reação dos estudos da gênese, que a distanciariam da criação de um "sistema crítico". Acerca das observações de Falconer e da contestação de Jean-Louis Lebrave, destacamos que a pesquisa sobre processos de criação, tal como se desenvolve na França – através de especialistas – reforça uma política de preservação, exposição e valorização de monumentos que, sem dúvida, relaciona-se à perpetuação de um certo sistema político e econômico. Sobre a discussão entre Pierre Bourdieu e Louis Hay, levantamos que o fato da crítica genética declarar-se não-ideológica e não-pertencente a qualquer tipo de filosofia decorre de uma valorização da alienação que reforça a adesão ao sistema vigente. Em relação à reserva apresentada por Gérard Genette, chegamos à conclusão de que a idéia de criar hipóteses em relação ao "processo de criação de uma obra" pode representar um falso ideal de cientificidade, que ressuscitaria um certo positivismo totalmente avesso à interpretação. Finalmente, sobre a passagem de Leyla Perrone-Moisés, destacamos que a crítica genética não pode representar uma revolução se aborda principalmente autores do cânone; pois dessa maneira ignora uma importante tendência da literatura contemporânea, que implica a desestabilização da "obra" institucionalizada e a valorização do processo de criação como produto artístico.

Resumidas dessa maneira, nossas observações podem parecer um pouco radicais e não necessariamente convidam a uma identificação. Contudo, elas podem nos ajudar a tornar a prática da crítica genética um pouco menos conflitiva para nós, se ainda quisermos utilizar a palavra "crítica", que nomeia esta disciplina.

A discussão entre Falconer e Lebrave, a princípio, nos ajuda a entender que, apesar do trabalho que implica a decifração de um *corpus* de manuscritos ou documentos de processo, a especialização é perigosa e é preciso evitá-la. Embora isso também se aplique à crítica literária – porque o hermetismo na obra de um autor leva a uma excessiva valorização de sua originalidade e de seu gênio – na crítica genética essa necessidade é ainda mais urgente, pela valorização do objeto manuscrito, que pode ser transformado em um símbolo de poder e, conseqüentemente, em uma restrição ao conhecimento. É sabido o caso de pesquisadores que têm os direitos ou acesso a manuscritos de autores e com isto se acreditam "donos" do acervo de um determinado escritor. Este fenômeno que está ligado ao fato de serem raras as edições genéticas em CD-Rom, apesar da apologia que os geneticistas franceses fazem desse instrumento. As publicações de transcrições – que já são raras – divulgam parcialmente um conhecimento, que, para os geneticistas franceses, só é válido e consistente se houver acesso ao original. A edição em CD-Rom reduziria essa parcialidade do conhecimento e, por isso mesmo, pode ser um pouco incômoda para as estruturas de poder que operam nos bastidores da crítica genética francesa. Essas estruturas que, conforme explicado, operam como força de reação, e não de revolução, devem ser evitadas para que seja possível a produção de um conhecimento crítico relacionado aos manuscritos.

Ao observar e mostrar o funcionamento dessas estruturas na discussão sobre a abordagem crítica – como agora – e na própria análise de documentos, estaremos evitando a alienação cultural da qual são acusados os estudos da gênese por Pierre Bourdieu. Essa atitude não implicará assumir uma ideologia, como o "marxismo e o feminismo" apontados por Louis Hay, mas, pelo contrário, indicar os modos pelos quais diferentes ideologias vigentes e em formação operam nos manuscritos.

Outra atitude necessária para evitar esse caráter acrítico dos estudos genéticos é afastar das nossas pesquisas o ideal de cientificidade. Se os documentos aos quais temos acesso correspondem aos prototextos que o autor quis deixar – como afirma Genette –, a possibilidade de elaborar uma hipótese que dê conta do processo de criação de uma obra e que permita reconstituir o percurso, é pelo menos enganosa; pois os materiais que temos não são uma amostra aleatória de um processo que possa ser projetado por meio de lucubrações e interpretações (sejam elas psicanalíticas, sociológicas, narratológicas, lingüísticas etc.), mas também um produto artístico construído pelo autor: uma ficção. Nesse sentido, a cientificidade dos estudos genéticos não é maior do que a dos estudos literários ou artísticos, já que nos dois casos estaremos fazendo interpretações sobre ficções.

Desvencilhar-se dessa idéia de reconstituir o processo de criação e, portanto, do ideal positivista por trás da crítica genética permite uma liberdade maior de interpretação, que poderá incorporar elementos de outras disciplinas para ajudar na discussão de alguns núcleos de sentido do manuscrito. É importante entender que, neste caso, a discussão teórica ou interpretativa será bem mais fértil e permitirá, por exemplo, o apontamento de marcas culturais; uma vez que não será necessário chegar a uma senha, a uma hipótese comprovada sobre o processo. A interpretação será válida pelo seu poder interpretativo, pela consistência de sua argumentação, pelas novas idéias que introduzirá e por sua pertinência em relação aos prototextos estudados – e não por uma "solução", ou reconstituição "científica" do percurso.

Esta proposta implica um certo distanciamento da idéia de "crítica de gênese". De fato, não estamos mais nos referindo a como a obra foi criada, à gênese de um determinado produto artístico. Estamos mais próximos de uma estética dos manuscritos, que os considere como produtos artísticos e não como documentos sem impacto para o público. E não somos nós, pesquisadores, que "elevamos" os prototextos ao nível de obra; este movimento corresponde a um fenômeno cultural – como expomos ao nos referir à crítica de Leyla Perrone-Moisés – de desestabilização da noção de obra e, portanto, de valorização dos documentos de processo.

Mas isto significa que propomos um estudo igual para a obra final e os manuscritos? De forma alguma, pois, como produtos artísticos, texto literário e prototextos são completamente diferentes. Embora seja possível pensar em uma interpretação dinâmica do texto, como, por exemplo, um estudo sobre o processo de leitura, essa interpretação sempre se apoiará em um único documento. A pesquisa sobre os manuscritos, por outro lado, deve considerar vários documentos (inclusive a obra final) e será sempre comparativa. Dessa maneira, em vez de estudar uma metáfora no texto, estudaremos nos manuscritos a comparação entre as diferentes imagens criadas em relação a essa metáfora, o intervalo criado entre elas, e o movimento derivado desses intervalos.

A FICÇÃO DA ESCRITA

2.3.2. Algumas propostas em curso

Como afirmamos no começo deste capítulo, as saídas que propomos para os impasses da crítica genética não são necessariamente "originais": muitas delas vêm sendo desenvolvidas pela crítica genética brasileira. O trabalho de Cecília Almeida Salles, em *Gesto Inacabado – Processo de Criação Artística*[24], por exemplo, está mais próximo dessa estética dos manuscritos do que a crítica genética francesa. Como o nome da primeira parte do livro indica, seu objetivo é propor uma "estética do movimento do criador", que valorize a interpretação do estudo comparativo dos documentos de processo, para além de sua função de prototextos da obra final.

No Laboratório do Manuscrito Literário[25], alguns trabalhos também começam a apontar esse distanciamento de alguns aspectos da crítica genética francesa. O trabalho pioneiro do grupo nesta linha talvez tenha sido a dissertação de mestrado de Conceição Bento que, a partir dos manuscritos transcritos de *Un coeur simple* de Flaubert, instaurou uma reflexão sobre a personagem[26]. Verónica Galíndez Jorge, também em sua dissertação de mestrado, não demonstrou preocupação em estabelecer uma cronologia dos documentos estudados e, portanto, de reconstituir o processo de criação[27]. Seu objetivo estaria mais próximo de observar alguns aspectos desse movimento evocado pelos manuscritos, como, por exemplo, a construção das alucinações das personagens nos dois contos abordados. Também é possível destacar, nessa linha, o trabalho de Maria da

24. São Paulo, Annablume, 1998.
25. Grupo de pesquisa em crítica genética e psicanálise coordenado por Philippe Willemart e ligado à Faculdade de Filosofia, Letras e Ciências Humanas da Universidade de São Paulo.
26. "*Un coeur simple*. Um Estudo Genético", dissertação de mestrado sob a orientação de Philippe Willemart, Departamento de Letras Modernas, Universidade de São Paulo, 1999, inédita.
27. "Alucinação, Memória e Gozo Místico. Dimensões dos Manuscritos de *Un coeur simple* e *Hérodias* de Flaubert", dissertação de mestrado sob a orientação de Philippe Willemart. Departamento de Letras Modernas, Universidade de São Paulo, São Paulo, 2000, inédita.

LITERATURA E CRÍTICA DA CRIAÇÃO

Luz Pinheiro de Cristo que, sem a pretensão de estabelecer uma senha da criação ou uma hipótese sobre o percurso, preferiu realizar uma reflexão teórica sobre a memória e relacioná-la com a construção de metáforas da própria memória, nas diferentes versões do romance *Relatos de um Certo Oriente*, de Milton Hatoum[28]. Já a tese de Roberto Zular foge das convenções "genéticas" ao procurar não o processo de criação de uma obra acabada, mas as relações entre a ficção de Valéry e o ato de escrever os seus cadernos, utilizando-se, para isso, do que denominou "leitura intervalar"[29].

Philippe Willemart, coordenador do Laboratório, embora seja membro do ITEM, também tem produzido trabalhos que se afastam dos seus colegas franceses. Basta lembrarmos da sua apresentação no congresso "Fronteiras da Criação", na qual, a partir de uma comparação entre um trecho de *Em Busca do Tempo Perdido*, ligado às *Mil e Uma Noites*, e a passagem citada desse texto, realizou uma discussão teórica sobre o conceito de "forma"[30]. Não encontramos aqui nada semelhante ao levantamento de uma hipótese e a uma reconstituição científica do processo de criação, mas uma reflexão a partir de um ponto do movimento criador.

2.4. PRECISÕES METODOLÓGICAS

2.4.1. Interpretar para analisar

Neste trabalho, nosso objetivo é analisar *"53 Jours"* como um processo de criação, o que implica a realização de vários trabalhos.

28. "Memórias de um Certo Relato", dissertação de mestrado sob orientação de Philippe Willemart. Departamento de Letras Modernas, Universidade de São Paulo, São Paulo, 2000, inédita.
29. Roberto Zular, "No Limite do País Fértil. Os Escritos de Paul Valéry entre 1894 e 1896", tese de doutorado sob orientação de Philippe Willemart, Departamento de Letras Modernas. Universidade de São Paulo, São Paulo, 2001, inédita.
30. Publicada nos anais do congresso, *Fronteiras da Criação*, VI Encontro Internacional dos Pesquisadores do Manuscrito Literário, São Paulo, Annablume, 2000, p. 83.

93

A FICÇÃO DA ESCRITA

Em primeiro lugar é necessário retranscrever tudo e classificar todos os manuscritos para depois tentar uma reconstituição do processo de criação. Como já mencionamos, essa reconstituição não pode ser tomada como uma descoberta científica baseada na observação da realidade. Não sabemos se os manuscritos dos quais dispomos são representativos do processo de criação e, portanto, a nossa reconstituição é apenas uma ficção sobre a escrita. Essa ficção normalmente é considerada o objetivo final dos estudos genéticos. Aqui, seu papel é um pouco diferente: ela nos serviu de base para a pesquisa mas está longe de constituir o nosso objetivo. O intuito deste trabalho é criar uma etapa posterior nos estudos genéticos, em que sejam discutidos os pontos próprios de uma obra processual. Ou seja, a partir do processo, pensar em elementos interpretativos.

Para o público brasileiro, vejo pouco sentido em publicar o minucioso trabalho de reconstituição do processo de criação. Neste contexto, basta saber que elementos foram destacados desse processo para uma discussão teórica. É necessário dizer, porém, que este trabalho foi feito e que jamais poderia ser evitado para a elaboração de uma estética da criação.

2.4.2. Impasses conceituais

Essa condição dos documentos com os quais trabalhamos dificulta a utilização de vários conceitos da crítica genética. É o caso do que chamamos "prototexto", ou o conjunto de manuscritos ou documentos de processo organizados pelo pesquisador, correspondentes à preparação de uma determinada obra[31]. "53 Jours" é um prototexto e também a obra final com a qual trabalhamos: é um manuscrito que se transformou em obra, seja por uma interpretação da vontade do autor, seja por uma decisão do editor ou pelo gosto dos leitores.

31. Definição de Pierre-Marc de Biasi em *La génétique des textes*, Paris, Nathan, 2000, pp. 30-31.

LITERATURA E CRÍTICA DA CRIAÇÃO

O uso das palavras *scriptor* e "autor" estará ligado às suas aplicações mais concretas. Ao referir-me ao *scriptor*[32], estarei me limitando à definição original de Almuth Grésillon: "aquele cuja mão traça o escrito sobre um suporte; por extensão, aquele que escreveu à máquina ou no computador"[33]. E ao usar a palavra "autor", estarei obviamente invocando Perec, o autor de outras narrativas, e suposto autor também do complexo de escritura *"53 Jours"*.

Gostaria também de destacar aqui o uso da palavra "escritura", mesmo não se tratando de um conceito próprio da crítica genética. Como dissemos no começo deste capítulo, o termo escritura foi desenvolvido por Roland Barthes, para substituir o conceito de "texto", e fazia referência, sobretudo, ao efeito de uma obra literária, ou ao trabalho produzido no leitor. Nenhuma relação havia com manuscritos ou com a produção de uma narrativa. Aqui,

32. Encontramos alguns problemas em utilizar neste manuscrito o conceito de *scriptor*, tal como definido por Willemart e que corresponderia ao intervalo entre o escritor que começa um projeto de escritura e o autor que assina o manuscrito final. Ou seja, o sujeito que se deixa atravessar pelas vozes do inconsciente para dar caminho ao texto do autor. Como vimos, em *"53 Jours"*, esse conceito de autoria é bastante ambíguo. Por um lado, podemos pensar que ele simplesmente não existe, já que o escritor morreu antes de concluir o romance e a decisão de publicá-lo não é mais do que uma intuição comercial dos editores. Por outro lado, como a temática do romance inacabado e do escritor desaparecido está presente no datiloscrito "final", é possível concluir que Perec planejava a publicação parcial do livro, tal como o encontramos hoje. Neste caso, o scriptor não existiria, já que os documentos dos quais dispomos também seriam produto, ou obra do autor. Provavelmente, a verdade se encontra entre as nossas duas suposições, e assim tanto o conceito de scriptor quanto o de autor não são totalmente válidos no estudo deste manuscrito. O fato de que o uso desse conceito seja problemático em uma análise de *"53 Jours"* não significa que não seja aplicável a outros manuscritos. Como mostrado por Willemart, a instância da autoria é visível nos documentos de Flaubert e portanto o conceito de scriptor pode contribuir de forma decisiva para uma reflexão sobre o processo de criação ("A Construção de uma Personagem na *Educação Sentimental* e o Conceito de Inconsciente Genético", *Bastidores da Criação Literária*, São Paulo, Iluminuras, 1999).

33. "Scripteur: celui dont la main trace l'écrit sur un support; par extension aussi celui qui a écrit à la machine où à l'ordinateur" (Almuth Grésillon, *Élements de critique génétique*).

9 5

no entanto, é usado como forma de descrever o trabalho da escrita, ou, como disse anteriormente, a escritura dos manuscritos.

2.4.3. *Confluências em uma análise vertical*

Outras noções da crítica genética serão questionadas ao longo deste trabalho, como a idéia de versão e o conceito de rasura como centro da análise sobre a criação, que serão abordadas só no capítulo 3, pois exigem um certo conhecimento da dinâmica do manuscrito.

Esse capítulo 3 e o 4 serão dedicados ao que antes chamei de análise vertical do processo de criação, ou o fim deste trabalho. Depois de estabelecer o meio, poderemos perceber quais são os fenômenos que se destacam nesse processo. Interessam-me aqui os fenômenos de caráter estrutural, que permeiam todo o percurso de criação. Mesmo considerando a abordagem dos detalhes essencial para o apontamento desses elementos estruturais, não pretendo centrar a nossa tentativa de "estética da criação" em pequenos episódios ou mudanças de nome, por exemplo. A análise vertical ou a discussão teórica de aspectos da criação estará centrada em características gerais deste processo de escritura, de maneira análoga ao que faz, por exemplo, Gérard Genette em relação ao texto literário.

A discussão teórica aqui desenvolvida não tem a intenção de concentrar-se em nenhuma corrente em particular. Ou talvez deva dizer que as diferentes disciplinas me interessam ali onde elas apresentam um ponto em comum com outras. Mas esta é apenas uma conseqüência, não um pressuposto. Primeiro, definimos as características a serem abordadas, depois procuramos as diferentes teorias que de alguma forma as discutiam. O debate entre as correntes foi condição necessária para estabelecer uma abordagem unificada ou própria. De qualquer maneira, é preciso dizer que a identificação de teorias que discutissem os fenômenos de escritura não foi exaustiva e, muitas vezes, esteve restrita a elementos de minha formação pessoal. Dentro desses limites, que sempre existem nesse tipo de pesquisa, tentei ser o mais abrangente possível,

LITERATURA E CRÍTICA DA CRIAÇÃO

integrando disciplinas de âmbitos bastante diversos e que muitas vezes podem parecer "não-complementares", como a crítica genética, a estética da recepção, a narratologia, o dialogismo de Bakhtin, a teoria da enunciação e a psicanálise.

Esta escolha de abordagem tem muitos pontos em comum com a análise a partir de "confluências" teóricas elaborada por Cleusa Rios Pinheiro Passos[34]. Tal como a autora, propomo-nos aqui unir as diferentes disciplinas que em geral dialogam com a crítica literária, como a filosofia, a lingüística e especialmente a psicanálise, de maneira a manter o acento nas "peculiaridades do fenômeno literário"[35]. Porém, ao confrontar (ou "confluir"), por exemplo, a gênese de um texto e a psicanálise, a diferença entre os fenômenos deixa de ser clara. Afinal, as reflexões de Freud e, sobretudo, as de Lacan referem-se à formação (gênese) do discurso, seja o do analista, seja aquele que se constitui pelas formas particulares de cada sujeito enlaçar-se na cultura. Por outro lado, a diferença entre divã e escritura não é tão radical para Perec, como veremos no capítulo 3. Para ele, seriam duas aventuras diferentes, mas ligadas à mesma procura, o que é patente no livro *W ou A Memória da Infância*.

É importante reiterar que é como teoria da escritura, ou teoria do trabalho de formação de um discurso, que a psicanálise nos interessa. Apesar da constante referência autobiográfica de Perec e da aproximação, que ele mesmo faz, entre sua fala como paciente e sua escrita, não pretendo, de forma alguma, fazer aqui uma psicanálise do autor. Também não pretendo psicanalisar personagens ou situações narrativas, não somente pelo fato de não serem pessoas reais, mas também porque não constituem o centro da narrativa neste livro e estão longe de ter a densidade "psicológica" dos protagonistas do século XIX, por exemplo. Em *"53 Jours"* e em geral na obra de Perec, as personagens correspondem mais a

---

34. Cleusa Rios Pinheiro Passos, *Confluências. Crítica Literária e Psicanálise*, São Paulo, Edusp, 1995.
35. *Op. cit.*, p. 15.

uma posição, a um lugar dentro de um determinado jogo ou cadeia narrativa, do que a um simulacro de pessoa. Uma visão bastante semelhante à dos escritores do *Nouveau Roman*, apesar das diferenças de Perec com essa linha (aspecto que abordaremos no capítulo 4).

É necessário advertir que uma análise de "confluências" também apresenta alguns custos. Ao optar pelo uso de várias disciplinas sobre um mesmo fenômeno, é inevitável um certo esmorecimento do debate teórico. Isto é particularmente aplicável aos trechos em que serão abordados aspectos relativos à psicanálise lacaniana, que muitas vezes mereceriam uma visão diacrônica e mais extensa.

Para finalizar a descrição do percurso deste trabalho, é necessário um último esclarecimento sobre a disposição dos últimos capítulos. Com vistas a uma apresentação mais didática, optei pela divisão da discussão dos fenômenos de escritura em duas etapas: uma relacionada à escritura e outra à leitura, que correspondem, respectivamente, aos capítulos 3 e 4. A essa discussão corresponderá o que chamei anteriormente de estética da criação, ou seja, de reflexão acerca do prazer provocado pela escritura e por sua leitura.

Resta-me, enfim, convidar o leitor a seguir em frente, agora que a metodologia usada já está exposta. Gostaria, porém, de repetir aquilo que afirmei no começo: este trabalho, apesar de valer-se da crítica genética, não pode ser considerado apenas um estudo genético ou uma aplicação da disciplina. O livro, na sua forma de datiloscrito inacabado e dossiê de manuscritos, questiona a idéia de gênese de uma obra e o interesse da crítica pelos documentos de processo. Assim, este trabalho constitui não só um estudo de crítica literária (uso da teoria para analisar uma determinada obra literária), mas também um estudo de "anticrítica", já que usamos um suposto texto literário para analisar uma determinada teoria.

II

Estética da Criação

3

O Livro como Manuscrito

Neste capítulo, proponho abordar as características da escritura, ou, como bem diz o título, o romance como manuscrito. Para isso, analisarei questões que se destacaram na reconstituição do processo de criação: ausência de redação, a função da rasura, o diálogo scriptural e o lugar do leitor no manuscrito.

O primeiro deles é a ausência de redação; como veremos, este manuscrito é composto por pequenos trechos de redação fragmentados ao longo de cadernos e fichários. Ou seja, vemo-nos frente a um verdadeiro quebra-cabeça da escritura. O segundo elemento a ser destacado é a ausência de rasuras: embora Perec de vez em quando tenha feito rabiscos sobre as palavras, em geral ele mantinha limpos a palavra, trecho ou parágrafo que tinha decidido eliminar. Em terceiro lugar, destacarei uma forma de escrita de Perec que se encontra em muitos manuscritos: o diálogo scriptural. Esse nome é uma alusão a uma estrutura de perguntas e respostas que se encontra dentro dos pequenos fragmentos de redação. Finalmente, discutirei o lugar do leitor no manuscrito. É uma questão controversa, já que, como disse, acredita-se que produção e recepção eram pólos opostos da criação literária. No entanto, veremos que, pelo menos neste manuscrito, o leitor deve estar ali, com o escritor, na sua escrivaninha e inclusive com os dedos na sua máquina de escrever.

Embora aponte essas características como componentes da escritura do livro, não é possível afirmar que elas não têm um

A FICÇÃO DA ESCRITA

impacto na própria leitura do romance. *"53 Jours"* é um manuscrito publicado e é inevitável que o movimento de criação tenha algum efeito sobre o leitor. Contudo, nesta parte do trabalho, farei uma divisão artificial e "fingirei", a maior parte do tempo, que o objeto analisado é somente a escritura. Em alguns momentos e, principalmente, na parte final, dedicada ao lugar do leitor no manuscrito, ver-me-ei obrigada a escapar do fingimento.

No próximo capítulo, tentarei compensar este artifício e centrar-me no impacto da leitura do processo de criação do romance. O que, de certa maneira, também será um artifício, como explicarei mais tarde. Por enquanto, é necessário apenas insistir no fato de que esta divisão da análise em duas partes tem apenas um fim didático e de forma alguma pretende dar conta da "amarga verdade".

Antes de entrar nos desenvolvimentos, gostaria de advertir que cada um deles corresponde, neste momento, a uma unidade separada e terá a sua introdução e a sua conclusão próprias. Uma reflexão geral relativa a todas as partes desse capítulo seria impossível sem saber o que será discutido no capítulo seguinte, que lhe servirá como uma espécie de espelho. Por isso, peço ao leitor paciência e uma leitura atenta que só será "recompensada" com uma conclusão no final deste trabalho.

3.1. UM QUEBRA-CABEÇA DE ESCRITURA

3.1.1. As diferentes peças do jogo

O conjunto de manuscritos de *"53 Jours"* é bastante heterogêneo e difícil de classificar. Porém, uma coisa é certa: estamos longe de ter várias versões do romance, ou dos capítulos, modificadas até chegar à palavra correta, como no caso de Flaubert. Mais do que isso, podemos dizer que encontramos fragmentos, "ilhotas de redação", imposições metaescriturais, diálogo scriptural, listas, anotações, desenhos e registros de sonhos, e no meio de todos esses documentos, um datiloscrito. Essas modalidades de escritura não se encontram classificadas em diferentes suportes: elas podem se encontrar todas em uma mesma página, como no seguinte exemplo, transcrito integralmente[1]:

La question finale (*sic*)
est: de quel roman
"53 jours" est-il la
1ere partie?

- Lieux
- Noms
- Faits
Allegorie de la verité
le chaînon manquant

quelque part dans le livre, un nom, un detail, un petit   Hellige. Louise

fait vrai ou inventé, un indice, une couleur

revient à un secret que Serval debinait et à cause
        —   une secret concernant un affaire arrivée à G.
duq il est pe mort: ~~secret suff grave pour que sa transcription~~

~~n'ait pu se faire que sous cette forme codée non pas un~~

~~secret personnel ou psycholy, mais un secret~~ mettant en cause

une ou plusieurs personnes suff' en place à ~~Grianta~~ pour qu'un
                à peine, au fait des moeurs d'usage de la CO
pauvre petit professeur de mathematiques ait la possibilité de le f

deceler [sinon pourquoi Serval m'aurait-il fait donner son manuscrit]

(52,7,52 verso Bl 45 verso)[2]

1. Nas notas de rodapé será apresentada uma tradução do manuscrito disposta de uma forma linear, ao contrário do corpo do texto (no qual se optou por uma transcrição diplomática). Como recomendado por Almuth Grésillon, a nossa transcrição trabalhará com uma simbologia mínima, na qual os saltos de linha estarão representados por uma barra (/), as palavras rasuradas estarão ~~tachadas~~ e os acréscimos aparecerão entre os símbolos de maior (<) e menor (>). As alterações de tinta serão detalhadas entre colchetes. As palavras abreviadas, quando decifradas, serão transcritas por extenso na nota de rodapé.
2. Coluna da esquerda superior [em tinta preta]: "a questão final (*sic*)/ é: de que romance/ '53 jours' é a/ 1ª parte?" Coluna da direita superior [em tinta azul]: "–Lugares/ –Nomes/ –Fatos/ Alegoria da verdade/ O elo que falta/ Hellige. Louise". Corpo do texto [em tinta preta, rasurado com linhas em tinta vermelha]: " em alguma parte do livro, um nome, um detalhe, um pequeno/ fato verdadeiro ou inventado, um indício, uma cor/ refere-se a um segredo que Serval adivinhava e por causa/ do qual ele foi talvez morto: ~~segredo suficien-~~

A FICÇÃO DA ESCRITA

Neste fólio encontramos três "ilhotas" com diferentes desenvolvimentos e formatos. Do lado direito, em azul, vemos uma pequena lista com os subtítulos do capítulo 5. Na parte rasurada, em vermelho e preto, temos um trecho de redação linear do mesmo capítulo, cujo desenvolvimento é quase idêntico ao do datiloscrito. Finalmente, bem acima, em preto, é possível ler essa pergunta à qual todo leitor chega: "de quel roman "53 jours" est-il la première partie?" ("de que romance "53 dias" é a primeira parte?"), que não só corresponde ao livro como um todo, mas também à sua exegese. Esta disposição do fólio faz uma difícil classificação por capítulos, pois apesar de quase toda essa parte fazer referência ao conteúdo do capítulo 5, há um pedaço ligado a um desenvolvimento geral do romance. Por outro lado, uma classificação por formato de redação também é complicada, já que temos um trecho de plano do capítulo (as listas de subtítulos), uma parte de redação linear e uma pergunta (diálogo scriptural). Essa dificuldade se repete quando tentamos colocar este fólio em alguma disposição por tipo de tinta ou cronológica. Evidentemente, cada fragmento, aqui, foi escrito em distintas campanhas de escritura.

Ou, pelo contrário, essas modalidades de escritura podem encontrar-se em cadernos diferentes e podem ter sido recortadas e colocadas em um mesmo envelope correspondente a um capítulo. Assim, tal como a leitura *A Vida Modo de Usar* e *W ou A Memória da Infância* e como as pesquisas que devem seguir os detetives de *"53 Jours"*, a escritura deste romance parece seguir a lógica de um quebra-cabeça.

~~temente grave para que sua transcrição~~ <um segredo que concerne a um escândalo ocorrido em G.> ~~só foi possível fazê-lo nessa forma codificada não um/ segredo pessoal ou psicológico, mas um segredo~~ que envolvia/ uma ou várias pessoas suficientemente importantes em ~~Grianta~~ para que um/pobre professor de matemática//que mal estava ao tanto dos usos da CO// tenha a possibilidade de tê-lo/ descoberto [se não por que Serval teria feito me dar o seu manuscrito]".

ESTÉTICA DA CRIAÇÃO

3.1.2. Onde está a redação

Dentro desse conjunto, poucos são os trechos de redação que de alguma forma coincidem com o datiloscrito. Redação, no sentido mais convencional, ou seja, linear, da esquerda para a direita, com rasuras, acréscimos e algum tipo de ligação entre as páginas, só serão encontradas na subdivisão *chemise rose*[3], onde há quase "versões" manuscritas dos capítulos 10 e 12. A seguir, reproduzo um trecho referente ao capítulo 10; aliás, o único fólio datado do dossiê (3/2/82)[4]:

sur
Après le bain nous sommes allés nous etendre sur une grande natte
prodigieusement
de sisal, à l'ombre d'un arbre aux branches x lourdès ~~enormemment~~ tordues
x
dont les fleurs mauves ~~tombaient~~ pendaient en grapes compactes. Je n'osait pas regarder Lise tellement sa beauté me bouleversait.D'une voix d'abord un peu étranglée, j'ai qd m fini par lui parler de ma découverte.

Je crois que ça lui a fait peur, comme à moi. Là, m qd on est français, on n'a pas l'habitude de plaisanter avec la M. N. On n'en parle qu'à mots couverts. On emploi des périphrases, c'est rarissime qu'on dise "la M. N.", on dit "ces gens là", "les gens que vous savez", "vous voyez de qui je veux parler", etc.

(52,3,2,1)[5]

---

3. Ver, em anexo, as características do dossiê manuscrito *"53 Jours"*.
4. Optei por manter a grafia original do manuscrito, inclusive usos ou adaptações ortográficas.
5. [Em tinta preta]: "Depois do banho nós fomos nos deitar <sobre> ~~sobre~~ uma grande esteira de sisal, à sombra de uma árvore de galhos <prodigiosamente> ~~enormemente~~ torcidos cujas <pesadas> flores malvas ~~caíam~~ pendiam em cachos compactos. Eu não ousava olhar Lise tanto me perturbava a sua beleza. Com uma voz no começo um pouco abafada, eu acabei de qualquer maneira lhe falando da minha descoberta. Eu acho que ela teve medo, como eu. Ali, quando se é francês, não se tem o hábito de fazer brincadeiras com a M.N. Só se fala com palavras encobertas. Empregam-se perífrases, é raríssimo dizer "A M.N.", diz-se 'aquelas pessoas', 'as pessoas que você sabe', 'você sabe de quem eu estou falando', etc." (a divisão de linhas não corresponde ao original).

A FICÇÃO DA ESCRITA

Como podemos observar, este raro trecho de redação é razoavelmente "limpo", com poucas rasuras. Talvez apresente mais correções que o datiloscrito, mas a diferença não é significativa, como podemos ver neste trecho do datiloscrito que corresponde exatamente à primeira parte do primeiro parágrafo do trecho manuscrito reproduzido acima:

> Aprés le bain, nous sommes allés nous étendre sur une grande natte de sisal, à l'ombre d'un arbre aux branches ~~lourdesement torduestordues~~ prodigieusement tordues dont les lourdes fleurs mauves pendaient en grappes compactes. Je n'osais pas regarder Lise tellement sa beauté me bouleversait. D'une voix d'abord un peu étranglée j'ai quand même fini par lui parler de ma découverte.

52,3,3,4d[6].

Essa semelhança leva-me a crer que talvez Perec tenha escrito os capítulos diretamente na máquina de escrever, sem versão manuscrita prévia, salvo em algumas ocasiões, como aquela relativa aos fólios acima citados. A data tardia do manuscrito (3 de fevereiro) pode corroborar esta hipótese, já que, nesse momento, a saúde de Perec impedia-o, temporariamente, de realizar certas ati-

6. "Depois do banho, nós fomos nos deitar sobre uma grande esteira de sisal, à sombra de uma árvore de galhos <prodigiosamente> pesadamente <torcidos cujas pesadas> torcidostorcidos cujas flores malvas pendiam em galhos compactos. Eu não ousava olhar Lise tanto a sua beleza me perturbava. Com um voz um pouco abafada eu acabei de qualquer maneira falando da minha descoberta". (A divisão de linhas não corresponde ao original.)
Este fólio não se encontra no conjunto integral de datiloscritos, mas em um datiloscrito especial do capítulo 10, cujas correções foram incluídas na edição final do romance. A máquina usada parece ser diferente da do datiloscrito integral. As rasuras neste caso foram feitas com adesivo branco e o acréscimo está escrito sobre esse adesivo. O trecho corresponde ao primeiro parágrafo da página 106 da edição *folio*.

vidades como, por exemplo, escrever à máquina. Por outro lado, a caligrafia destes fólios é bem menos nítida que a do resto dos suportes, o que pode confirmar a idéia de que o autor passava por algum problema de saúde no momento da escritura.

Obviamente, alguns documentos devem ter-se extraviado e, quem sabe, houve muitos mais fólios dedicados à redação no processo de escritura deste romance. Porém, como o trabalho de criação dos poucos trechos de redação "linear" é semelhante ao do datiloscrito, é possível afirmar que não se perdeu toda uma etapa do trabalho. Os datiloscritos e os rascunhos aparentemente fazem parte de uma mesma etapa, em que foram feitas algumas mudanças na redação, algumas precisões, mas não mudanças importantes, nem na narrativa nem na própria disposição do texto.

3.1.3. A escrita despedaçada

A grande maioria dos trechos de redação no dossiê não correspondem a "versões" dos capítulos como os da *chemise rose*, mas a núcleos esparsos de escritura, ou "ilhotas de redação"[7]. No capítulo anterior foram citados vários exemplos disto, mas voltaremos a nos debruçar sobre um deles para, agora, analisar a disposição da escritura:

Mlle C avait
Cette fois ci cons l'ouvrage
Elle est alle
Le ch ds sa ch
Et me l'a donné
Il s'intitula "K comme Koala"
Un r d'esp, m'a-t-elle dit,
Pas très très bon
J'ai remis à plus tard
L' exam de ces 14 lignes
Mlle C m'a offert du thé

---

7. Termo proposto por Ewa Pawlikowska em "Insertion, recomposition dans *W ou le souvenir d'enfance*", *De Pascal à Perec. Penser/Classer/ Écrire*, Paris, Presses Universitaires de Vincennes, 1990.

A FICÇÃO DA ESCRITA

Glacé. De fil en aiguille
Je ~~lui ai dem si elle~~
l'ai inv à diner. J'en
avais envie depuis
le debut de l'ap midi

(52,7,4+ recto)[8].

O trecho acima citado encontra-se em uma folha de bloco inserida no *Cahier bleu*, que, conforme expusemos no capítulo anterior, é relativo ao período em que Perec se encontrava na Itália e não está relacionada diretamente com nenhuma folha anterior ou posterior. Assim, esta parte do manuscrito parece constituir uma espécie de ilha de redação. Se essa folha fosse única e essa organização do texto não se repetisse em nenhum outro momento, talvez pudéssemos afirmar que este é um fólio solto de um conjunto de rascunhos do romance. Mas uma visão quantitativa do próprio *Cahier bleu*, por exemplo, no qual estava dobrada a folha citada, mostra que essa disposição da redação não pode ser fruto de uma coincidência ou de um manuscrito perdido. Um terço dos fólios do caderno relativos ao romance[9] estão destinados a este tipo de redação, sendo que uma página pode referir-se ao capítulo 13, a seguinte ao primeiro e a próxima ao sétimo[10]. E não é o caso apenas desse caderno. Os documentos encontrados no *Classeur 53 jours* também não estão ligados uns aos outros como em uma redação "convencional", com uma página após a outra, a última linha da primeira página ligada à primeira da segunda etc. No envelope 4, ligado ao capítulo 13, encontramos diversos fólios, de suportes diferentes, escritos

---

8. "A senhorita Carpenter tinha/ dessa vez cons a obra/ ela foi/ buscá-la no seu quarto/ e a deu para mim/ Intitulava-se "K como Koala"/ um romance de espionagem, ela me disse./ Não muito bom/ Eu deixei para mais tarde/ o exame dessas 14 linhas/ A senhorita Carpenter ofereceu-me chá/ gelado. Sem dar ponto sem nó/ Eu ~~lhe perguntei se ela~~/ a convidei para jantar. Eu/ tinha vontade desde/ o começo da tarde."
9. Boa parte do *Cahier bleu* é um diário da viagem de Perec à Itália.
10. Como na seqüência de fólios 52,7,39 recto a 52,7,40 recto.

108

em cores distintas (uma página com tinta vermelha, outra com tinta azul etc.) e que foram escritos em momentos diferentes, todos relativos ao mesmo capítulo, e todos com esse mesmo formato de "ilha", sem conexão alguma com a página seguinte.

Assim como o trecho citado, a maioria dessas "ilhotas" de redação está escrita com a mesma disposição na página, em uma forma que aparentemente lembra um poema. Outra característica da escritura desses trechos é a abreviação e a falta de preocupação com a ortografia, o que raramente é observado no datiloscrito ou nos fólios de "redação linear". Era um momento em que Perec estava experimentando as palavras, ainda sem certeza, ainda sem muito apego a elas. De qualquer maneira, o conteúdo dessas ilhotas pouco difere da redação final encontrada no datiloscrito, como podemos observar no trecho correspondente ao manuscrito citado, editado pela coleção fólio:

> Mlle Carpenter avait gardé ce livre; elle est allée le chercher dans un autre pièce et me l'a donné. Il s'intitule *K comme Koala*.
> "Un roman d'espionnage, m'a-t-elle dit, pas très bon."
> J'ai remis à plus tard l'examen de ces quatorze lignes et de ce livre. Mlle Carpenter m'a offert du thé glacé. De fil en aiguille je l'ai invité à dîner. J'en avais envie depuis le début de notre entrevue[11].

3.1.4. A criação como montagem

Pelo trecho acima citado, devemos supor que Perec não corrigia o processo de redação, que simplesmente escrevia "aquilo que ele queria dizer"? É claro que essa é uma afirmação um pouco precipitada para a análise de apenas um exemplo; mas, como já dissemos, essa estrutura e a semelhança com o datiloscrito das ilhotas

---

11. "A senhorita Carpenter tinha guardado esse livro; ela foi buscá-lo em um outro quarto e deu-o para mim. Intitulava-se *K como Koala*. / 'Um romance de espionagem, ela me disse, não muito bom.'/ Eu deixei para mais tarde o exame das quatorze linhas desse livro. A senhorita Carpenter me ofereceu chá gelado. De assunto em assunto, eu a convidei para jantar. Eu tinha vontade de fazê-lo desde o começo de nosso encontro" (*"53 Jours"*, p. 83).

A FICÇÃO DA ESCRITA

de redação repetem-se em vários fólios. Verificada a totalidade dos documentos, a pergunta ainda é válida.

Porém, a resposta não poderia ser afirmativa, pois as ilhotas de redação não são versões do romance, mas apenas trechos do começo, do meio ou do fim dos capítulos. O que acontecia com a redação que estava entre esses trechos? De onde surgia? Não podemos ter uma resposta certa para esta questão, mas levando em conta a organização do *Classeur 53 jours*[12], é possível construir uma hipótese. Perec escreveria esses trechos de redação durante a elaboração da narrativa, depois reuniria tudo o que fosse relativo a um certo capítulo e, a partir desses conjuntos, elaboraria o texto definitivo, em forma de manuscrito ou datiloscrito. Ou seja, mais do que sentar-se para escrever em uma página em branco, Perec montava um quebra-cabeça de ilhotas de redação. O trabalho de criação não estaria, assim, na "inspiração" prévia à redação desses pequenos trechos, mas na montagem dos fólios.

Para guiar essa montagem, Perec valia-se de planos e do diálogo scriptural, onde realmente se engendrava a elaboração da narrativa. Supomos, então, que ele reunia as diferentes partes escritas relativas a um capítulo e tentava uni-las a partir daquilo que já havia determinado na discussão metanarrativa. Uso a palavra "tentava", pois suas disposições iniciais eram constantemente questionadas. Por isso, é difícil falar de escritura programada: tudo está em constante discussão, em constante diálogo. Não vamos nos centrar nesse ponto agora, pois nosso objetivo, por enquanto, é discutir a organização da etapa de redação do romance. Na terceira parte deste capítulo, discutiremos a elaboração da narrativa e a natureza do diálogo scriptural.

Os autores que já estudaram a gênese de outras obras de Perec chegaram a hipóteses semelhantes sobre a sua escritura. Propo-

12. *Classeur Noir 53 jours* é um fichário preto, que tem, na sua contracapa, um cronograma de redação do romance e no seu interior, dezessete envelopes de plástico com fólios relativos aos capítulos 13 a 28, alguns fólios não classificados e algumas folhas soltas dobradas.

I I O

nho que façamos uma pausa no nosso desenvolvimento, para analisar estas hipóteses: à primeira vista poderá parecer um desvio, mas logo a seguir veremos que elas serão um importante aliado ao tentarmos interpretar a criação fragmentada de *"53 Jours"*.

O primeiro trabalho crítico que abordaremos é a tese de doutorado de Hans Hartje[13], onde é analisada a criação de textos tão diferentes como *As Coisas, Um Homem que Dorme, La disparition* e *Un cabinet d'amateur*. Através da análise comparativa desses manuscritos, Hartje chegou à conclusão de que, nos textos de Perec escritos após a sua entrada no OuLiPo, a escritura divide-se em duas partes. A primeira fase, de invenção, estaria centrada na busca de palavras, citações, nomes e pequenos trechos escritos, que obedecessem à restrição formal escolhida. Na segunda parte, todos esses elementos seriam dispostos em um todo narrativo coerente.

Para Hartje, conforme desenvolverá em outro texto[14], esse material da primeira fase servirá ao scriptor de "relais pour écrire", ou seja, de pontos para um revezamento da escritura. Ao confrontar todos esses pontos juntos em um mesmo espaço, Perec estaria se expondo à fabulação, ou seja, ao advento da narrativa.

A partir, também, da análise da criação de *La disparition* e seu romance-espelho, *Les revenentes*, Laurent Milési tenta empreender uma difícil tarefa: definir as características da "variante" perequiana. Já no começo do texto, o crítico percebe que o conceito de variante, como uma versão anterior do texto acabado, é questionável nos casos abordados: "A partir de que grau de inserção em uma seqüência narrativa – e em presença de que somos autorizados a falar de uma variante? – Uma nota pode aceder ao estatuto de variante?"[15]

---

13. "Georges Perec écrivant", tese de doutorado em Literatura Francesa sob orientação de Jacques Neefs, Universidade de Paris VIII, maio de 1995.
14. "Georges Perec. Des relais pour écrire", *Rivista di Letterature moderne e comparate*, Pisa, Pacini editore, 1997.
15. "À partir de quel degré d'insertion dans une séquence narrative – et en presence de quoi sommes-nous autorisés à parler d'une variante? – Une note peut-elle prétendre accéder au statut de variante?" ("La variante joycienne et perecquienne: Études contrastives". Em *Genèse et variation textuelle, Textes et manuscrits publiés par Louis Hay*, Paris, CNRS, 1991, p. 182).

A FICÇÃO DA ESCRITA

Milési constata que a variante perequiana, longe de ser uma versão do romance, como afirmara também Hartje, é um material heterogêneo, composto não só de fragmentos textuais e listas, mas também de mudanças de tintas, rasuras, brancos e fendas. E, tal como na análise de *"53 Jours"*, o geneticista chega à conclusão de que essas unidades servem de peças para a montagem do quebra-cabeça final: "Unidades isoladas ou 'pré-narrativas' são tecidas juntas, colocadas em movimento em uma narração logicamente estruturada, que as retoma, estende e precisa para integrar o todo, peça do quebra-cabeça na narrativa"[16].

Talvez o caso mais conhecido dessa cisão da escritura perequiana sejam os manuscritos de *A Vida Modo de Usar*, que foram parcialmente publicados, como descrevi no capítulo 1. Embora a escritura do romance tenha várias semelhanças com os processos de criação que abordamos até agora, também apresenta algumas particularidades. A primeira etapa de elaboração é basicamente composta de listas, resultados do jogo da "poligrafia do cavalo" [ver capítulo 1]. São 99 listas de 42 elementos narrativos, que logo deram origem a 99 capítulos. Há uma segunda etapa de pequenas redações, fragmentos de esboços e logo um manuscrito final, apenas rasurado[17].

Dessa maneira, as listas estimulariam o funcionamento da máquina de contar histórias e ganhariam vida nos pequenos esboços. Mas como ocorreria esse processo?

Para Jacques Roubaud, os textos de Perec apresentam uma certa "poética de listas", tanto no seu estado preparatório quanto final, o que os aproxima do verso e do modo de ser da poesia. "Eles adquirem uma força de evidência que os torna particular-

---

16. "Unités isolées ou 'pré-narratives' sont tissées ensemble, mises en mouvement dans une narration logiquement structurée qui les reprend, les étire, les précise pour intégrer le tout, pièce du puzzle dans le récit" (*op. cit.*, p. 84).

17. A descrição das diferentes etapas de redação do livro encontra-se no artigo "Une machine à raconter d'histoires" de Hans Hartje, Bernard Magné e Jacques Neefs, a apresentação do *Cahier de charges de la vie mode d'emploi*, p. 35.

mente atraentes"[18], explica em relação a cada nome isolado em uma lista. A atração seria especial para a memória, que, ao ver os objetos fora de seu eixo paradigmático, seria estimulada e os transformaria em objetos vivos, ou *personae*.

3.1.5. Fragmentação e memória

Analogamente, os pequenos trechos de redação também isolados do seu eixo narrativo serviriam como estimuladores para a memória, a grande máquina de contar histórias. Essa relação entre o funcionamento da escritura de Perec e a memória foi particularmente desenvolvida nos estudos sobre a gênese de *W ou A Memória da Infância* e os seus textos assumidamente autobiográficos.

Para Ewa Pawlikowska, por exemplo, a escritura fragmentada tende a estimular não aquilo que "está" na memória, mas exatamente o vazio, aquilo que não está relacionado a nenhuma história em particular, mas ao que se perde entre elas: "o estudo de páginas manuscritas nos leva a constatar que não podemos verdadeiramente falar de uma progressão linear na narrativa perequiana, que multiplica as antecipações, as voltas ao que estava atrás, as retomadas, as repetições e tende a colocar em evidência os brancos da memória"[19].

Tentaremos entender melhor o que seriam e como se ativariam esses "brancos da memória". Pawlikowska descreve o manuscrito de *W* como o manuscrito de um naufrágio[20]: haveria pedaços de relatos, ilhotas de redação, listas boiando na página em branco.

---

18. "Ils héritent d'une force d'évidence qui les rend particulièrement attractifs" (Jacques Roubaud, "Notes sur la poètique de listes chez Georges Perec", *De Pascal à Perec. Penser/Classer/Écrire*, p. 204).

19. "L'étude de pages manuscrites nous amène à constater qu'on ne peut pas véritablement parler d'une progression linéaire dans le récit perequien, qui multiplie les anticipations, retours en arrière, reprises, répétitions et tend à mettre en évidence les blancs de la mémoire" ("Insertion, recomposition dans *W ou le souvenir d'enfance*", p. 172).

20. De forma análoga ao que é descrito no próprio livro: o naufrágio e desaparecimento do menino Gaspard Winckler.

A FICÇÃO DA ESCRITA

Estes restos de escritura estariam procurando um lugar onde ancorar; uma narrativa que pudesse integrá-los em um todo coerente. Um todo que, no momento da escritura, da tentativa de autobiografia e da construção de uma identidade, está vazio, em branco. Mas então alguma palavra, algum elo surge entre alguns fragmentos. Está, assim, tecida a primeira parte da possibilidade de um novo relato, que só aparece através da ruptura com outros relatos. Assim, a fragmentação tem a função de evidenciar o branco da memória, provocar um olhar de ruptura e estimular a necessidade de procurar elos, histórias e todos coerentes. O que não quer dizer criar esses "todos". No caso deste romance, o que se construirá e o que será transmitido é o olhar de ruptura e a possibilidade de elos, mas não um todo absolutamente coerente.

Ao redor da construção desse olhar e da evidenciação das falhas da memória, Philippe Lejeune escreveu o trabalho até agora mais completo sobre a escritura de Georges Perec, *La mémoire et l'oblique*, onde são analisados os manuscritos dos projetos autobiográficos do autor. Como podemos observar no trecho seguinte, ele também destaca a fragmentação como uma das características essenciais da escrita perequiana:

> Os gestos que ele realiza são aqueles que são aconselhados para a fase preparatória: faça listas, escreva desordenadamente o que lhe vier à cabeça, faça os ajustes na sua memória ou sobre os lugares, anote tudo em estilo telegráfico, sem exagerar. Mas Perec fica voluntariamente bloqueado nessa fase que os manuais mandam logo passar, para chegar à organização, à expressividade, à síntese, à ordem[21].

Essa aparente "fase preparatória" na qual parecem estar parados os manuscritos de Perec permitirá a criação de um novo tipo

21. "Les gestes qu'il accomplit sont ceux qui sont conseillés pour la phase préparatoire: faites des listes, déballez les choses en vrac, effectuez de repérages dans votre mémoire ou sur les lieux, notez tout en style télégraphique sans faire mousser. Mais Perec reste volontairement bloqué dans cette phase que les manuels demandent de dépasser ensuite vers l'organisation, l'expressivité, la synthèse, l'ordre" (*La mémoire et l'oblique*, p. 42).

de autobiografia. Uma autobiografia que começará pela desconstrução de antigos relatos, mas não chegará a criar outro: ficará justamente nesse momento de "des-ser", entre a liquidação das explicações ou das histórias anteriores e a possibilidade de criar outras. Assim, segundo Lejeune, Perec atentaria contra a "ideologia autobiográfica", que supõe a criação de um relato de vida, para produzir, na realidade da própria vida, uma autobiografia da falta, da falha.

Ao se deparar com essa escrita em pedaços, no caso de *W*, com essas tentativas de lembranças em pedaços, Perec veria a sua própria memória despedaçada e, portanto, a impossibilidade de resumir a sua vida em uma identidade, em um relato coerente. Na releitura dos fragmentos (o processo de criação de *W* durou cinco anos!), pouco a pouco Perec viu que certas palavras começavam a juntar-se, certas lembranças pareciam se contradizer e certas fantasias pareciam ter mais elos com a realidade do que ele pensava. Dessa forma, na "realidade de sua própria vida", ele teria desconstruído a sua memória e começado o movimento de reconstrução, mas uma reconstrução plural e em contínuo movimento.

Esse movimento, próprio do processo de criação, será também o grande impacto da leitura da narrativa final. O leitor, da mesma forma que o scriptor, confronta-se com diversos fragmentos (descrições de fotos, lembranças, depoimentos, fantasias), que a princípio são vistos soltos, sem elo, e portanto, com angústia. Pouco a pouco é levado pelo texto a encontrar relações e a fazer funcionar, ele mesmo, o movimento de escritura. "Esses textos [os textos autobiográficos], no fundo, não representam a vida de maneira realista, não dão uma informação, não propõem um sentido, não constroem um 'eu' (ainda que contenham muitas informações). Eles mostram alguma coisa 'se fazendo', algo que o leitor só poderá compreender se aceitar associar-se ao movimento"[22]. As-

---

22. "Ces textes, au fond, ne représentent pas la vie de manière réaliste, ne donnent pas une information, ne proposent pas un sens, ne construisent pas un moi (même s'ils contiennent beaucoup d'informations). Ils montrent quelque chose en train de se faire, que le lecteur ne peut saisir que s'il accepte de s'associer au mouvement" (*op. cit.*, p. 42).

sim, essa "realidade da própria vida" não se refere necessariamente à pessoa do escritor, mas a todo sujeito que entra em contato com o texto e, portanto, também o leitor.

3.1.6. Entre o teto e a folha

Vemos desta maneira que a integração do processo de criação à narrativa de Perec não se limita a incluir dados do manuscrito nem se restringe ao caso de *"53 Jours"*. Mas voltaremos a esse ponto no próximo capítulo; por enquanto, é necessário resumir o que aconteceu nessa caminhada pelos diferentes textos sobre a gênese das obras de Perec. Como vimos, nossas constatações sobre a criação de *"53 Jours"* encontram eco nos projetos posteriores à entrada do escritor no OuLiPo. O estudo de Hans Hartje mostrou-nos que a escritura de *La disparition* também apresentava essa divisão em duas partes: uma delas procura palavras e elementos narrativos e a outra integração esses pedaços de texto em um todo coerente. No caso de *A Vida Modo de Usar*, essa divisão tornar-se-ia programática: estava determinado que, no começo da criação, só seriam escritas listas e gráficos, o *Cahier de charges*, e que só depois começaria a etapa de redação. Nos estudos sobre a gênese de *W*, particularmente, a fragmentação teria a função de desconstruir a aparente linearidade da memória e propor um novo texto autobiográfico plural, em movimento.

A partir desses estudos e do nosso, é possível determinar que o trabalho de escritura de Perec segue aproximadamente o percurso que descreveremos a seguir, com algumas variações de obra para obra. Em primeiro lugar, ele determina uma maneira de criar fragmentos de texto. Essa maneira pode ser uma restrição rígida, como escrever sem uma letra, uma imposição mais suave, como elaborar uma lista de lembranças ou com uma restrição aberta, como fazer traduções homofonéticas de *A Cartuxa de Parma*. É importante não enfrentar a página em branco, mas partir de uma escrita, de uma memória, que já está lá. Em um segundo momento, o scriptor leria e releria esses pedaços de textos, esperando alguma ressonância, alguma nova relação. Desse processo de releitura, que seria o centro da criação, surgiriam dois trabalhos paralelos e aparentemente contraditórios: a necessidade de união dos fragmentos em um todo coerente e a elaboração de uma narrativa fragmentada, que mostraria exatamente a impossibilidade de reunião em um todo coerente; por isso, as narrativas perequianas têm esse caráter não-resolvido, incompleto e perturbador. Essa não é uma característica exclusiva de *"53 Jours"*, com suas diferentes histórias impossíveis que nunca poderiam ser terminadas.

O movimento de desconstrução do relato linear e de construção de um novo olhar sobre a fala tem vários pontos em comum com certos movimentos do processo psicanalítico, o que não deve ser mera coincidência, pois Perec se submeteu à análise com J.-B. Pontalis entre 1971 e 1975, exatamente o período de criação de *W ou A Memória da Infância*.

No único texto que escreveu sobre essa análise – "Les lieux d'une ruse" ("os lugares de um ardil") – Perec é explícito na comparação entre esse processo e a escritura:

> Je pose au départ comme une évidence cette équivalence de la parole et de l'écriture, de la même manière que j'assimile la feuille blanche à cet autre lieu d'hésitations, d'illusions et de ratures que fut le plafond du cabinet de l'analyste. Je sais bien que cela ne va pas de soi, mais il en va ainsi, pour moi désormais, et c'est précisément ce qui fut en jeu pendant l'analyse[23].

Não quero com isso afirmar que a intenção de Perec era seguir a teoria psicanalítica em seu processo de criação. Mesmo que fosse, a sua "intenção" não teria por que coincidir com os cami-

23. "Eu coloco no começo como evidência essa equivalência entre a palavra e a escritura, da mesma forma que assimilo a folha branca a esse outro lugar de hesitações, de ilusões e de rasuras, o teto do consultório do analista. Eu sei que isso não é evidente para todos, mas para mim era pelo menos e era precisamente isso que estava em jogo durante a análise" ("Les lieux d'une ruse", *Penser/Classer*, Paris, Hachette, 1985, p. 62).

nhos que observamos na escritura de *"53 Jours"*. Muitas vezes as palavras e as interpretações do escritor não condizem com a sua crítica. Minha única vontade aqui é mostrar que, se há alguma semelhança entre a psicanálise e a gênese das obras de Perec, ela não é totalmente ingênua, já que o autor conhecia – ainda que esse conhecimento fosse apenas inconsciente – as etapas do processo analítico e as relacionava, ele mesmo, com a escritura.

No que a fragmentação da escritura e a construção de um olhar sobre esses fragmentos se relacionaria com a psicanálise? No Seminário 11, de Jacques Lacan, encontramos alguma coincidência na parte relativa à função do olho e do olhar. Lacan define que o olho é a perspectiva, é o ponto do qual o sujeito vê. Já o olhar corresponderia ao ponto original da visão, ou seja, às formas de percepção que de alguma forma se encontram no Simbólico, na "cultura", e que o sujeito deve apreender para ele próprio ter um olho, uma perspectiva[24]. No entanto, essa divisão entre olho e olhar ("esquize", segundo Lacan), não seria percebida na vida quotidiana. Por quê? Lacan responde também com uma pergunta: "Não haverá satisfação em estar sob esse olhar de que eu falava há pouco, seguindo Maurice Merleau-Ponty, esse olhar que nos discerne e que, de saída, faz de nós seus olhados, mas sem que isso se nos mostre?"[25]

A busca dessa satisfação relaciona-se com a pulsão, que tem um papel essencial na constituição do sujeito, pois é essa necessidade de estar sob a presença desse "olhar", essa necessidade do

---

24. Lacan escreve esse capítulo baseado na obra de Maurice Merleau-Ponty, que defende que os modos de percepção (visão, divisão, classificação, audição etc.) do ser humano não são inatos, mas apreendidos. Esses modos, nos quais entra também a visão, estariam na "carne do mundo", ou seja, na cultura, mas de maneira inconsciente. Os pais começariam a passar para os filhos essas formas de percepção, sem que nenhum dos dois perceba esse aprendizado. Mas esse seria somente o começo: a interação com a carne do mundo é contínua e ininterrupta durante a vida do ser humano.

25. Jacques Lacan, *O Seminário. Livro 11. Os Quatro Conceitos Fundamentais da Psicanálise*. Versão brasileira de M. D. Magno. Rio de Janeiro, Jorge Zahar Editores, 1988, p. 76.

Outro, de fazer parte da "carne do mundo", que possibilita a construção de uma perspectiva (olho) e de uma expressão particular (fala).

Quando essa satisfação não é dada e a esquize se produz, o sujeito entra em um estado de "estranheza", próprio do momento em que, por exemplo, o sujeito resolve procurar um analista. Quando o nosso olho não coincide com o olhar, sentimos dor e por isso deitamos em um divã. O trabalho da análise será o longo percurso de desvio do nosso olho, para o encontro com o olhar, representado pelo analista.

Aquilo que leva um escritor a debruçar-se sobre uma resma de folhas em branco é também da ordem dessa "esquize" entre olho e olhar. O "olho" do escritor não coincide com o olhar do mundo, e ele deve criar uma ficção em que seu olho se sinta, de certa maneira, "autorizado a olhar".

A escritura em forma de quebra-cabeça de *"53 Jours"* não nos colocaria diante do olho, mas da própria esquize, do caminho entre o olho e o olhar. Ela não procuraria soluções, nem discursos integradores, ela tende a destacar a ruptura. Em um determinado momento, o scriptor tentará reunir esses pedaços de texto, mas não para transformá-los em um todo unificado, em um discurso sem fendas nem esquizes; ele monta essas partes de tal maneira que a narrativa final ainda seja fragmentada, com uma possibilidade de união apenas insinuada. Esse caminho está, de alguma maneira, indicado no final do texto de Perec sobre a análise:

> Du mouvement même qui me permit de sortir de ces gymnastiques ressassantes et harassantes, et me donna accès à mon histoire et à ma voix, je dirai seulement qu'il fut infiniment lent: il fut celui de l'analyse elle-même, mais je ne le su qu'après. Il fallait d'abord que s'effrite cette écriture carapace derrière laquelle je masquais mon désir d'écriture, que s'érode la muraille des souvenirs tout faits, que tombent en poussière mes refuges ratiocinants. Il fallait que je revienne sur mes pas, que je refasse ce chemin parcouru dont j'avais brisé tous les fils.
>
> De ce lieu souterrain, je n'ai rien à dire. Je sais qu'il eut lieu et que, désormais, la trace en est inscrite en moi et dans les textes que j'écris. Il

A FICÇÃO DA ESCRITA

dura le temps que mon histoire se rassemble: elle me fut donnée, un jour, avec surprise, avec émerveillement, avec violence, comme un souvenir restitué dans son espace, comme un geste, une chaleur retrouvée. Ce jour-là, l'analyste entendit ce que j'avais à lui dire, ce que, pendant quatre ans, il avait écouté sans l'entendre, pour cette simple raison que je ne lui disais pas, que je ne me disais pas[26].

O discurso final, que Perec devia dirigir ao analista, era no fundo o mesmo discurso que ele sempre enunciou: a mesma enumeração de lembranças, fantasias, sonhos, interpretações. Contudo, durante um momento, "com violência", ele conseguiu encontrar um elo entre esses fragmentos, um "calor" reencontrado. Mas, então, já não era preciso montar uma explicação; simplesmente a partir daquele dia, ele e o analista "ouviram" aquilo que ele tinha dito durante todos os anos de análise.

No contexto da obra de Perec, *"53 Jours"* é em geral considerado um livro mais convencional, já que poderia ser classificado como um simples romance policial. Mas a aparência de romance policial é de fato só uma fachada que recobre um experimentalismo ao extremo, onde tanto a escritura quanto a leitura se perdem na fragmentação da narrativa e não-resolução das intrigas. A possibilidade de união da narrativa está somente no último capítulo, mas um último capítulo que só existe em fragmentos ma-

---

26. "Sobre o próprio movimento que me permitiu sair desses exercícios repetitivos e estafantes e me deu acesso à minha história e à minha voz, eu diria somente que foi infinitamente lento; foi o da própria análise, mas só soube isso depois. Era necessário primeiro desmoronar essa escritura-carapaça sob a qual eu mascarava meu desejo de escritura, corroer as minhas lembranças já feitas, tornar pó os meus refúgios raciocinantes. Era necessário voltar sobre os meus passos, refazer esse caminho percorrido cujos fios eu tinha destruído./ Desse lugar subterrâneo, não tenho nada a dizer. Eu sei que ele teve lugar e que, desde então, seu traço está inscrito em mim e nesses textos que eu escrevo. Ele durou o tempo em que a minha história se pôs em ordem: ele me foi dado, um dia, com surpresa, com assombro, com violência, como uma lembrança restituída no seu espaço, como um gesto, um calor reencontrado. Nesse dia, o analista ouviu aquilo que eu tinha a dizer, aquilo que, durante quatro anos, ele tinha escutado sem ouvir, pela simples razão que eu não o dizia a ele, que eu não o dizia a mim mesmo" ("Les lieux d'une ruse", pp. 71-72).

ESTÉTICA DA CRIAÇÃO

nuscritos; nunca foi sequer datilografado. Não chegou a ser publicado e o movimento da escritura tende a mostrar que talvez nunca o seria, ainda que a morte não tivesse acometido Perec.

3.2. A RASURA NÃO-RASURADA

3.2.1. Funções "normais" da rasura

No capítulo anterior, mostrei que a função da rasura no manuscrito de "53 Jours" apresentava particularidades e merecia uma análise mais extensa. Agora tentarei me deter nessas particularidades e mostrar que elas estão no centro da discussão sobre a escritura de Perec e também, de certa maneira, na discussão sobre a sua leitura. Antes disso, é necessário entender por que as rasuras de Perec têm esse caráter "particular" que apontamos, por que elas diferem da função "normal" da rasura e, afinal, o que é essa função normal da rasura e o que ela significa.

O geneticista Pierre-Marc de Biasi dedicou uma parte de seu livro *La génétique des textes* a definir as funções "comuns" do ato de rasurar. Para ele, haveria cinco tipos de rasuras em manuscritos: a rasura de supressão, de substituição, de deslocamento, de suspensão e de utilização. As duas primeiras seriam mais comuns e fáceis de identificar. As outras só existiriam em alguns prototextos e exigiriam uma definição. A rasura de deslocamento seria usada para transferir um fragmento de texto para outro lugar do manuscrito; a rasura de suspensão apontaria o uso de um determinado pedaço da narrativa em um momento posterior da redação (que ainda não foi escrito) e finalmente a rasura de utilização indicaria um ponto do manuscrito que já foi incluído em alguma versão mais definitiva[27].

Não é possível afirmar que o manuscrito de Perec não apresenta todas essas rasuras definidas por de Biasi. Assim, há exem-

27. Pierre-Marc de Biasi, *La génétique des textes*, pp. 53-58.

121

A FICÇÃO DA ESCRITA

plos claros de rasuras de supressão e de substituição nos únicos fólios manuscritos de "escrita linear", que citamos acima. Também é possível observar pequenas rasuras nos fragmentos de textos distribuídos nos cadernos, basicamente para trocar um nome ou uma palavra, quase nunca mais de uma.

As rasuras de deslocamento são usadas com uma certa freqüência nos trechos dedicados à escrita linear, como no exemplo a seguir, que se encontra no datiloscrito:

> Serval est d'emblée, d'instinct, persuadé que Rouard s'est servi du «Juge est l'Asassin». Ce n'est pas tellement une "idée" (celle, somme toute banale, bateau, d'inventer un vrai coupable pour un faux crime, chose qui, en soi, n'est plus excitante ni plus _difficile_ que d'inventer un faux coupable pour un vrai crime) qu'il y a trouvé, mais une méthode, un principe organisateur;

52,3,1,49 (p. 56 § 3)[28].

Já a rasura de suspensão é um pouco mais difícil de identificar no manuscrito. Não as encontramos nos poucos trechos de escrita linear ou, pelo menos, não podemos saber se as encontramos: as rasuras de supressão poderiam ser de suspensão se o texto tivesse continuado. Por outro lado, a fase de escritura não-linear não apresenta uma seqüência temporal que impeça que segmentos de capítulos diferentes convivam em um mesmo fólio e portanto a rasura de suspensão não teria ali lugar.

Finalmente, a rasura de utilização é mais usada, principalmente nos planos, assumindo a função de "visto", como vimos no capítulo anterior. Também aparece em relação a fragmentos inteiros, como o seguinte exemplo, que é muito semelhante ao trecho correspondente no capítulo 3 do livro publicado.

---

28. [Datiloscrito, traços em tinta vermelha]: "Serval é, logo de entrada, por instinto, persuadido de que Rouard se serviu do 'Juiz é o assassino'. Não é dessa forma, uma 'idéia' <que ele encontrou> (essa, totalmente banal, boba, de inventar um verdadeiro culpado para um falso crime, coisa que, em si, não é mais excitante nem mais difícil do que inventar um falso culpado para um verdadeiro crime) ~~que ele encontrou~~, mas um método, um princípio organizador..."

> ~~T~~ ~~vite~~ les soupçons
> se concentr~~~~ sur
> Vichard ~~et curieus~~¹
> Vich~~ ~~ ~~trouve~~ aucune
> d~~éfense~~ Il se content
> de r~~é~~peter: je ne comprends
> p~~as~~, je vous ~~jure~~ que je suis
> ~~innocent~~
> ~~Parce qu'il s en fit~~ (?) de la Rep fr au Fernl
> ~~On a (?) inspecte~~r
> extraordinaire e~~t~~ envoyé de France.

(52,10,52)[29].

Com esse percurso, gostaria de mostrar que Perec não tem um uso "completamente revolucionário da rasura" nem se afasta do que os geneticistas em geral conhecem. Pelo contrário: quatro das rasuras classificadas por Biasi estão no prototexto.

Porém, o manuscrito com que trabalhamos quase não apresenta rasuras. Estes exemplos que acabo de mostrar limitam-se a momentos muito específicos do processo de criação, como as poucas páginas de escrita linear dos capítulos 10 e 12, o datiloscrito e alguns planos. Os fragmentos de redação dos cadernos praticamente não têm palavras ou frases tachadas, riscadas, com globos ou com qualquer outro traço, salvo no caso das rasuras de utilização, que são bastante freqüentes; o que nos permite dizer que o trabalho de mudança ou de escolha não corresponde a um traço, como afirma Biasi, mas a um conceito, que deve ser procurado em cada manuscrito[30].

---

29. "Rapidamente as suspeitas/ se concentram em/ Vichard e curiosamente/ Vichard não encontra nenhuma/ defesa. Ele se contenta com/ repetir: eu não entendo,/ eu lhe juro que sou/ inocente/ Porque ele passou por (ilegível) da República Francesa em Fernlândia/ (ilegível) um inspetor/ extraordinário foi enviado da França."

30. E dessa maneira vemos quão inútil é a empresa de determinar os tipos de rasura a partir do traço, como propôs Biasi neste trabalho. Suponho que sua

A FICÇÃO DA ESCRITA

3.2.2. Rasurar o traço, conviver com o erro

É possível dizer que boa parte do trabalho de "escolha" se dá na montagem, e por isso as nossas pequenas peças de quebra-cabeça espalhadas pelos cadernos parecem quase perfeitas. Na hora da redação final (manuscrita ou datiloscrita), algumas delas não encaixarão, ou terão um colorido dissonante no quadro criado, e serão deixadas de lado, rasuradas. Talvez muitas delas de fato foram deixadas de lado do nosso dossiê, ou na lixeira mesmo, ou em algum banco de praça da Austrália, ou em qualquer mesa de bar. Mas muitas delas estão nos cadernos, visíveis, legíveis, limpas. É o caso dos trechos referidos ao professor de tiro, como o seguinte exemplo:

Chapitre neuvième

La main noire
C'est une "fausse piste" induite pr le pseudo professeur de tir

difficile à suivre
car ses membres sont protegés par la chque
la main noire est une organisation secrète
genre "Charles Matel" en "Hommes de police"

[Cela doit creer d'etranges confusions plus tard chez Salini]

(52,7,44 recto Bl 37 recto)[31]

intenção era mostrar o trabalho feito em um estudo genético através de uma "técnica" de observação científica. Mas não há intenção mais falaciosa. Se a rasura é um conceito, como podemos ver sem maiores dificuldades, então ela também é fruto da interpretação, o que faz tão científica quanto a imagem mental de um poema e, por conseguinte, toda a crítica literária.

31. [Em tinta azul]: "Nono capítulo/ A mão negra/ É uma falsa pista induzida pelo pseudo professor de tiro/ difícil de seguir/ porque seus membros são protegidos pela chque/ a mão negra é uma organização secreta/ tipo 'Charles Matel' em 'Homens de polícia'/[Isso deve criar estranhas confusões em Salini]".

Esses trechos constituem uma rasura não-rasurada, o que não deve ser um fato gratuito. Por alguma razão, Perec escondia a operação da rasura, ou pelo menos a deixava "invisível", "não-gráfica". Esse é um lado da questão da rasura nesse manuscrito que é necessário desenvolver. Por outro lado, esse procedimento revela uma necessidade de convivência com a parte descartada, uma necessidade de permanência dessa parte.

Destacar esse aspecto pode parecer à primeira vista um pouco exagerado, já que de alguma forma ele deve aparecer em outros dossiês de manuscritos. Porém, nesse caso, sua importância é reforçada pela redação "interna" dos fragmentos de texto, que também quase não apresenta rasuras. É difícil supor que todos esses pedaços de redação simplesmente surgiam nas folhas, frutos de uma inspiração momentânea. Cada um deles pressupõe um trabalho de criação próprio, que em geral se traduz por rasuras. Mas aqui, esse trabalho vem da não-rasura, da convivência com uma certa palavra, idéia ou eixo narrativo que será descartado. Tomemos o seguinte fólio:

> Salini recherche les "vrais" camarades
> de classe de Serval
> puis ceux avec qui il a fait son service
> (y en a pas)
> donc ses potes de la Resistance
> (y'en a plus???)
> Si y'en a encore
> mais du 2e maquis
> ATTENTION: A CREUSER!

> Raisonnement de Salini   Cf. 7 de septembre ①
> "53 jours" est le miroir inverse de la realite
> ds "La crypte" le pseudonyme et le héros sont confondus
> d'où ds la "realité"
> le pseudonyme n'est pas [le] un héros (un homme aux actes heroïques)
> (mais le contraire: un traitre)

> (52,6,11 Rh. 20)[32].

32. "Salini procura os 'verdadeiros' camaradas/ de classe de Serval/ depois aqueles com os quais ele fez o seu serviço/ (não há)/ então os seus colegas da Re-

Não há nenhuma rasura neste fólio. Contudo, não é possível afirmar que não haja hesitações, marcas, trabalho. No momento, por exemplo, em que Perec determina que é necessário que Salini procure os companheiros da Resistência de Serval, segue-se um parêntese com a pergunta "y'en a plus???" ("não há mais???"). Se ele encontrar os companheiros, vai encontrar logo os (falsos) assassinos, e o livro não terá mais razão de continuar. Se ele não encontrar, esse fato será estranho e o levará a deduzir que o desaparecimento de Serval pode ter alguma relação com a Resistência, o que por sua vez pode levá-lo novamente a encontrar muito rápido os (falsos) assassinos, e o livro não terá mais razão para continuar. Dessa forma, surge a idéia de que Serval integrou um segundo grupo resistente ("maquis"), mas essa idéia pode ser comprometedora ou reveladora: "ATTENTION: A CREUSER".

A palavra "creuser" pode significar tanto "escavar" no sentido literal como "explorar" de forma figurada. É evidente que, neste caso, Perec escolheu o sentido figurado; porém, considero que essa opção também esteve guiada pela sedução da acepção literal do termo. Afinal, sua escritura é muito semelhante ao trabalho de um detetive, que projeta, faz hipóteses, descarta possibilidades e ainda tem suspeitas, que devem ser investigadas, "escavadas". A utilização desse verbo, *creuser*, poderia, assim, reafirmar uma concepção da criação como pesquisa, uma pesquisa que está entre a investigação policial e a arqueologia. Essas duas atividades não pressupõem de fato criação de algum produto original, mas o encontro de elementos (pistas) que já estão em algum lugar (visível ou sob a terra), e a união desses elementos em uma narrativa (hipótese) coerente.

---

sistência/ (não há mais???)/ Sim há ainda/ mas do segundo grupo/ ATENÇÃO: A EXPLORAR!/ Raciocínio de Salini Cf. 7 de setembro/ '53 dias' é o espelho inverso da realidade/ em 'A cripta' o pseudônimo e o herói são confundidos/ daí na 'realidade'/ o pseudônimo não é [o] um herói (um homem de atos heróicos)/ (mas o contrário: <u>um traidor</u>)".

Se continuarmos com essa dupla metáfora, podemos considerar as rasuras como "falsas pistas", elementos que também se encontram sob a terra, mas que por alguma razão, depois de analisados, não parecem ser úteis à pesquisa. No entanto, nenhum cientista diria que esse descarte de elementos é uma perda de tempo. Os "erros" ajudam a construir e são parte fundamental do prazer da descoberta.

Sobre esse prazer, há um fólio neste dossiê que não posso deixar de citar em um momento como este, no qual Perec, em vez de definir o que Serval iria fazer em Grenoble (lembremos que seu carro é encontrado em Grenoble com o manuscrito), cria um organograma de hipóteses, que começam pelas suposições "ele leu o manuscrito" e "ele não leu o manuscrito":

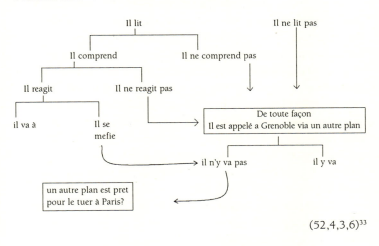

(52,4,3,6)[33]

Neste fólio, não é possível descobrir qual é a opção correta e quais são as suposições falsas. Esse ponto pareceria não importar: a

---

33. "Ele lê/ Ele não lê/ Ele compreende/ Ele não compreende/ Ele reage/ Ele não reage/ Ele vai para/ Ele desconfia/ De qualquer maneira ele é chamado a Grenoble via um outro plano/ ele não vai/ ele vai/ um outro plano está pronto para matá-lo em Paris?"

A FICÇÃO DA ESCRITA

beleza do organograma está exatamente na sua pluralidade[34]. E é nesse ponto que podemos fazer a ligação com a leitura do romance.

3.2.3. A necessidade das pistas falsas

"53 Jours" é um livro de falsas pistas e suposições paralelas. Jamais se chega à pista verdadeira, ao verdadeiro assassino, Patricia Serval. As personagens e o leitor (que invariavelmente se confundem, porque as personagens são leitores de datiloscritos inacabados) têm o papel de conviver com as falsas pistas até o seu extremo, até elas serem esvaziadas.

Haveria então uma clara confluência entre a escritura e a leitura. A forma de conviver com o texto nos dois casos seria semelhante: através do método da investigação policial. Não é à toa que Perec queria explorar o romance policial: ele parecia estar no cerne da sua própria noção de criação. Essa metáfora da escritura encontrada em sua própria estrutura não pode ser um fato gratuito. Por que fugir da idéia de criação, de elaboração de uma narrativa original? Por que supor que tudo já está criado e que é necessário encontrar apenas a narrativa correta entre as pistas falsas? E por que essa pista falsa não é descartada até o momento final, por que ela misteriosamente fica no papel, visível, tanto na escritura quanto na leitura?

Almuth Grésillon afirma que este seria o caso de escritores que têm "um horror físico pela rasura", como Le Clézio[35]. No entanto, essa explicação é insuficiente. Por que ter horror físico à rasura?[36] Um rabisco em um papel não é uma aranha venenosa.

---

34. Os editores do CD-Rom *Machines à Écrire* tentaram captar justamente essa beleza e fizeram deste fólio uma espécie de jogo, no qual o usuário pode "navegar" pelas diversas possibilidades de escritura.
35. *Éléments de critique génétique*, p. 67.
36. Uma maneira possível de interpretar aquilo que Grésillon chama de "horror físico à rasura" relaciona-se à sublimação do erotismo anal infantil, descrita

128

ESTÉTICA DA CRIAÇÃO

É a marca de um acontecimento, de uma mudança ocorrida no espírito, que leva o homem-escritor a um estado menos angustiante que o anterior. Para Philippe Willemart, essa mudança seria o resultado de um reordenamento do aparelho psíquico desse homem, no qual parte de uma escritura viva[37], inconsciente, seria incorporada à linguagem.

Ao fugir dessa marca, Perec não estaria evadindo essa mudança, essa nova simbolização de realidade inconsciente. Apesar do "horror ao rabisco", a mudança no texto estaria feita, a escolha efetuada. Porém, a escolha anterior permanece também no papel – assim como na leitura, onde as falsas pistas ocupariam a maioria dos capítulos.

Essa "existência" da escolha, mas timidamente e sem eliminar as outras possibilidades, leva a pensar que, mais do que a escolha, o importante aqui é o caminho até essa escolha. Mais do que a simbolização de uma parte antes não apreensível pela linguagem, vale o trabalho dessa simbolização. O trabalho é o grande valor, é o grande prazer, do texto e da escritura.

---

pela psicanálise. Para Freud, as crianças que apresentam algum prazer na defecação tendem a sublimar esse erotismo com uma obsessão pela ordem e a limpeza na vida adulta (em "Caráter e Erotismo Anal", *Obras Psicológicas Completas*, vol. 9, Rio de Janeiro, Imago, 1969). Mas nesse caso, que Grésillon não desenvolve, a autora estaria interpretando a "pessoa", o "caso clínico" do escritor, o que não é possível ao contarmos apenas com documentos de escritura (além disso, não é o nosso interesse).

37. Essa escritura viva, para Willemart, recebe o nome de "texto-móvel": "texto que se constrói e se des-constrói a todo instante pela re-presentação, texto instável pela sua mudança, mas estável pela ligação ao grão de gozo, texto móvel e portanto, o substantivo insistindo na sua identidade e o determinando no jogo permanente de construção/desconstrução [...]. Observamos que a estabilidade do 'texto-corda' vem do gozo retido e não de uma estrutura, de um pedaço de Real e não do Simbólico, o que, ao mesmo tempo, o diferencia no substantivo e o torna parecido com a função simbólica no seu determinante" ("Do Manuscrito ao Pensamento pela Rasura", *Bastidores da Criação Literária*, São Paulo, Iluminuras, 1999, p. 176). Preferimos o conceito de escritura viva, porque está mais próximo do Real lacaniano, do vivo.

A FICÇÃO DA ESCRITA

Por outro lado, a não-eliminação das escolhas anteriores leva ao menosprezo ou à incerteza em relação à escolha feita, o que também é refletido na leitura do texto. No romance, nunca se chega – e nunca saberemos se chegaria – à amarga verdade contida no último capítulo.

Com essas afirmações, coincidimos com nossas conclusões em relação à estrutura da criação em *"53 Jours"*. Assim como a redação fragmentada, a ausência de redação parece indicar uma necessidade de observar os erros e as errâncias da memória, desconstruir os "refúgios bem balizados dos labirintos" do escritor, para sobre eles imprimir uma "possibilidade" de olhar, uma possibilidade de leitura.

Como se daria a passagem de uma para outra escolha? Como se optaria pela mudança, mesmo que ela não seja a correta? Como chegar ao ponto em que todas as errâncias anteriores poderão ser identificadas como errâncias?

Acredito que só encontraremos estas respostas a partir da análise de um desdobramento da rasura neste manuscrito que no capítulo anterior chamamos de diálogo scriptural.

3.3. O DIÁLOGO SCRIPTURAL

3.3.1. *Perguntar para escrever*

Como disse acima, os diferentes fragmentos de redação são montados junto a outro tipo de escritura: o diálogo scriptural. Esse formato vai servir tanto como "guia" para essa montagem, como também de peça do quebra-cabeça e modelo de interpretação da situação da escritura. Por enquanto, é preciso que nos detenhamos em um fólio dedicado a esse tipo de redação. O fólio escolhido faz parte das páginas dobradas (*pages pliées*) no *Classeur 53 Jours* e refere-se à elaboração do capítulo 1 (ou 13):

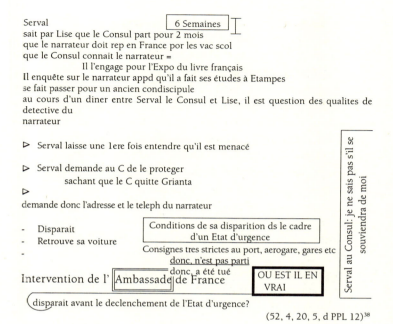

(52, 4, 20, 5, d PPL 12)[38]

O primeiro aspecto que podemos observar neste trecho é que o diálogo é uma maneira de determinar o que vai acontecer na escritura do romance, portanto uma metaescritura. Porém essa

38. Coluna da esquerda "Serval 6 semanas/ sabe por Lise que o Cônsul parte por dois meses/ que o narrador deve descansar na França durante as férias escolares/ que o cônsul conhece o narrador =/ Ele o recruta para a exposição do livro francês/ ele investiga sobre o narrador descobre que ele estudou em Etampes/se faz passar por um antigo condiscípulo/ durante um jantar entre Serval o Cônsul e Lise, fala-se sobre as qualidades de/ detetive do/ narrador/ Serval deixa entender uma primeira vez que ele está ameaçado/ Serval pede ao Cônsul que o proteja/ sabendo que o Cônsul deixa Grianta/ pergunta então o endereço e o telefone do narrador/ Desaparece/ Descobre-se seu carro". Coluna do meio [requadros]: "Condições de seu desaparecimento no quadro de um Estado de urgência/ Instruções estritas no porto, aeroporto, estações etc./ então ele não partiu/ então, foi morto/ Intervenção da Embaixada da França/ [requadro vermelho] ONDE ELE ESTÁ REALMENTE/ desaparece antes do começo do Estado de urgência?". Texto na perpendicular: "Serval ao Cônsul: eu não sei se ele se lembrará de mim".

A FICÇÃO DA ESCRITA

metaescritura não é necessariamente prévia à redação em si, como podemos observar no canto direito do fólio, um suposto começo de redação escrito na direção vertical. Como não sabemos se a parte referida nesta página seria incluída no capítulo 13 (de explicação da primeira parte), não é possível afirmar se essa redação corresponde a uma redação final ou simplesmente é uma hipótese de diálogo feita para "sustentar" o capítulo 1. Particularmente, considero pouco provável que Perec tenha escrito diálogos apenas para dar uma certa consistência às explicações de um capítulo.

O segundo aspecto que destacarei neste fólio é a diversidade de tempos em que o diálogo ocorre. Aparentemente, a escritura tem esse caráter dialógico desde a sua origem: as perguntas e os comentários ao escrito não são apenas comentários posteriores. No nosso exemplo, vemos isso na pergunta "OU EST IL EN VRAI" (onde ele está realmente), que não apresenta um traço diferente do texto ao lado, "Intervention de l'Ambassade de France", o que nos faz pensar que se trata do mesmo momento de escritura. A frase "Intervention...", que poderia corresponder a um tempo diferente do resto do fólio, também pode ser simultânea: Perec pode ter apenas forçado a caneta-tinteiro para conseguir um traço mais grosso e, portanto, mais destacado. Por outro lado, o quadrado vermelho deve corresponder a uma releitura, a um outro momento. A pergunta "Où est-il en vrai", nesse segundo momento, ainda não estava resolvida e nunca estará. Nada no desenvolvimento do romance, nem nos manuscritos aos quais tive acesso, me permitiu responder a esta pergunta: "onde estava Robert Serval durante o tempo da investigação do narrador?"

Assim, podemos dizer que o diálogo scriptural assume tanto a forma de escritura, quanto de releitura, ou rasura. E essa forma não se reduz a uma simples estrutura de perguntas e respostas. Ao adotar uma posição de metaescritura, o scriptor parece inevitavelmente dividir-se em dois. O outro, ou segundo, pode estar perguntando, fazendo um comentário, ou reprendendo um desejo nem sequer insinuado, como na exclamação final do seguinte exemplo:

I 3 2

Quelle genre de chose Beraud (Serval) a t il pu faire pdt la Resistance

Exemple: chef de la Gestapo de Chambery (Lenoir
a pris en 44 l'identité de Beraud
qu'il avait arreté et assassiné

membre de la milice
infiltre ds un gpe de resistants
on donne tous
s'arrange "miraculeus'" pour etre le seul survivant
(mais 4 reviennent des camps)

pas chirurgie faciale SVP!

(52,6,8 recto Rh 15)[39].

3.3.2. *Quem é o outro da criação?*

Seria muito simples dizer que é, no fundo, o próprio scriptor, que conversa consigo mesmo. Mas por que ele precisa dividir-se em dois? Em outros dossiês de manuscritos, vemos que, embora a rasura sempre implique uma cisão do sujeito, há uma busca de unidade que estimula a criação. Ou seja, há uma linha antes da ruptura; com a irrupção do traço, mostra-se uma divisão, mas é uma divisão que implicará uma nova unidade, uma nova linha. Como explica Philippe Willemart, a rasura tem a função de permitir uma nova consistência, que elimina ao menos parcialmente uma angústia no escritor[40].

É interessante ver que, ao mesmo tempo em que se desenvolvia o projeto literário de Georges Perec (anos 60-70), a concepção

---

39. "Que tipo de coisa Beraud (Serval) pode ter feito durante a Resistência/ Exemplo: chefe da gestapo de Chambery (Lenoir/ tomou em 44 a identidade de Beraud/ que ele tinha preso e assassinado/ membro da milícia/ infiltrado em um grupo de resistentes/ entregam-se todos/ arranja tudo 'milagrosamente' para ser o único sobrevivente/ (mas 4 voltam dos campos)/ Cirurgia plástica não por favor!"

40. *Universo da Criação Literária*, p. 68.

A FICÇÃO DA ESCRITA

da enunciação como atividade dialógica começava a adquirir destaque nos estudos franceses sobre a linguagem. Em grande parte, esse destaque esteve motivado pela tradução e discussão das idéias de Mikhail Bakhtin no meio estruturalista. Para poder entender essa discussão, considero necessário fazer novamente uma pausa na nossa análise do manuscrito, que pode parecer, a princípio, um pouco longa, mas que já se mostrará funcional ao nosso desenvolvimento.

A noção de alteridade é um ponto-chave na obra do pensador russo, como já descrevia Julia Kristeva, uma das primeiras introdutoras de suas idéias, na metade da década de sessenta. Embora ela tenha se centrado mais na noção de diálogo como intertextualidade, no livro *Semiotiké* é possível ver que Kristeva já apontava que o dialogismo em Bakhtin relacionava-se à sua própria visão da linguagem e do sujeito:

> Sempre insistindo na diferença entre as relações dialógicas e as relações propriamente lingüísticas, Bakhtin destaca que as relações sobre as quais se estrutura a narrativa (autor-personagem; nós poderemos acrescentar sujeito da enunciação-sujeito do enunciado) são possíveis porque o dialogismo é inerente à própria linguagem[41].

Mas foi Tzvetan Todorov quem, anos mais tarde, exploraria esse aspecto "lingüístico-filosófico" da obra de Bakhtin. Para ele, a descrição do ato criador do pensador russo supunha uma determinada concepção do ser humano na qual o *outro* desempenharia um papel fundamental. O princípio seria o seguinte: é impossível conceber o ser fora das relações que o ligam ao outro: "Bakhtin parte do mais simples: nós não podemos jamais nos ver inteiramente; o *outro* é

---

41. "Tout en insistant sur la différence entre les rapports dialogiques et les rapports proprement lingüistiques, Bakhtine souligne que les rapports sur lesquels se structure le récit (auteur-personnage; nous pourrons ajouter sujet de l'énonciation-sujet de l'enoncé) sont possibles parce que le dialogisme est inhérent au langage même" (Julia Kristeva, *Semiotiké. Recherches pour une semanalyse*, Paris, Seuil, 1969, p. 87).

ESTÉTICA DA CRIAÇÃO

necessário para completar – mesmo que provisoriamente – a percepção de si, que só é realizada de forma parcial pelo indivíduo"[42]. Podemos explicar essa necessidade do outro de duas maneiras. Por um lado, o homem não poderia "se olhar" se não soubesse inicialmente "como" fazê-lo e isto seria determinado pelo olhar do outro, que teria lhe ensinado a olhar[43]. Por outro lado, nossa própria idéia do que é uma pessoa inteira, um ser completo, só pode vir da percepção que temos de outra pessoa. Em outras palavras, o outro é condição primordial da existência da unidade do homem e de sua configuração como ponto de vista, de fala e de escrita.

Mas quem seria este outro? Estamos falando de um simples *tu*, e então, no caso da criação, do leitor, do destinatário do texto? De fato, Bakhtin chama o outro de *tu*, mas não como um ser humano "paralelo" ao *eu* desde o exterior, mas como um Terceiro, uma espécie de consciência superior de escuta. Para explicar essa distinção entre segundo (tu, leitor) e terceiro, peço permissão para fazer uma longa citação, que resume a discussão:

O enunciado sempre tem um destinatário (com características variáveis, ele pode ser mais ou menos próximo, concreto, percebido com maior ou menor consciência) de quem o autor da produção verbal espera e presume uma compreensão responsiva. Este destinatário é o *segundo* (em um sentido não-aritmético). Porém, afora esse destinatário (o segundo), o autor do enunciado, de modo mais ou menos consciente, pressupõe um *superdestinatário* superior (o terceiro), cuja compreensão responsiva absolutamente exata é pressuposta, seja num espaço metafísico, seja num tempo histórico afastado. (O destinatário de emergência.) Em diferentes épocas, graças a uma percepção variada do mundo, este superdestinatário, com

42. "Bakhtine part du plus simple: nous ne pouvons jamais nous voir nousmêmes en entier; l'*autre* est necessaire pour accomplir – fût-ce provisoirement – la perception de soi, qui n'est realisée que de façon partielle par l'individu lui-même" (Tzvetan Todorov, *Mikhail Bakhtine le principe dialogique*, Paris, Seuil, 1980, p. 147).

43. Como vemos, de certa forma esta reflexão sobre o diálogo scriptural não deixa de ser um prolongação da reflexão anterior sobre o olhar e a fragmentação, porém aqui nos centraremos na busca de quem é esse olhar e como o sujeito representa esse suposto outro.

A FICÇÃO DA ESCRITA

sua compreensão responsiva, idealmente correta, adquire uma identidade concreta variável (Deus, a verdade absoluta, o julgamento da consciência humana imparcial, o povo, o julgamento da história, a ciência etc.). O autor nunca pode entregar-se totalmente e entregar toda a sua produção verbal à vontade absoluta e *definitiva* de destinatários atuais ou próximos (sabe-se mesmo que os descendentes mais próximos podem enganar-se) e sempre pressupõe (com maior ou menor consciência) alguma *instância superior de compreensão responsiva*, que pode estar situada em diversas direções. *Todo diálogo se desenrola como se fosse presenciado por um terceiro, invisível, dotado de uma compreensão responsiva, e que se situa acima de todos os participantes do diálogo* (os parceiros).

O terceiro em questão não tem nada de místico ou de metafísico (ainda que possa assumir tal expressão em certas percepções do mundo). Ele é *um momento constitutivo do todo do enunciado* e, numa análise mais profunda, pode ser descoberto. O fato decorre da natureza da palavra que sempre quer ser ouvida, busca a compreensão responsiva, não se detém numa compreensão que se efetua *no imediato* e impele sempre mais adiante (de um modo ilimitado)[44].

Patrick Dahlet considera esse terceiro como um "nós", uma estrutura sociopsíquica que determinaria, inicialmente, a instância do "eu", e que ao mesmo tempo estaria em constante diálogo com ele. O "nós" não poderia ser localizado nem dentro (no psíquico) nem fora (no social), mas nos dois. Ele seria uma forma de percepção do mundo que formaria parte da cultura e que seria, desde o primeiro momento de formação, incorporada pelo sujeito. Este, aliás, só existiria em função da relação com essa estrutura. O homem adquiriria a sua identidade como unidade independente e supostamente original no diálogo com esse "nós":

[...] o que no fundo dialoguiza não é tanto a coexistência de uma pluralidade de lugares distintos do emissor em seu discurso, mas uma divisão por um sujeito coletivo único, o "nós" de todos os homens no "eu" que fala, divisão necessária, pois é diluindo-se nesse "nós" de todos, que

44. Bakhtin em Todorov, *Mikahil Bakhtine le principe dialogique*, pp. 170-171. A citação em questão é do escrito "O Problema do Texto" (1959 e 1969) publicado depois em *Estética da Criação Verbal*. A tradução ao português foi copiada da publicação brasileira de *Estética da Criação Verbal*, p. 356 (grifos nossos).

o sujeito de Bakhtin acede à humanidade de sua voz. E é clivado pelo nós que o sujeito se vê ser homem em Bakhtin[45].

Dahlet aponta que a sua interpretação do terceiro de Bakhtin como um "nós" tem sua raiz no desenvolvimento de Jacques Coursil sobre a natureza dialógica do discurso. Coursil, por seu lado, pretende produzir uma crítica à teoria da enunciação de Benveniste, que aparentemente teria também um sustento dialógico. Afinal, Benveniste define a enunciação como o espaço entre o "eu" e o "tu", como podemos observar no parágrafo seguinte, que pode ser considerado fundamental para a conceitualização da teoria de Benveniste:

> A consciência de si só é possível por contraste. Eu só uso *eu* se me dirijo a alguém que será, na minha alocução, um *tu*. É essa condição de diálogo que é constitutiva da *pessoa*, já que ela implica reciprocidade: eu me transformo em *tu* na alocução daquele que, por sua vez, se designa como *eu*[46].

Para Coursil, o problema desta concepção estaria no fato de que o eu e o tu seriam representantes de sujeitos reais, dialogando. E, na sua visão, o diálogo seria constitutivo da enunciação antes do diálogo real entre duas pessoas. Nesse sentido, a comunicação concreta seria apenas conversão de um sistema dialógico que estruturaria a memória e a percepção do sujeito. O que implica que o *tu* nunca seria uma pessoa de verdade, um ouvinte, mas

45. Patrick Dahlet, "Dialogização Enunciativa e Paisagens do Sujeito", em Beth Brait (org.), *Bakhtin, Dialogismo e Construção do Sentido*, Campinas, Editora da Unicamp, 1997, p. 69.
   É inevitável encontrar alguma semelhança entre a idéia de "nós" deduzida de Bakhtin e a "carne do mundo" de Merleau-Ponty. No entanto, os conceitos têm algumas diferenças. A carne do mundo é uma espécie de conglomerado de formas de percepção, por isso pode ser chamada de "olhar", como Lacan o faz. Já o "nós" é uma projeção fantasiosa, que faz com que esse "olhar", essas formas de percepção de uma determinada cultura, tenham um corpo ou, mais precisamente, uma identidade.
46. Émile Benveniste, *Problèmes de lingüistique générale I*, Paris, Éditions Gallimard, 1966, p. 260.

uma função de transferência. Como explica Coursil na seguinte frase de efeito: "o sujeito que fala tende a negar a existência do outro"[47].

O dialogismo de Bakhtin e a sua posterior discussão parecem ter uma clara relação com a psicanálise lacaniana. O próprio Todorov afirma que as idéias de Bakhtin seriam "tão próximas para nós das propostas da psicanálise contemporânea"[48]. Jacques Coursil, por sua vez, aponta que o problema do diálogo com a alteridade no âmago da discussão sobre o sujeito já teria sido "muito bem compreendido pela psicanálise lacaniana". Finalmente, não posso deixar de lembrar que, logo depois da introdução das idéias de Bakhtin, Julia Kristeva se dedicou a explorar as idéias de Lacan, como já é possível observar em *Semiotiké* e como será evidente na obra que escreverá apenas alguns anos mais tarde, *La révolution du langage poétique*. Certamente esse novo viés de sua busca não foi uma absoluta coincidência.

A semelhança entre as duas obras está relacionada ao diálogo com esse Terceiro, ou o "nós", a partir do qual estaria estruturada a noção de sujeito em Bakhtin. Para Lacan, o sujeito se articularia a partir da sua relação com o grande Outro, conceito que apresenta alguns pontos em comum com o "nós" bakhtiniano[49]. O Outro faz parte do registro do Simbólico, e portanto teria o mesmo estatuto de apresentar elementos da cultura (e portanto do exterior) e ao mesmo tempo fazer parte do aparelho psíquico (interior) do sujeito. De fato, essas distinções entre interior e exterior não são

---

47. Nossas breves referências a Coursil estão baseadas nas anotações do curso "Analythique du langage et du dialogue", ministrado por Jacques Coursil, no segundo semestre de 2000, na FFLCH/USP, e na apostila "La fonction muette du langage. Essai de lingüistique générale contemporaine", que o professor distribuiu no início do curso. A "frase de efeito" foi proferida na aula de 18.set.2000.
48. *Mikhail Bakhtine le principe dialogique*, p. 148.
49. Apesar de apresentarem uma semelhança explícita, a noção de Terceiro em Bakhtin e de Outro em Lacan provêm de ambientes teóricos completamente diferentes e sua aproximação mereceria um debate mais completo que, neste trabalho, infelizmente, não caberia empreender.

possíveis em Lacan, já que o aparelho psíquico está formado por uma série de elementos culturais cuja base é a linguagem. É a partir do desejo que o sujeito se articulará com esse outro, que ele terá acesso à linguagem e, portanto, à sua própria constituição subjetiva. Para Lacan, então, assim como para Bakhtin, a idéia de linguagem e a idéia de sujeito surgem dessa relação com a alteridade. É importante destacar, ainda, que esse fenômeno de constituição do sujeito a partir da articulação do desejo não se restringe a um momento da vida. Embora essa operação tenha mais importância em alguns momentos que em outros (por exemplo, na castração), ela não pára, está sempre em movimento.

O leitor deste trabalho já deve estar se perguntando qual é a relação entre as questões que encontramos no manuscrito e a nossa discussão sobre a constituição dialógica do sujeito. E pode já estar suspeitando que o outro com o qual Perec dialoga durante a escritura pode ser esse Terceiro do qual falamos. Porém, essa igualdade não é possível, porque, para Lacan, o Outro não existe enquanto entidade concreta, é um lugar que pode ser ocupado por diversos "outros", presentificando sua própria divisão. Nesta série inclui-se a pessoa do analista, que, em um primeiro momento, ocupa esse lugar do Outro. Salvo no caso de um delírio, o sujeito não poderia operar uma divisão de si, na qual uma parte assumiria o papel do eu e a outra, como se lhe fosse completamente alheia, o de um Outro absolutamente exterior. Esse delírio, aliás, não é nada estranho à literatura: podemos encontrá-lo nos diálogos com o demônio de *Os Irmãos Karamázov* e em *Doutor Fausto*, por exemplo.

Considero que a relação entre o diálogo scriptural de *"53 Jours"* e a discussão teórica acima pode ser abordada de duas maneiras. Em primeiro lugar, é possível levantar a hipótese de que a necessidade do apontamento de um outro na escritura esteja ligada à busca desse Terceiro, ou, como diria um lacaniano, ao desejo do Outro.

Este não seria apenas o caso de Perec. Philippe Willemart afirma que a criação começaria a partir do desejo do Outro, ou seja, o

A FICÇÃO DA ESCRITA

desejo de conquistar o olhar do Outro[50]. Neste caso, esse outro estaria representado pela idéia do leitor. Assim, em vez de dizermos que o escritor escreve para o leitor (ideal, virtual ou real), temos de dizer que o escritor escreve para o leitor enquanto Outro, enquanto instância superior de escuta.

Devemos supor, então, que quando o escritor termina um livro, esse Outro é encontrado? Segundo nossa argumentação anterior, isto seria impossível, já que este Terceiro não existe: é uma construção que permite a enunciação. E o que possibilita que essa enunciação termine, ou que pelo menos um texto chegue ao seu fim? A afirmação pode parecer um pouco estranha no começo, mas é a que mais se adapta à reflexão que começamos: o escritor escreve para um Outro, invoca-o várias vezes, procura-o por todos os lados, até que, em um determinado momento, não precisa mais dele. Então, o texto estará praticamente acabado e preparado para a suposta recepção de outro leitor.

O livro que tentamos analisar não é um processo acabado e o leitor que vemos apontado não corresponde ao lugar do leitor factual, mas ao sinal de uma procura, como vimos nos trechos citados acima. Poderíamos afirmar que esse leitor corresponde apenas à etapa de elaboração dos manuscritos e que, no datiloscrito, já haveria um olhar formado de leitor. Porém, como já vimos, qualquer afirmação desse tipo em relação a *53 Jours*" é problemática. Não podemos classificar o momento do manuscrito como uma etapa de elaboração, porque o livro corresponde ao dossiê de manuscritos do romance, do qual o datiloscrito faz parte. E esse datiloscrito não é necessariamente a versão final do texto. Por outro lado, as questões levantadas no diálogo scriptural do manuscrito muitas vezes não têm nenhuma solução; representam as marcas da procura dessa solução. É o caso, por exemplo, da pergunta "où est-il en vrai" que discutimos anteriormente.

50. Philippe Willemart, *Além da Psicanálise: A Literatura e as Artes*, São Paulo, Nova Alexandria, 1995, pp. 121-122.

Dessa forma, não tenho outra opção senão repetir o que acabei de propor na primeira frase do parágrafo acima: *"53 Jours"* como um todo é um processo inacabado e, portanto, o suposto leitor que dialoga com o scriptor é um leitor como procura, móvel, evanescente. O suposto "outro" cuja identidade queríamos descobrir no começo desta reflexão não é, então, nenhum outro. Não é uma idéia de leitor, não é o olhar do leitor, não é sequer uma posição. Ele representa uma procura, a procura de uma Verdade, que deveria terminar com o desejo de que o texto fosse lido, ou seja, com o encontro com o leitor concreto.

Contudo, neste livro, o encontro com esse leitor acontece antes que essa procura esteja terminada. E, dessa forma, ele é remetido a um diálogo sem fim. Essa condição de diálogo sem fim é, por sua vez, reforçada pelo apontamento insistente desse outro evanescente, desse suposto leitor do manuscrito; o que nos remete à idéia de que de fato esse diálogo é impossível de ser fechado, que esse diálogo infinito é o único fim verdadeiro da experiência estética. Em outras palavras, desse manuscrito se desprende a sensação de que o fim não é viável, sensação esta que apresenta uma estranha ressonância na leitura do datiloscrito, mesmo que o consideremos como um texto acabado. Como vimos, as personagens não chegam a nenhuma solução para as suas pesquisas, os mortos jamais são encontrados, os vivos podem não ser o que pensamos. Continuaremos este debate a seguir, quando analisarmos os efeitos da leitura de *"53 Jours"*. Por enquanto, era isso o que queria apresentar sobre a primeira maneira de relacionar o manuscrito de Perec à questão do dialogismo.

3.3.3. *O diálogo infinito*

A segunda possibilidade dessa articulação não pressupõe uma "aplicação" da discussão teórica ao texto. A questão que coloco é a seguinte: por que, em um mesmo momento, em um mesmo lugar (França), surge de um lado um escritor que acentua o caráter dialógico da escritura e, de outro, um debate sobre o dialogismo?

A esta questão devo somar outra inquietude: por que esse dialogismo sem fim da escritura começa a ecoar na leitura?

Claro, poderão dizer que na verdade o dialogismo não surgiu na França, mas na ex-União Soviética, e não entre a década de 60 e a de 70, mas nos anos 20. Porém, como já vimos, na França o debate sobre o dialogismo só começa a partir do fim dos anos sessenta, com a introdução, no meio estruturalista, das idéias de Bakhtin. O impacto dessas idéias não foi menor nem localizado. Para François Dosse, que realizou uma história do estruturalismo, a chegada de Julia Kristeva ao Seminário de Barthes e a discussão sobre o dialogismo foi responsável pela dinamização no "movimento" que levaria ao que hoje chamamos de pós-estruturalismo[51].

Para pensar os fatores que podem estar relacionados a esse momento "epistemeológico", voltarei a Todorov, que no final de seu texto se pergunta por que as idéias de Bakhtin teriam tomado o viés do dialogismo:

> Não nos sentimos mais no direito, aqui, de ficar na pura análise textual e de esquecer as condições nas quais se escrevem essas páginas. [...] Em uma época de publicação excessiva e fervorosa, podemos admirar a determinação de Bakhtin, que desenvolve durante cinqüenta anos o mesmo pensamento, sempre guardando-os nos seus dossiês. Mas podemos nos perguntar também em que medida toda a teoria do diálogo não nasceu do

---

51. "Imediatamente consciente da limitação do estruturalismo do lado da história, Julia Kristeva decide, portanto, servir-se de Bakhtin para avançar no sentido de uma 'dinamização do estruturalismo'. O diálogo entre os textos, que ela percebe como fundamental, poderia dar lugar a uma consideração do segundo grande recalcado do estruturalismo, o sujeito, e permitir, à maneira de Benveniste, a reintrodução de toda uma temática da intersubjetividade" (François Dosse, *História do Estruturalismo. 2. O Canto do Cisne, de 1967 a Nossos Dias*, Campinas, Editora da Unicamp, 1994, p. 74).

Essa dinamização a partir da discussão das idéias de Bakhtin não teria sido possível se ela já não estivesse se produzindo na obra dos próprios pensadores estruturalistas, como mostram as pesquisas contemporâneas de Chomsky, Benveniste, Jakobson e do próprio Lacan, para citar alguns exemplos. De qualquer maneira, é sempre bom lembrar que as transformações em uma teoria ou em um conjunto de *corpus* teóricos não ocorrem por uma só razão, mas por várias, paralelas.

ESTÉTICA DA CRIAÇÃO

desejo de compreender esse estado insuportável – a ausência de resposta. Bakhtin descreve assim o destino das personagens dostoievskianas na sociedade capitalista: "daí a representação dos sofrimentos, das humilhações e do não-reconhecimento do homem na sociedade de classes: tomaram o seu reconhecimento e o seu nome; expulsaram-no para uma solidão compulsória que os rebeldes se esforçam em transformar em *solidão orgulhosa* (renunciar ao reconhecimento, dos outros)". O que dizer de seu destino, na sua sociedade? É suficiente imaginar superdestinatários para compensar a ausência de destinatários, de compreensão responsiva?[52]

É curioso perceber que a primeira parte desta citação começa com "não nos sentimos mais no direito de ficar na pura análise textual", o que remete claramente aos primeiros anos do estruturalismo. Como não identificar esses anos com a solidão orgulhosa, a solidão do reconhecimento que Bakhtin aponta? E, de repente, na própria Paris, onde dia a dia lotavam-se salas de aula com códigos e actantes, os estudantes tomam as ruas e proclamam a revolução. O contraste entre a realidade das salas de aula e o lugar onde os estudantes realmente se encontravam não deve ter passado despercebido. Na visão de hoje, parece que os pensadores de "elite" viram que a história passava na sua frente enquanto eles se atinham aos semas. Era necessário incluir o Outro, o outro como história, como idéia de verdade: era necessário recomeçar o diálogo recalcado por uma geração.

Georges Perec, por sua vez, não era alheio ao movimento intelectual estruturalista. Ele assistia aos seminários de Barthes, era seu admirador e escreveu uma novela a partir das distinções feitas em *Éléments de sémiologie* (*Quel petit vélo à guidon chromé au fond de la cour*). Essa ligação não pode ser gratuita: lembremos que Perec começava as suas obras basicamente por uma restrição formal (lipograma, monovocalismo, poligrafia do cavalo...) e não necessariamente por um tema ou um argumento. Nesse sentido, a escritura de Perec tem um caráter tão alienado quanto as primeiras pesquisas estruturalistas que pretendiam elaborar uma ciência

---

52. *Mikhail Bakhtine le principe dialogique*, pp. 171-172.

literária. Os problemas do seu tempo, as mudanças sociais aparentemente não estariam na "agenda" do scriptor Perec. Entretanto, isso jamais poderia ser descrito como o efeito de leitura dos seus textos. Esse caráter alienado, que reverbera na obra final em excessivas descrições de objetos e lugares, na presença de listas, jogos e na multiplicidade de histórias, leva o leitor a se perguntar sobre a sua própria alienação. Encontramos um exemplo paradigmático desse efeito no livro *Les choses. Une histoire des années soixante*, que durante as suas quase cem páginas é uma descrição de objetos de consumo e termina com uma longa citação de *O Capital*. A citação quase não é necessária, porque o leitor já sentiu de certa forma o vazio que emana da descrição das "coisas" que fazem a história de alguém: seu papel é reforçar e aprofundar esse sentimento.

No caso de *"53 Jours"*, a proliferação de narrativas, sua não-resolução, a não-resolução do livro como um todo e sua apresentação na forma de manuscrito, abordam um aspecto da alienação ainda mais angustiante. O diálogo infinito que a leitura de um manuscrito implica mostra o desvanecimento do outro concreto da comunicação, do leitor. Aquele que dialoga no manuscrito não é uma projeção que estimula uma busca, não é um outro: é um superdestinatário. E um mundo onde não se encontram destinatários fixos, apenas superdestinatários impossíveis, onde a comunicação se mostra como ela é, como ilusão, é o mais alienado dos mundos[53]. Não poderia terminar esta parte do trabalho sem uma última citação de Bakhtin, onde ele vislumbra algumas características da literatura de Perec:

> A busca da palavra pessoal é, na verdade, uma busca da palavra não pessoal, da palavra maior que a própria pessoa; é um desejo de fugir de

---

53. É óbvio que essa afirmação esconde uma contradição. De que maneira o fato de mostrar a comunicação como ela é seria o mais alienado dos mundos? Seria o menos alienado dos mundos. Porém, nossa condição de sujeitos em uma realidade e em relação aos componentes dessa realidade depende dessa alienação "teórica".

ESTÉTICA DA CRIAÇÃO

suas próprias palavras, mediante as quais não se pode dizer nada de substancial. [...] Este é o principal problema que se apresenta à literatura contemporânea e que leva o autor a agastar-se com o gênero romanesco e a substituí-lo pela montagem de documentos, a dar preferência à descrição de coisas: desemboca-se no letrismo, e, em certa medida, na literatura do absurdo. Pode-se definir o conjunto desses fenômenos como uma variedade das formas do silêncio[54].

3.4. O LUGAR DO LEITOR NO MANUSCRITO

3.4.1. Scriptor-*leitor,* Lector-*escritor*

Nesta parte final do capítulo, vamos prolongar a discussão sobre o diálogo scriptural até os seus limites (ou além deles), já que, para isso, vamos buscar apoio em uma disciplina aparentemente alheia ao nosso objeto: a estética da recepção.

Centraremos a nossa discussão no conceito de lugar do leitor, abordado por essa disciplina e pela narratologia, que corresponde a uma estratégia do texto final, ou seja, uma construção. O dossiê do qual dispomos não é uma construção, é justamente o contrário: um conjunto de documentos preparatórios para uma construção. Transpor esse conceito para a criação não seria possível, mas considero que pode contribuir para a discussão, que começamos no primeiro capítulo deste trabalho, sobre o valor estético da criação.

Antes de mais nada, é preciso destacar que pretendo analisar o lugar do leitor no manuscrito como um todo, como se ele fosse um objeto apenas. Não será do meu interesse, aqui, fazer uma análise comparativa do lugar do leitor nas diferentes versões do texto, mesmo porque não dispomos de "diferentes versões" e sim de um único datiloscrito com algumas modificações e trechos de redação, de diálogo scriptural e metaescritura. Se fizéssemos esse

---

54. Mikahil Bakhtin, *Estética da Criação Verbal*, São Paulo, Martins Fontes, 1997, p. 390. Troquei a palavra "mutismo" da frase final por "silêncio", tal como se encontra na versão francesa.

I 4 5

A FICÇÃO DA ESCRITA

tipo de análise, estaríamos simplesmente comparando o lugar do leitor em diferentes textos e o nosso propósito é estudar o lugar do leitor no manuscrito, no prototexto como um todo. Agora, qual é o estatuto do leitor que vai tomar esse lugar? Tratando-se de um documento privado, ao falar de leitor, estamos nos referindo ao escritor. Mas, a esta altura, é um pouco ingênuo pensar que esse documento seja realmente privado: afinal, tanto os leitores deste trabalho quanto eu mesma tivemos acesso a pelo menos parte do dossiê. De fato, no caso deste livro, todos os seus leitores tiveram acesso à maioria do trabalho de criação. Assim, o leitor que vai tomar o lugar que analisaremos é um híbrido entre leitor e escritor, é um *scriptor*-leitor: o escritor leitor de seu próprio texto, por um lado; e por outro, o leitor que procura construir uma narrativa, uma hipótese de percurso a partir dos documentos escritos por outra pessoa. Ou seja, o lugar do leitor do manuscrito é o lugar de um leitor que escreve. É importante destacar que esse híbrido nos interessa não pela sua confusão, não como nuvem onde se juntam esses dois tipos de leitores, mas como a relação entre eles.

3.4.2. O que é o lugar do leitor

Para tentar refletir o que seria esse lugar e essa relação, é necessário fazer um último parêntese no nosso desenvolvimento e descrever, brevemente, o conceito de lugar de leitor no texto. Para Umberto Eco, no seu livro dedicado ao papel do leitor, *Lector in fabula*, o texto é uma cadeia de artifícios que devem ser atualizados pelo destinatário. Esses artifícios seriam os não-ditos, os momentos ambíguos do texto, que exigiriam do leitor um trabalho, como, por exemplo, a elaboração de hipóteses, previsões, a dedução de uma "lógica" do enunciado, de estruturas ideológicas etc. Assim, o lugar do leitor (que Eco chama de estratégia do leitor-modelo) corresponderia às ambigüidades e ao trabalho que elas implicarão no leitor: este seria o destinatário construído pelo texto[55].

55. Umberto Eco, *Lector in fabula*, São Paulo, Perspectiva, 1986 [1979].

ESTÉTICA DA CRIAÇÃO

Wolfgang Iser, da Escola de Constância, faz uma descrição mais sistemática desses não-ditos, ou vazios do texto. Afinal, o trabalho de leitura estaria determinado pelas características dessas indeterminações, ou pela relação dialética entre o que está determinado e o que está indeterminado. O que está determinado para Iser são as diferentes perspectivas relatadas no texto: a do narrador, a das personagens e a da intriga; o que está indeterminado é a relação entre essas perspectivas. O trabalho de leitura consistirá, justamente, em produzir essa síntese. Mas ela estará longe de ser automática, sua produção não parará em nenhum momento durante o processo de leitura. (O leitor desloca-se de perspectiva em perspectiva, no que Iser denomina "tema" da leitura e, ao mesmo tempo, configura uma perspectiva externa, que abraça todas as outras: o "horizonte" da leitura.) Dessa forma, o ato de leitura seria constituído por movimentos de constante modificação do passado (ou da memória) e de projeções do futuro.

De qualquer maneira, é importante entender que esta constituição e modificação permanente do horizonte através do tema não é de forma alguma pacífica. Dependendo do tipo e do momento histórico de cada narrativa, as perspectivas podem se contradizer e não chegar a nenhuma união possível. Neste caso, que é obviamente o caso do livro que estudamos, o leitor se vê permanentemente frustrado e deve reorganizar, sem parar, a sua orientação. Como esse processo não tem fim, ele necessariamente deve reorganizar a sua própria percepção do mundo, para se proteger da frustração. Mesmo que este seja um processo comum a toda a literatura, ele tem sido mais freqüente na literatura contemporânea[56]. Voltaremos a esse ponto quando discutirmos a problematização da leitura no próximo capítulo.

Por enquanto, nosso objetivo foi o de se concentrar no que seria o lugar do leitor. Gérard Genette introduziu um conceito que mais tarde se transformaria em algo parecido com o lugar do lei-

---

56. Wolgang Iser, *L'acte de lecture. Théorie de l'effet esthétique*, Bruxelles, Pierre Mardaga Éditeur, 1997.

tor: o narratário. A princípio, o narratário não constituía o leitor, o destinatário real do discurso, mas um destinatário diegético, o receptor dentro da situação narrativa. Mas ao perceber que muitos textos de fato não tinham um destinatário diegético e mesmo assim a narrativa parecia estar estruturada para alguém, Genette abre a possibilidade da existência de um narratário extradiegético. Dessa forma, o texto conteria na sua própria estrutura as condições de sua recepção[57]. Gerald Prince, seguidor de Genette, fez uma descrição mais exaustiva desse narratário e sugeriu que este se formaria nos interlúdios da leitura. Esses interlúdios corresponderiam aos momentos em que o texto faz uma suposta "pergunta" ao leitor, que deve ser respondida através da manipulação de códigos narrativos comuns ao texto e ao leitor[58]. Dessa maneira, um trecho que, por exemplo, tenha alguma especificação sobre a roupa de uma personagem, mas não descreve a qual classe social ela pertence, levará o leitor a se perguntar "a que classe corresponde essa roupa?" A pergunta será obtida através da manipulação do código sociocultural.

Depois deste parêntese, tentarei chegar a alguma definição conjunta sobre o lugar do leitor. Este conceito surge da idéia de que, embora existam muitas recepções possíveis, elas são de outra maneira determinadas pelo texto. Como o texto determinaria essa recepção? Os autores abordados parecem estar mais ou menos de acordo que essa determinação estaria relacionada ao não-dito, ao vazio, à pergunta sem resposta. Como identificar esses momentos vazios? Em parte, eles estariam mais ou menos explícitos no texto

---

57. A discussão sobre o narratário encontra-se nos livros *Figures III*, Paris, Seuil, 1972 e no *Nouveau discours du roman*, Paris, Seuil, 1983.
58. Tratando-se de um estruturalista, por códigos narrativos devemos entender os códigos proairético-actancial, sociocultural, hermenêutico, simbólico e semântico estabelecidos por Roland Barthes em *S/Z*.
Prince tem uma extensa bibliografia sobre o narratário. Nesta pesquisa nos concentramos nos artigos "Introduction à l'étude du narrataire" em *Poétique* 14, Paris, Seuil, 1973 e "Notes about the text as a reader", *The Reader in Text, Essays on Audience and Interpretation*, Princeton, Princeton University Press, 1980.

(como no exemplo da roupa); por outro lado, eles seriam o resultado da síntese de perspectivas. Como o leitor chegaria a uma resposta para essas perguntas? Através da manipulação de códigos (para Genette, Prince e Eco) ou de um repertório comum ao texto e ao leitor, que incluiriam aspectos culturais, sociais, de lógica narrativa, de interpretação de símbolos etc. Esse processo não seria único, nem facilmente isolável; ele é uma escritura constante, escritura não só de uma narrativa, mas de uma nova percepção no leitor. Nesse sentido, gostaria apenas de citar um trecho do livro que considero "inspirador" desses desenvolvimentos, *S/Z*, de Roland Barthes:

Ler no entanto não é um gesto parasita, o complemento reativo de uma escritura preparada com todos os atifícios da criação e da anterioridade. É um trabalho [...], e o método desse trabalho é topológico: eu não estou escondido no texto, eu estou lá apenas irreconhecível: minha tarefa é me movimentar, traduzir os sistemas cujo prospecto não pára nem no texto nem no "eu": operatoriamente, os sentidos que eu encontro são reconhecidos, não por um "eu" ou por outros, mas por sua marca *sistemática*: não há outra *prova* de uma leitura senão a qualidade e a resistência de sua sistemática; ou seja, serião seu funcionamento. Ler, de fato, é um trabalho de linguagem. Ler é encontrar um sentido, é encontrar sentidos, é nomeá-los; mas esses sentidos nomeados são levados a outros nomes, os nomes se chamam, se agrupam e seu agrupamento quer de novo se fazer nomear: eu nomeio, eu denomino, eu renomeio: e assim se realiza o texto, é uma nomeação em devir, uma aproximação incansável, um trabalho metonímico[59].

3.4.3. Os interlúdios genéticos

Agora tentemos transpor as nossas conclusões para o objeto manuscrito de *"53 Jours"*. O que seriam os não-ditos em um prototexto?

---

59. "Lire cependant n'est pas un geste parasite, le complément réactif d'une écriture que nous parons de tous les prestiges de la création et de l'antériorité. C'est un travail [...], et la méthode de ce travail est topologique: je ne suis pas caché dans le texte, j'y suis seulement irréperable: ma tâche est de mouvoir,

A FICÇÃO DA ESCRITA

Em primeiro lugar, considero que poderíamos pensar nas partes supostamente faltantes do dossiê. A ausência de uma versão manuscrita, ou de trechos em relação a um capítulo ou a uma personagem, levam o leitor do prototexto a se perguntar sobre o seu conteúdo e, inclusive, sobre a razão do seu desaparecimento. Essas perguntas seriam respondidas também através da manipulação de códigos não necessariamente narrativos, códigos genéticos, que implicam o conhecimento da "lógica" dessa criação, de outras gêneses do autor, de outros textos, características culturais sobre a escritura[60] etc.

Seria possível considerar a rasura em um sentido amplo (hesitação) como um branco da criação? Afinal, a rasura contém uma pergunta (a supressão), mas também contém uma resposta (a nova palavra, ou parágrafo), o seu desenlace, e portanto não deixaria lugar para o leitor. Mas não devemos esquecer que, se considerarmos o primeiro leitor do manuscrito (o próprio escritor), essa resposta não existia. Por outro lado, o leitor secundário desse manuscrito estará diante de uma nova pergunta proveniente da pergunta inicial da rasura: por que essa escolha? Essa resposta será dada pelo conhecimento da lógica narrativa do texto final, ou seja, é também uma pergunta que pressupõe o conhecimento de certos códigos por parte do leitor.

Em relação à síntese de perspectivas descrita por Iser, poderíamos, talvez, aproximá-la do trabalho de montagem dos diferentes

---

de translater des systèmes dont le prospect ne s'arrête ni au texte ni à 'moi': opératoirement, les sens que je trouve sont avérés, non par 'moi' ou d'autres, mais par leur marque *systématique*: il n'y a pas d'autre *preuve* d'une lecture que la qualité et l'endurance de sa systématique; autrement, que son fonctionnment. Lire, en effet, est un travail de langage. Lire, c'est trouver des sens, et trouver des sens, c'est les nommer; mais ces sens nommés sont emportés vers d'autres noms; les noms s'appellent, se rassemblent et leur groupement veut de nouveau se faire nommer: je nomme, je dénomme, je renomme: ainsi passe le texte: c'est une nomination en devenir, une aproximation inlassable, un travail métonymique" (Roland Barthes, *S/Z*, Paris, Seuil, 1970, pp. 17-18).

60. Como, por exemplo, o fato de que, durante o século XVIII, era raro conservar manuscritos e que hoje eles são leiloados por milhões de dólares.

ESTÉTICA DA CRIAÇÃO

desenvolvimentos de personagens, da intriga, e das tentativas de redação. O scriptor realiza esse trabalho ao compor a narrativa, já o leitor posterior do manuscrito faz isto mesmo quando tem de construir o seu próprio texto, seja ele uma hipótese de percurso ou uma reflexão sobre a criação.

No caso de *"53 Jours"*, a primeira das nossas transposições parece ser frutífera. O manuscrito do qual dispomos contém vários vazios, como, por exemplo, o suposto manuscrito inicial que teria a página 21[61], o rascunho de redação dos capítulos, isto sem contar a parte que jamais foi escrita, que, embora não tenha desaparecido, está determinada pelos planos (existe um indício de sua presença). De certa maneira, as perguntas suscitadas por essas ausências foram discutidas no começo deste capítulo, ao analisarmos a fragmentação da escritura. O que faltava obrigou-nos a deduzir que existia uma tendência a uma estrutura de escritura similar à de um quebra-cabeça. Nesse sentido, consideramos sempre aquilo que faltava como algo não-essencial na criação. Ou seja, supomos que o primeiro leitor, Georges Perec, também não considerou essenciais essas partes. Porém, essa suposição decorre em parte da comparação com as características da própria narrativa, que por sua vez também é fragmentada, também é sem solução. Dessa forma, podemos pensar que a nossa suposição foi influenciada pela narrativa, que foi construída pelo autor, e portanto, que a nossa visão da criação é também uma construção do escritor. Esta

---

61. Referência a um fólio no qual está escrito: "então mudar a página 21". Não há nada na página 21 do datiloscrito que coincida com essa mudança, o que nos faz supor que existiu uma versão anterior do romance que foi descartada e que começava pela segunda parte. A seguir, a reprodução desse conteúdo: "donc bonne idée que 'le consul' soit qd m compagnon de Serval pdt la Resistance/donc changer l'histoire de la page 21 (par ex c'est on crut tenir le coupable lorsque l'enquête/revela que l'agent qu'un des employés de l'agence qui organisait l'expedition etait un ancien" (52,3,2,12 Cl 53J 11)/ Tradução: "então boa idéia que 'o cônsul' seja apesar de tudo companheiro de Serval durante a Resistência/ então mundar a história da página 21 (por exemplo é acreditou-se chegar ao culpado quando a investigação/ revelou que o agente que um dos empregados da agência que organizava a expedição era um antigo".

A FICÇÃO DA ESCRITA

constatação é reforçada pelo fato de que quase só dispomos do datiloscrito como documento de redação linear. Os fólios que compõem os trechos de redação dos capítulos dez e doze não são mais de dez. Assim, nós, leitores desse manuscrito, temos, em certa medida, o mesmo documento que as personagens do romance têm como única pista: um datiloscrito quase sem rasuras. Dessa forma, somos implicados na *mise en abyme* da narrativa.

Então chegamos a duas conclusões: por um lado, o leitor do manuscrito está em uma situação semelhante à do scriptor. Por outro lado, vemos que essa posição do leitor enquanto scriptor também é, em certa medida, construída pelo autor: também é uma criação.

No caso da rasura, vimos que neste manuscrito essas marcas são raras e não cumprem o papel da hesitação e da escolha. A atitude que produz a irrupção de um Terceiro, que mostra uma busca em direção a uma idéia de verdade é, na maioria das vezes, o diálogo scriptural. Aqui, então, a noção de rasura como uma pergunta é explícita; mas, além disso, essa pergunta raramente é respondida: a hesitação fica evidente no papel. Isso não quer dizer que no datiloscrito não seja possível ver essa solução, mas que ela se produz de uma forma que raramente aparece diante dos olhos do leitor. O que aparece é a pergunta, formulada por um outro, pedindo resposta do scriptor-leitor. E, na maioria dos momentos, temos perguntas que não serão sequer solucionadas no datiloscrito, pois nunca puderam ser desenvolvidas.

Desse modo, o leitor é colocado na frente de um duplo problema. Por um lado, ele deve tentar responder perguntas que aparentemente não têm resposta: o único leitor que poderia respondê-las está morto. Por outro lado, nenhum leitor pode ter a competência para responder a pergunta sobre o porquê da hesitação, já que ninguém manipula a lógica final da narrativa. O único apoio que ele tem para lidar com essas questões é o conteúdo do datiloscrito, que por sua vez está repleto de perguntas essenciais sem solução, como, por exemplo, "quais seriam os indícios que mostrariam a culpabilidade do narrador?", "onde esteve Serval durante o tempo da pesquisa?" e "por que incriminar o professor?"

ESTÉTICA DA CRIAÇÃO

Novamente vemos que o lugar do leitor no manuscrito define um receptor que deve ser ao mesmo tempo o escritor, o primeiro leitor. Mas também vemos que esse primeiro leitor também não parece ter competência de criador, de alguém que possa responder às perguntas da criação. Não apenas pelo fato dele estar morto, mas também porque o pouco que temos de sua resposta está repleto de perguntas. Dessa forma, o leitor do manuscrito "53 Jours", que é também o livro, vê-se chamado a encarnar o escritor, mas ao mesmo tempo esse escritor é visto como impossível. Resumindo: o scriptor parece chamar o leitor a escrever, junto com ele, um texto impossível. Essa sensação é dada tanto pela análise do manuscrito quanto pela comparação com o texto final, o que nos leva a concluir, novamente, que o papel do leitor no manuscrito não é uma dedução "científica", mas uma construção e, portanto, uma abertura para um prazer estético.

A respeito da síntese de perspectivas, o trabalho de leitura no manuscrito é bastante diferente daquele do texto final. Enquanto na narrativa o processo é linear, no prototexto é múltiplo e simultâneo. Não existe um "tema" tal como Iser o definiu dos manuscritos. Os fólios estão dispersos, correspondem a campanhas diferentes de escritura e, à primeira vista, é difícil saber onde começar. Esse próprio ponto de partida deve ser definido.

A forma de definir esse percurso passa por duas operações básicas: a classificação e a comparação. Por um lado, o leitor deve criar diversos caminhos, diversos tipos de "narrativas" do conjunto de documentos que ele tem nas mãos, baseado na mudança das personagens, da intriga, dos capítulos, dos planos gerais, de tintas etc. Por outro essa classificação só pode ser feita se o leitor se dispuser a comparar os diferentes fólios, encontrar elementos de identidade para elaborar uma classificação e depois comparar as diferentes classificações. Só dessa maneira ele chegará a alguma possibilidade de reconstituir em parte o processo de criação e, a partir dele, realizar alguma reflexão sobre as características da criação.

Mas em um elemento esse processo se assemelha muito à síntese descrita por Iser para o texto final. As operações de leitura do

A FICÇÃO DA ESCRITA

manuscrito realizam-se também de forma contínua. Uma comparação leva a outra classificação, na qual pode haver elementos que desestabilizem uma classificação inicial, e que levam a novas comparações, em um movimento ininterrupto de retorno aos conteúdos da memória e projeção de novos cenários. Esse é o verdadeiro trabalho de leitura do manuscrito: de outra maneira apenas importaremos o formato de outro tipo de objeto, um objeto que se lê de maneira completamente diferente. Em *"53 Jours"* esse processo próprio do manuscrito encontra-se exacerbado. O leitor não tem primeiras versões às quais se ater, não há temas para os diferentes cadernos, não há unidade nem sequer em um fólio, como vimos acima. A necessidade de classificação e comparação em *"53 Jours"* não deve ser feita apenas a partir dos fólios, mas também no seu interior. O resultado disso é um trabalho de leitura mais intenso, que exige mais esforço (mais classificações e mais comparações) do seu leitor.

Esse trabalho – aparentemente tão próprio do geneticista – inclusive foi realizado pelo scriptor. Afinal, o *Classeur 53 jours* não corresponde a um suporte especial de escritura, como o *Cahier bleu* ou o *Carnet Rhodia*, que possa ser identificado como uma determinada etapa de escritura. Ele é somente uma classificação de anotações escritas em folhas soltas ou nos mesmos cadernos. Dessa forma, vemos como o primeiro leitor e o leitor posterior do manuscrito devem realizar os mesmos procedimentos.

Do mesmo modo, esse trabalho também é realizado pelas personagens do romance. O narrador da primeira parte, no próprio capítulo 5, ao qual faz referência o primeiro fólio citado neste capítulo, deve classificar por nome, por lugar e por fatos os acontecimentos de "La crypte". O seu objetivo não é, precisamente, o de estabelecer um percurso de criação, mas é muito semelhante: ele quer encontrar elementos que o ajudem a compor uma outra narrativa, a narrativa que deu motivo à criação do livro, e que está relacionada ao desaparecimento de Robert Serval. Nesse sentido, ele quer encontrar exatamente aquilo a que os geneticistas nunca chegam, mas tentam: a uma espécie de "senha" ou história secreta da criação. Esse também é o processo que deve seguir Salini na segunda parte do romance, do qual não sabemos muita coisa, além do fato dele refazer o mesmo percurso – por nomes, por lugares, por fatos – do professor de matemática. A coincidência entre os procedimentos do leitor do manuscrito, do primeiro leitor ou scriptor e das próprias personagens novamente nos leva à idéia de que, talvez, a disposição da criação também possa ser uma construção e uma abertura para um prazer estético. Hipótese que é reforçada neste caso por essa estranha pergunta "de que romance '53 Jours' é a primeira parte?", romance que desconhecemos, mas que provavelmente trata da resolução de algum misterioso desaparecimento, ao qual só poderemos chegar pela classificação e comparação de "53 Jours" como um todo, o que temos feito até agora no nosso lugar de leitores do manuscrito.

3.4.4. Os dedos que batem na máquina

Como resultado da nossa especulação relativa ao lugar do leitor no manuscrito, chegamos a várias conclusões que se repetem. Em primeiro lugar, devo mencionar a coincidência de procedimentos por parte do scriptor e do leitor do manuscrito. Como dissemos no começo, sabíamos que encontraríamos aspectos de um e de outro na análise do lugar do leitor do manuscrito, mas é surpreendente que esses dois leitores pareçam passar pelos mesmos processos. Em parte, isso ocorre porque o leitor do manuscrito sempre vai tentar seguir os passos do scriptor, mas aqui o próprio scriptor organiza seu material em fichários, e, ao mesmo tempo, o próprio leitor do manuscrito terá de reconstituir uma narrativa, já que ela não existe. Esses extremos de confusão permitem afirmar que, de certa maneira, o scriptor chama o leitor do manuscrito – e o leitor em geral – a se identificar com o seu papel. O scriptor parece não dar conta do papel de organizar uma narrativa e quer chamar o leitor para fazer, com ele, esse trabalho impossível.

A FICÇÃO DA ESCRITA

Claro que poderíamos dizer que essa sensação é fruto de uma coincidência, ou de uma fatalidade: a morte do escritor. Se isso não tivesse acontecido enquanto ele escrevia o romance, talvez não tivéssemos por que ter de reconstituir uma narrativa. Mas o fato disso acontecer em outros níveis, como, por exemplo, com as personagens principais do romance, o narrador da primeira parte e o detetive Salini, permite elaborar a hipótese de que a criação também é uma construção e que a idéia de pensar no leitor no manuscrito não é tão impossível assim. A leitura de datiloscritos e manuscritos deixados por um escritor desaparecido parecem estar no cerne da escritura do romance.

A idéia de que o scriptor convide o leitor para ver os seus documentos de criação e ajudá-lo a criar, ou, mais precisamente, a aliviar a angústia (com um acompanhante) de um texto que parece não chegar a parte alguma, ou a um círculo (de que romance *"53 Jours"* é a primeira parte) não era certamente desconhecida de Perec. Como bem destaca Philippe Lejeune, corresponde ao procedimento de escritura de *W ou A Memória da Infância*. Perec resolveu escrever uma das narrativas do romance, aquela relativa ao país dedicado aos esportes, sob a forma de folhetim na revista *La Quinzaine Littéraire*, para ter uma resposta dos leitores enquanto escrevia o romance. Porém, esses leitores depararam-se com uma desagradável surpresa: depois de alguns meses, as personagens iniciais foram abandonadas, a história foi interrompida, em suma, o escritor entrou em crise. Ao terminar a publicação, Perec avisou os seus leitores que essa estranha narrativa teria finalmente um sentido em um ano, quando publicasse o romance como um todo. Os leitores não viram isso acontecer até cinco anos depois, em 1975, mas em um formato muito diferente (o livro, que era um romance de aventuras, tornar-se-ia um relato autobiográfico). Com essa atitude, de certa forma Perec não apenas fez o leitor compartilhar o seu processo de criação, mas também a angústia da escritura. Philippe Lejeune foi um desses leitores da *Quinzaine* e o seu livro *La mémoire et l'oblique* corresponde à narrativa que ele se sentiu na obrigação de construir a partir do chamado do scriptor Perec[62].

Para finalizar este capítulo, gostaria de citar um livro que Perec certamente leu e releu muitas vezes, inclusive durante a escritura de *"53 Jours"*, que ilustra bem esse chamado desesperado do escritor ao leitor, para escrever, ou para esquecer, o livro que ele está escrevendo nesse instante. Refiro-me a *Se um Viajante Numa Noite de Inverno*, de Italo Calvino, que no primeiro capítulo classificamos como uma espécie de romance "irmão" de *"53 Jours"*, no qual os heróis também são os leitores. O trecho que transcrevo a seguir faz parte do capítulo que reproduz o diário de Silas Flannery, um escritor que não consegue escrever. Nesta parte, ele pára para olhar através de uma luneta uma mulher que, ao longe, em uma praia, lê deitada em uma espreguiçadeira. Flannery é tomado por um desejo absurdo: que a frase que ele está começando a escrever seja a mesma que a mulher está lendo naquele instante:

> Às vezes me convenço de que a mulher está lendo meu *verdadeiro* livro, aquele que há tempos eu deveria escrever e que jamais conseguirei escrever, e que esse livro está lá, palavra por palavra – eu o vejo no fundo de minha luneta, mas não consigo ler o que está escrito, não posso saber aquilo que escreveu este eu que jamais consegui nem conseguirei ser. É inútil sentar de novo à escrivaninha, esforçar-me por adivinhar, por copiar esse meu verdadeiro livro que ela está lendo: qualquer coisa que eu escreva será falsa se comparada ao meu livro verdadeiro, que ninguém, exceto ela, jamais lerá.
>
> E se, assim como eu a observo enquanto ela lê, ela me mirasse com uma luneta enquanto eu escrevo? Sento à escrivaninha, de costas para a janela, e eis que sinto por trás de mim um olho que aspira o fluxo das frases, que conduz a narrativa em direções que me escapam. Os leitores são meus vampiros. Sinto uma multidão de leitores que olham por cima de meus ombros e se apropriam das palavras à medida que elas vão se depositando sobre a folha. Não sou capaz de escrever enquanto alguém me observa; sinto que aquilo que escrevo não me pertence mais. <u>Gostaria de desaparecer, de entregar à expectativa ameaçadora desses olhos a folha posta na máquina, deixando no máximo meus dedos que batem nas teclas</u>[63].

---

62. Philippe Lejeune, *La mémoire et l'oblique*, p. 98.
63. Italo Calvino, *Se um Viajante numa Noite de Inverno*, pp. 173-175 (grifos nossos).

4

O Manuscrito como Livro

No capítulo anterior, concentrei-me nos aspectos próprios do processo de criação de *"53 Jours"* e que, supostamente, não influenciam a leitura do texto "final" (datiloscrito). São aspectos que só podem ser deduzidos a partir de uma análise genética e que têm como finalidade uma apresentação da estética deduzida da escritura do romance.

Neste capítulo, pelo contrário, pretendo me referir aos elementos do processo de criação que de alguma maneira provocam uma releitura do datiloscrito. Com isso, não quero dizer que vou "reinterpretar" a obra através de conteúdos encontrados no manuscrito; os aspectos tratados neste capítulo (relação entre *mise en abyme* e intertextualidade, confluências entre realidade e ficção, função do inacabamento e da forma manuscrito e a problematização da leitura) não são "conteúdos" do romance, mas tendências observadas na análise genética. Ou seja, são movimentos, não palavras ou parágrafos. Esses movimentos anunciam não só uma forma de terminar o livro, mas também uma releitura do que já está escrito e, portanto, caminhos para uma possível re-escritura.

Conforme afirmei no capítulo anterior, esta divisão da análise do processo de criação em dois capítulos não passa de um artifício narrativo. De fato, essa fronteira entre aquilo que só se refere ao processo de criação e aquilo que interfere na escritura do texto final é muito tênue, se é que realmente existe. Afinal, desde o co-

159

meço deste trabalho venho sugerindo que *"53 Jours"* pode ser lido como um processo e faz de todos os seus leitores críticos genéticos. Assim, gostaria de reforçar aquilo que já disse na introdução do capítulo anterior: que esta divisão em dois capítulos tem apenas o objetivo de produzir uma pausa na leitura. Talvez, como objetivo secundário, também queira mostrar o quanto a divisão entre escritura e texto final é frágil, pelo menos neste romance, e não pode ser considerada mais do que um artifício.

4.1. DO ABISMO AO HIPERTEXTO

4.1.1. A mise en abyme

A idéia do "livro dentro do livro" está presente desde os primeiros fólios do dossiê de *"53 Jours"* e sofre uma série de transformações. Essa estrutura é chamada de *mise en abyme*, mas é necessária uma definição mais precisa do conceito, que será grande aliada para observar as transformações da escritura.

A partir da obra de Gide, o crítico Lucien Dallenbach define que a *mise en abyme* corresponde a toda inserção de uma narrativa dentro de outra que apresente alguma relação de similitude com aquela que a contém[1]. O objetivo desse recurso seria pôr em evidência a construção da obra. Ao ler um relato construído dentro de outro, o leitor seria levado a pensar que o primeiro relato também é uma construção, não um universo paralelo. Esse princípio básico, segundo Dallenbach, tomaria várias formas diferentes, ou várias formas de reflexão diferentes[2]. A primeira, a reflexão simples, inspira-

1. Lucien Dallenbach, *Le récit spéculaire. Essai sur la mise en abyme*, Paris, Seuil, 1977, p. 18.
2. Essa polimorfia da *mise en abyme* deve-se a uma confusão de Gide, segundo Dallenbach. Gide importou o conceito de *mise en abyme* da heráldica, onde era usado para definir a técnica de inserir a figura de um brasão dentro de uma figura de brasão. Porém, ao transportá-lo para a literatura, o escritor teria juntado a ele elementos do motivo do espelho e da reflexão. Por isso, hoje o conceito, dentro do âmbito da análise literária, é bem mais amplo do que na sua origem.

da em uma técnica da confecção de brasões[3], poderia ser definida como uma história dentro de outra história. A segunda, a reflexão ao infinito, toma como base o efeito produzido quando dois espelhos são colocados um na frente do outro e que se manifestaria na literatura sob a forma de um relato dentro de um relato similar, que por sua vez contém outro relato similar etc. Finalmente, a terceira reflexão, a mais importante para o nosso trabalho, é a reflexão paradoxal, na qual as diferentes narrativas contidas uma dentro da outra (de forma simples ou infinita) confundem-se, sem que o leitor possa, realmente, diferenciar o exterior e o interior de cada relato. É o caso de *Les faux-monnayeurs* (*Os Moedeiros Falsos*), de André Gide, no qual a personagem principal, Édouard, escreve um romance chamado *Les faux-monnayeurs*. Certamente é também o caso de *"53 Jours"*, como o leitor deste trabalho já deve ter pensado, mas não nos apressemos.

As *mises en abyme* podem ser também classificadas quanto ao objeto refletido. Uma narrativa pode refletir o enunciado, o código ou a enunciação de outra narrativa que a inclui. A alternativa do enunciado é mais conhecida: um relato reflete um ou mais elementos narrativos do primeiro relato (como personagens, intriga, diálogo, cenários etc.). Já a reflexão do código é mais sutil, pois haveria apenas uma transposição não de elementos da história, mas da forma como eles são representados. É o caso, segundo Dallenbach, dos quadros do pintor fictício Elstir em *Em Busca do Tempo Perdido*, que de certa forma refletiriam a forma de narrar do romance. Por último, a reflexão da enunciação coloca em evidência elementos já familiares para nós no curso deste trabalho, como as figuras do autor e do leitor, a referência ao processo de criação ou de leitura ou a manifestação do contexto de produção ou de recepção.

4.1.2. De abismo em abismo

Antes de criar qualquer identificação imediata com *"53 Jours"*, é preciso voltar ao manuscrito. Agora que sabemos que a *mise en*

---

3.   Ver nota anterior.

A FICÇÃO DA ESCRITA

abyme não é um conceito único, mas amplo, poderemos observar melhor as transformações que ele sofre ao longo da escritura. A estrutura das *mises en abyme* está presente desde os primeiros fólios do manuscrito. Aparentemente, correspondia a uma das regras iniciais pensadas por Perec para a construção da suposta "obra-prima oulipiana", junto com a inserção do intertexto stendhaliano e a estrutura de romance policial – entre outras –, como podemos observar nesse trecho:

```
series:
metalangage
fonctionnement du livre dans le livre
Stendhal
        a)   La Ch de P
        b)   voyages en France          lager      regal
        c)   biog                       cab        bac
effets de TLO                           noel       leon
rom pol                                 emir       rime
journal intime (quotidien)             as         sa
schedule                               amuser     resuma
        le livre est un miroir etc...  aval       lava
Palindromes naturels                   sac        cas
anagrammes                             elime      emile
                                       Eton       note
laisse les journaux s'empiler          Erie       Eire
coupure de presse sur n'importe quel sujet  état  tâte
                                       Eric       cire
        w                              trace      ecart
```

(52,5,5, verso Or 1 recto)[4].

A disposição desta lista leva a pensar que, nesse momento inicial, o motivo do espelho, a estrutura do palíndromo, o uso do intertexto e o "livro dentro do livro" pareciam ser regras separadas, não relacionadas. Porém, com o desenvolvimento da escritura, essas imposições começam a se confundir, tornando-se um só núcleo estrutural.

4.   Coluna da esquerda [em tinta preta]: "séries: metalinguagem funcionamento do livro no livro Stendhal a) A Cartuxa de Parma b) Viagens pela França c)

162

ESTÉTICA DA CRIAÇÃO

Depois da definição das restrições que usaria, Perec começa uma pesquisa sobre cada uma dessas escolhas, que o ajudará a definir com mais precisão o seu papel no romance. O nome das personagens, a intriga, os lugares onde a narrativa se desenvolverá só serão determinados depois, com a ajuda das restrições escolhidas. Mais uma vez, vemos que o "conteúdo" do romance não parecia ser o motor da escritura. Pelo contrário, ele era apenas uma conseqüência.

As primeiras precisões em relação à *mise en abyme* encontram-se na página seguinte à lista antes citada:

> "53 jours" est le titre/rou du récit (1ere partie)
> que reçoit le narrateur de la 2cde
> et dont il entreprend l'exegèse
>
> (52,5,5, verso Or 1 verso)[5]

Como vemos, a simples restrição "livro dentro do livro" transforma-se logo no começo em uma *mise en abyme* paradoxal, o que significa de certa forma que o engano, a confusão, a armadilha devem ser tomados como uma regra de escritura do romance. O conteúdo ainda não está determinado, a história não está sequer esboçada, as personagens ainda são desconhecidas, mas uma coisa é certa: o leitor deve cair no "buraco" (*trou*) entre as narrativas. Esta será a grande decisão na criação deste romance e, provavelmente, aquilo que impulsiona a continuidade da escrita e está por trás das decisões que logo serão tomadas.

---

biografia efeitos de TLO rom pol diário íntimo (quotidiano) schedule [horário, em inglês] o livro é um espelho etc. ...". [Em tinta azul]: "Palíndromos naturais anagramas deixa os jornais se amontoarem recorte de jornal sobre qualquer assunto w". Coluna da direita [em tinta azul]: "lager conforto cab bac noel leon emir rima ás sua divertir resumiu fiador lavou bolsa caso estrago emílio Eton nota Erie Eire estado apalpo". [Em tinta preta]: "Eric cera traço intervalo".

5. " '53 dias' é o título/buraco da narrativa (1ª parte)/ que o narrador da segunda recebe/ e do qual ele empreende a exegese".

A FICÇÃO DA ESCRITA

Mas o buraco ainda é um pouco raso nesse ponto. Já na página seguinte vemos que ele ganha profundidade, ou, se quisermos, que ele perde toda idéia de profundidade:

le 2ᵉ récit est la fausse exegese du 1ᵉʳ
le vertige des explications sans fin
à la fin le narrateur imagine un 3ᵉ recit
que serait l'exegese contradictoire de 2 premiers?

Lire Isabelle d'André Gide

(52,5,6 recto Or 2 recto)[6].

A suposta explicação para a primeira narrativa que encontraríamos na segunda torna-se falsa: por outro lado, a explicação verdadeira, da terceira narrativa, é a "exegese contraditória das duas primeiras". O que significa isso? Conhecendo os trechos relativos ao fim do romance (o diálogo entre Patricia e Salini), poderíamos pensar que esse terceiro relato invalidaria os dois primeiros, e nesse sentido, seria a "verdade". Por outro lado, podemos pensar a "exegese contraditória dos dois primeiros relatos" como a existência de duas explicações contraditórias e, portanto, nenhuma verdade. Essa opção por sua vez contraditória da necessidade de verdade e da necessidade de ausência de verdade é mais coerente com a regra e a tendência geral de escritura explicada acima.

Além da profundidade do abismo, esses dois fólios citados mostram a união das restrições relativas ao "livro dentro do livro" e ao motivo do espelho. Afinal, a divisão do romance em dois relatos principais com explicações contraditórias lembra a divisão do espelho, que apresenta duas realidades inversas. A referência a André Gide no segundo fólio também seria um indício dessa união de regras: como explica Dallenbach, é Gide o responsável pela confusão existente entre a técnica da *mise en abyme* e a imagem do espelho.

6.   [Em tinta azul]: "a 2ª narrativa é a falsa exegese da 1ª/ a vertigem das explicações sem fim/ no fim o narrador imagina uma terceira narrativa/ que seria a exegese contraditória das 2 primeiras?/ [em tinta preta] Ler Isabelle de André Gide".

ESTÉTICA DA CRIAÇÃO

Nesse momento da criação, apenas a personagem Salini está definida. Ele teria sido "importado" de *A Vida Modo de Usar*, onde também faz o papel de um detetive. E já que é essa sua profissão e estamos na escritura de um livro policial, seu papel aqui também será decifrar um mistério. E esse mistério, desde o começo, vai se configurar como um livro, o livro *"53 Jours"*. Dallenbach veria nessa determinação um motivo para a classificação desse livro como uma *mise en abyme* do processo enunciativo, já que a leitura aparece problematizada (e não como um detalhe, mas como eixo da escritura do romance). Vemos com clareza essa tendência no seguinte fólio:

> Ce qu'il faut c'est que le decryptage
> du recit 1 constitue l'enquete du II
> mene Salini sur le chemin de la
> decouverte
> S meurt avec son secret
> Salini le perce retrouve les coupables (X et "le consul")
>
> le tout corroboré dans le dernier chapitre (la confession du "Consul"?)
>
> (52,5,23 verso Or. 18 verso)[7].

Nesse momento, os relatos dentro de *"53 Jours"* ainda não estavam definidos: muito menos o nome do romance "La crypte". Provavelmente esse nome surgiu como uma derivação desse processo de "decriptagem" apontado acima, que pode ser identificado como o processo de leitura. O livro ainda não decifrado, não publicado, seria uma "cripta".

Não considero inútil uma pequena digressão sobre a escolha desse nome para designar o primeiro relato dentro do relato do romance e ao mesmo tempo a leitura. Uma cripta é uma caverna construída para abrigar um cadáver, um morto. O processo de

---

7. "O que é necessário é que a decriptagem/ da narrativa 1 constitui a investigação da II/ leva Salini ao caminho da/ descoberta/ S morre com o seu segredo/ Salini o perce/ encontra os culpados (X e 'o cônsul')/ tudo corroborado no último capítulo (confissão de o 'Cônsul')".

A FICÇÃO DA ESCRITA

"decriptagem", portanto, seria o ato de retirar o morto desse seu abrigo, de mostrar o cadáver. Há uma certa tendência da escritura deste romance a fazer desaparecer os cadáveres. De fato, no datiloscrito final e nos últimos trechos escritos, nenhum dos mortos do romance é encontrado. Nem o primeiro Serval, nem o segundo, o capítulo em que seria encontrado o corpo do cônsul não é terminado, o cadáver de Remi Rouard (de "La crypte") é manipulado etc. Dessa maneira, podemos afirmar que nesta escritura encontramos sugerida a idéia de que o processo de decriptagem (ou leitura) é falso, não leva à revelação que promete. O único morto revelado será o livro[8]. Embora esta nossa digressão pareça não muito fundamentada agora, veremos ao longo deste capítulo que esta idéia de desconfiança em relação à escritura e às revelações da leitura (ou às da interpretação) se repete de outras maneiras.

Voltando ao trecho citado acima, a última frase determina um final diferente do que veremos nos próximos fólios. A história da resistência seria corroborada no final, e não desmentida, como vimos ao longo deste trabalho. Assim, a confissão de Patricia Serval,

8.   Neste ponto, considero necessário fazer outra digressão sobre "la crypte" que não incluiremos no nosso desenvolvimento, mas que deve ser mencionada. "A Cripta" é uma conceito da psicanálise desenvolvido por Nicolas Abraham e Marie Torok, usado para designar um segredo guardado dentro do próprio Ego. Ou seja, ele não faria parte de um inconsciente ou de uma dimensão pulsional: seria um conjunto de "palavras" guardado, escondido. Roberto Zular, na sua tese de doutorado (*No Limite do País Fértil*, Universidade de São Paulo, 2001. Inédita), defende que os cadernos de Paul Valéry de certa forma corresponderiam a uma mímese do que acontece nessa cripta do ego. Os cadernos seriam um conjunto de palavras que Valéry deixaria na esfera do privado, ou seja, em segredo. Em *"53 Jours"*, esta interpretação faria bastante sentido, já que o morto que está na "Crypte" também seriam as palavras, como representantes da leitura. Mas nesse romance, as criptas estão vazias, as interpretações não estão lá, e a metáfora cai em um vazio, em um desaparecimento. Mesmo que não haja nenhuma alusão no manuscrito aos autores do conceito da cripta, é possível que Perec tenha se inspirado neles ao determinar esse título. Segundo aponta Bellos, haveria em *A Vida Modo de Usar* uma espécie de plágio de um texto de Abraham e Torok sobre a introjeção/incorporação.

que ocuparia o último capítulo do romance, não era uma disposição inicial: ela seguia uma tendência de escritura: eliminar a idéia de "verdade" anterior. Essa tendência parece estar relacionada com o nosso desenvolvimento sobre "La crypte". A instabilidade da idéia de verdade e a necessidade infinita de novas ficções poderiam demonstrar também uma desconfiança em relação à narrativa e, principalmente, à interpretação dessa narrativa. Qualquer verdade que possa ser deduzida ou decriptada de uma ficção, desse modo, parece estar desprovida de sentido, de vida, e então, morta.

Já voltaremos novamente a esse ponto. Por enquanto, é preciso continuar o nosso seguimento da construção da *mise en abyme* no romance. Uma vez definida que a *mise en abyme* teria esse caráter "paradoxal" e que o objeto refletido seria principalmente o trabalho de leitura (decriptagem), Perec começa a definir que relatos incorporarão que outros relatos. A princípio, estava definido que existiriam dois relatos principais, o relato que Perec chama "A" e o relato "B" ou real, relativo à segunda parte. Para que a leitura fosse de alguma maneira refletida no relato "B", ela deveria estar enunciada no relato "A", *"53 Jours"*. Assim, era necessário que houvesse um outro romance dentro de *"53 Jours"*, o romance que mais tarde se chamaria "La crypte". Vejamos como surge essa narrativa:

> dans le recit A X (il faut trouver vite un nom)
>> decouvre une verité (fausse) en epluchant les
>> manuscrits de Serval. En fait il est "forcé"
>> (carte forcée) par Serval
>
> dans le "réel" B, Salini decouvre "la" verité (fausse?)
>> à partir du récit A
>
> Exemple: le roman en abyme s'appelle la crypte
>> ce nom suggere
>>> un sens caché
>>> une grotte

C'est dans un grotte du massif de la Chartreuse
que l'on decouvrira le corps de Serval (par ex.)

(52,6,5 r Rh 9)[9].

Analogamente, se *"53 Jours"* deve refletir o romance "La crypte", então "La crypte" também deve ter como um dos seus eixos o processo de leitura. E assim Perec descobre que é necessário criar um outro romance dentro do romance, como podemos observar no seguinte trecho:

Trouver très vite
les personnages et l'intrigue
de La crypte
et le titre, le lieu, les personnages
et l'intrigue du roman qui y est
inclus

(52,6,17 Rh 25)[10].

Perec decide que os romances dentro do romance serão cinco: "Un R est un M" (o relato "B"), "53 jours" (relato "A"), "La crypte", "Le juge est l'assassin" e "The Koala Case Mistery", título aparentemente inspirado em uma inscrição que o autor deve ter observado durante sua permanência na Austrália. Em um primeiro momento, esses cinco romances estariam "encaixotados" um dentro do outro e, em todos eles, o objeto refletido seria a leitura como forma de desvendar um crime, como podemos observar no quadro (na página seguinte), um dos primeiros manuscritos escritos do romance. Perec começa a elaborar as narrativas de cada uma dessas narrativas de for-

---

9. "Na narrativa A X (é necessário encontrar rapidamente um nome)/ descobre uma verdade (falsa) depenando os/ manuscritos de Serval. De fato ele é 'forçado'/ ('carta forçada') por Serval/ no 'real' B, Salini descobre 'a' verdade (falsa?)/ Exemplo: o romance em abismo se chama a cripta/ esse nome sugere/ um sentido encoberto/ um gruta/ É numa gruta do maciço de La Chartreuse/ que o corpo de Serval será descoberto (por ex.)".

10. "Encontrar rapidamente/ as personagens e a intriga/ de A cripta/ e o título, o lugar, as personagens/ e a intriga do romance que está/ incluso".

I 6 8

ESTÉTICA DA CRIAÇÃO

ma separada, embora todas sejam escritas a partir de permutações da mesma base: a personagem "A" mata a personagem "B" e faz recair a culpa na personagem "C"[11]. Depois de alguns meses de elaboração, no período em que Perec se encontra na Itália (mês de novembro), o romance "The Koala Case Mystery" muda de nome e de função.

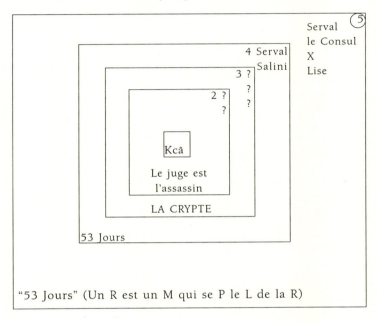

(52,6,18 Rh 26)

Em vez de servir de indício para a descoberta do assassino de "Le juge"[12], seu papel agora está relacionado com o processo de criação de "La crypte", como indica o seguinte fólio:

11. Inspirado na restrição "X toma Y por Z" proposta por Raymond Queneau e no livro *Un dent contre lui*, de Bill Ballinger, onde o autor encontra uma espécie de aplicação do procedimento para o romance policial. Para maiores detalhes sobre esse procedimento, ver o fólio 52,6,19 Rh 27, do Bloco Rhodia.
12. No fólio 52,6,36 recto Rh 47, encontramos a seguinte anotação: "Procedés/

A FICÇÃO DA ESCRITA

"le Koala case" est un r que S a passé à Lise
pour qu'elle en recopie un passage
il a change les noms
le N lit tt le r

(52,7,31 verso Bl 24 verso)[13].

Ou seja, a verdade que antes se encontrava na leitura de outro romance, agora se encontra na leitura "entre" os romances. Perec enuncia essa mudança literalmente no datiloscrito "final", no começo do nono capítulo: "Toute la matinée, j'ai été taraudé par une intuition inexplicable: la vérité que je cherche n'est pas *dans* le livre, mais *entre* les livres. Cette phrase a l'air de vouloir ne rien dire, mais je me comprends: il faut lire les *différences*, il faut lire entre les livres comme on lit 'entre les lignes' "[14].

4.1.3 A verdade entre os livros

Esse trecho marca uma diferença na leitura do romance, assim como o manuscrito citado marca uma nova etapa da sua criação. A regra "livro dentro do livro", adotada no começo da campanha de escritura, parece ser agora subvertida. O romance agora

Un indice dans Koala Case/donne une idée au meurtre dans le J est l'A". É impossível ler esse trecho sem se perguntar: qual é o sentido de ter um indício de um crime que está solucionado no título (o juiz é o assassino)? Não posso afirmar que este foi o motivo da mudança de função desse romance na estrutura de *"53 Jours"* – não há nenhuma indicação a esse respeito; no entanto é muito provável que essa evidente contradição tenha levado Perec a optar por não incluir o romance na *mise en abyme*. Mas o motivo não é muito importante. Devemos nos deter na seguinte pergunta: por que Perec prefere mudar a estrutura do romance a mudar um título absurdo para um romance policial? A importância da *mise en abyme* – creio – está sendo contestada.

13. [Em tinta azul]: "'o Koala case' é um romance que Serval passou para Lise/ para que ela copiasse uma passagem/ ele mudou os nomes/ o narrador lê todo o romance".

14. "Durante toda a manhã, eu fui atormentado por uma intuição inexplicável: a verdade que eu procuro não está *no* livro, mas *entre* os livros. Essa frase parece não dizer nada, mas eu me entendo: é necessário ler as *diferenças*, é necessário ler entre os livros como se lê nas 'entrelinhas'" (*"53 Jours"*, p. 93).

chamado "K comme Koala"[15] não reflete a realidade de "Le juge", onde, aliás, não há nenhuma leitura e o crime não é resolvido. E com essa pequena mudança, é subvertida a estrutura "em abismo" de todas as outras narrativas contidas em *"53 Jours"*, já que o narrador conclui que a verdade não pode estar na leitura de um romance, mas no diálogo entre os romances.

Essa será também a forma de organização dos relatos na segunda parte do livro. O detetive Salini só poderia descobrir a "verdade" sobre *"53 Jours"* através da comparação do romance com *A Cartuxa de Parma* e, depois, com a comparação dos dois romances com *O Coronel Chabert*. O que não era a visão inicial, já que Perec aparentemente também tinha definido que *A Cartuxa* seria uma espécie de "chave" de *"53 Jours"*, reveladora de uma verdade, como podemos observar no próximo fólio:

53 jours: Programme   + nom lise
         + etc...
En dehors du nom "Serval" il n'y a absolt aucun lien entre le recit raconté en apparent A et la disparition de l'homme d'affaires Serval

Salini suppose que le recit "53 jours" a été envoyé à Serval pour declencher le process qui a conduit à sa mort (en tt cas à sa disparition)

15. Essa mudança de nome dá um caráter "palindromático" ao romance, já que "K comme Koala" pode ser abreviado K.c.K. É curioso que essa mudança venha justamente no momento em que o romance perde seu caráter especular, e portanto palindromático (lembremos que o palíndromo pode ser relacionado com o espelho porque pode ser lido em duas direções inversas). Bernard Magné destaca a importância de "K comme Koala" em relação ao biotexto. Para ele, o romance refletiria um pouco do texto da vida do escritor já que a letra predominante é o K, a letra número onze no alfabeto, que coincide com a data da data de desaparecimento da mãe de Perec. Por outro lado, o título do romance teria onze letras e no trecho copiado em "La crypte" foram mudadas onze palavras. No caso de Perec, esses detalhes não são tão insignificantes quanto parecem. Senão, Bernard Magné não teria dedicado um livro ao número onze. No entanto, eu não seria capaz de basear a minha interpretação de *"53 Jours"* nesses detalhes. Não é possível explicar um livro através dos mesmos fatos da vida de um autor. Porém, devo destacar que o fato do número onze estar presente nesse título deve significar alguma implicação maior do autor com esse romance.

A FICÇÃO DA ESCRITA

Ce que l'on sait de Serval: héros de la Résistance
               homme politique (centriste)
               homme d'affaires très riche
               Sa vie privée
←   En instance de divorce   pas sûr
                      Enquete sur sa femme   svt en ville d'eaux
Pas de faille nulle part   sante fragile
peut etre une petite dans l'histoire de Resistance?

DONC on ne peut pas que revenir au récit

                                        C
la 1ere clue: Un R est un M qui se p le l d'un ~~chemin~~
       apres tatonnements
       Salini decouvre   Stendhal →   Chartreuse   →   Grenoble
                       St. Real →   Chambery

Or précisement les faits de resistant de Serval se sont passés en partie
à la Chartreuse

d'où   idée d'un recit codé
        d'un récit miroir
        dt le dechiffrement donnerait la clé du mystère

                                (52,6,4 recto Rh 7)[16].

Assim, o lugar da verdade desloca-se na preparação das duas partes do romance. Enquanto em um primeiro momento ele se encontrava na leitura, na idéia de uma narrativa que seria "a cha-

16.   "'53 dias': Programa/ Fora o nome Serval < +nome lise/ + etc> não há absolutamente nenhuma ligação <aparente> entre a narrativa contada em/ A e o desaparecimento do homem de negócios Serval/ Salini supõe que a narrativa '53 dias' foi enviada a Serval para desencadear o/ processo que conduziu à sua morte (em todo caso a seu desaparecimento)/ O que se sabe de Serval: herói da Resistência/ homem político (centrista)/ homem de negócios muito rico/ Sua vida privada/ se divorciando <[a lápis] não tenho certeza>/ [em tinta preta] Investigação sobre a mulher <[a lápis] freqüentemente em casas termais/ saúde frágil>/ [em tinta preta] Nenhuma falha em nenhum lugar/ talvez uma pequena na história da Resistência?/ ENTÃO só nos resta voltar à narrativa/ C/ 1ª pista: Um R é um E que se p ao longo do ~~caminho~~/ após pesquisas iniciais/ Salini descobre Stendhal → Cartuxa → Grenoble/ St. Real → Chambéry/ Ora precisamente os acontecimentos de resistente de Serval se passaram em parte/ em La Chartreuse (Cartuxa)/ daí idéia de uma narrativa codificada / de uma narrativa espelho/ cujo deciframento daria a chave do mistério".

I 7 2

ESTÉTICA DA CRIAÇÃO

ve" de outra, em um segundo momento, ele passa a estar na relação, no diálogo entre as narrativas, na intertextualidade.

Embora o percurso seja um pouco longo, proponho agora que tentemos nos aprofundar mais nesse conceito (do diálogo entre as narrativas) para depois analisar o que significaria a mudança da *mise en abyme* para essa nova estrutura.

4.1.4. O diálogo dos textos

O termo "intertextualidade" foi introduzido por Julia Kristeva[17] no final dos anos sessenta como uma forma de tradução do conceito "dialogismo" de Bakhtin. Porém, como explica Todorov[18], ele não abarca todas as formas do dialogismo bakhtiniano, como, por exemplo, o dialogismo abordado no capítulo 3 deste trabalho. Seu alcance se limita à relação entre dois ou mais enunciados.

Para Bakhtin, nenhum discurso é desprovido de sua dimensão intertextual, porém há relatos que evidenciam mais, ou exteriorizam, o caráter dialógico da linguagem[19]. É o caso de alguns gêneros antigos, como o diálogo (platônico, por exemplo), o carnaval, a paródia, a menipéia. Mas também é o caso do romance moderno, o romance polifônico, que englobaria todos esses gêneros anteriores.

Em uma visão simplificada, é possível dizer que um romance seria, para Bakhtin, a representação do diálogo do homem com o seu mundo. E esse mundo ou grupo social não pode ser representado de outra forma que não seja através da linguagem, através de outros discursos, ou através do discurso dos outros, as obras anteriores. O diálogo com elas pode ser paródico ou burlesco, pode ser simplesmente uma aceitação de um discurso autoritário, uma fusão de narrativas, uma explicação sobre uma narrativa anterior

---

17. *Semiotiké. Recherches pour une semanalyse.*
18. *Mikhail Bakhtine le principe dialogique.*
19. Ao qual nos referimos no capítulo 3. Assim, o dialogismo por trás do termo "intertextualidade" seria uma forma de exteriorização do dialogismo lingüístico-filosófico de Bakhtin.

173

A FICÇÃO DA ESCRITA

etc., dependendo da relação que o sujeito da enunciação constrói com a sua imagem de mundo[20].

Desde um âmbito teórico totalmente diferente e que a princípio pode parecer externo às nossas preocupações, o crítico Harold Bloom elaborou uma outra abordagem sobre o diálogo entre textos literários[21]. Ele chamou essa abordagem de a "angústia da influência", o sentimento que teria todo poeta de não criar nada original em relação ao seu antecessor. A partir dessa angústia, o poeta elaboraria diferentes tipos de relações com textos anteriores. Não vamos aqui descrever todos esses tipos de diálogo, apenas nos deteremos naquele que achamos mais pertinente para a análise deste processo de criação: o *apophrades*.

No *apophrades*, haveria uma espécie de "retorno aos mortos", como se o poeta tivesse escrito a obra de seu precursor. Esse recurso produziria uma sensação de estranhamento, que Bloom identificaria com o *Umheimlich* de Freud[22]. Perec em vários momentos tende a recopiar os livros aos quais faz referência, como, por exemplo, o começo dos capítulos de *La chartreuse*, com os quais se inicia também cada um dos capítulos de *"53 Jours"*. É também o procedimento usado pelo escritor Robert Serval para escrever "La crypte", já que ele teria copiado um trecho completo de "K comme Koala" (mudando onze palavras). De certa forma, temos aqui uma espécie de reforço ao motivo do morto-vivo, uma das tendências da escritura desse romance.

O conceito apontado por Bloom não se aplicaria a Perec: o autor refere-se à poesia clássica e romântica apenas. Porém, acredito

---

20. Ver as obras já citadas de Todorov e Kristeva e *Problemas de poética de Dostoievski*, México, Fondo de Cultura Económica, 1986 [1979].
21. Harold Bloom, *A Angústia da Influência. Uma Teoria da Poesia*, Rio de Janeiro, Imago, 1991.
22. No texto *Umheimlich* (*O Estranho*), Freud explica que há um tipo de sensação de terror produzida pelo retorno de algum elemento reprimido da vida anímica anterior. Na literatura, esse elemento seria comumente personificado pela figura do autômato, ou do morto-vivo (*Obra Completa*, vol. 17, Buenos Aires, Amorrotu Editores, 1986).

que toda teoria, como espero ter mostrado no capítulo 3, surge através de um certo diálogo com a literatura que lhe é contemporânea[23]. O trabalho de citação de Perec na sua escritura também está ligado a esse efeito de estranhamento destacado por Bloom. A cópia literal de trechos de redação e de estrutura (*"53 Jours"* tem as mesmas divisões de *La chartreuse*) e a necessidade de uma referência constante a outros textos (dentro das diégeses do romance e no processo de escritura) produzem um questionamento da "originalidade" da ficção. Qual é a criação de uma cópia? Por que sentir prazer nessa referência literal aos "precursores", nas palavras de Bloom?

Esse prazer, seguindo a relação de Bloom com Freud, não é bem um prazer, mas um terror, um estranhamento. Em parte pelo retorno dos supostos mortos, mas, sobretudo, pela destruição da idéia de originalidade. Aparentemente, haveria uma necessidade de fazer renascer os mortos porque, agora, não há nada vivo. Nada pode brotar espontaneamente da página em branco, não pode haver verdade em uma única ficção senão através de sua relação com os supostos mortos.

A última noção que vamos analisar nesse ponto é a proposta de Gérard Genette no seu livro *Palimpsestes*. Para o autor, seria possível chamar as relações entre textos em geral de transtextualidade. Há cinco tipos diferentes de transtextualidade segundo Genette: a intertextualidade (citação, relação de co-presença), a paratextualidade (textos de certa forma anexos ao texto principal, como manuscritos, prefácios, ilustrações), a metatextualidade (a relação crítica ou o comentário), a arquitextualidade (a divisão de gêneros) e a hipertextualidade, à qual ele dedica seu estudo.

4.1.5. Hipertexto ou livro infinito

A sua definição para hipertexto é: "eu entendo por isso toda relação que une um texto B (que chamarei de hipertexto) a um tex-

---

23. Como Bloom escreveu esse texto no começo dos anos setenta, a literatura de Perec, mesmo que ele não a conhecesse, era sua contemporânea.

A FICÇÃO DA ESCRITA

to anterior A (que eu chamarei, claro, de hipotexto), no qual ele é 'enxertado' de uma maneira que não é a do comentário"[24]. Ou seja, entende-se por hipertexto todo texto derivado de outro preexistente, que não poderia existir sem esse texto inicial. Nesse sentido, a relação aqui é bem diferente da relação intertextual, que apenas atualizaria o diálogo. Na hipertextualidade, um texto é feito em função de outro, depende desse outro. Nesse sentido, é bem mais próximo do conceito de *apophrades* que deduzimos de Bloom[25].

Genette afirma que há duas operações pelas quais o hipertexto incorpora o seu hipotexto: a imitação e a transformação. Assim, a paródia, a caricatura, o pastiche e a transposição, práticas bastante contemporâneas, seriam hipertextos. E de fato, Genette afirma que é impossível não ver em uma certa modernidade ou pós-modernidade uma recorrência à estrutura hipertextual. E nessa pós-modernidade, ele inclui todas as experiências do OuLiPo, que, com as suas regras, sempre estaria propondo formas de reescritura. Mas qual seria o prazer, para Genette, de reescrever os autores anteriores? De nenhuma maneira ele vê a prática do hipertexto como uma forma de "idolatrar" a literatura, de colocar os escritores em um pedestal. A sua função está muito mais próxima da idéia contrária: de fazer esses autores se integrarem aos novos, em uma literatura concebida como totalidade, como um livro infinito em constante movimento.

Infelizmente Genette acaba o seu livro com essas conclusões. Tentarei continuar essa discussão, como se estivéssemos, analogamente, em um livro infinito de crítica literária. Para isso, pedirei ajuda ao próprio Perec, que dedicou as suas duas últimas narrativas publicadas ao problema do livro ou da obra de arte infinita.

---

24. "J'entends par là toute relation unissant un texte B (que j'appellerai hypertexte) à un texte antérieur A (que j'appellerai, bien sûr, *hipotexte*) sur lequel il se greffe d'une manière qui n'est pas celle du commentaire" (Gerard Genette, *Palimpsestes. La littérature au second degré*, Paris, Éditions du Seuil, 1982).

25. Mais uma vez repito que essa é apenas uma transposição das categorias de Bloom para a literatura contemporânea. Não sei se Bloom concordaria com a relação entre o *apophrades* e o hipertexto de Genette. Eu particularmente considero a relação entre as duas visões, provindas de ambientes tão diferentes, frutífera.

ESTÉTICA DA CRIAÇÃO

Refiro-me às novelas *Un cabinet d'amateur* e *Le voyage d'hiver* (1979). Advirto o leitor de que esta digressão a partir das novelas de Perec será um pouco longa, quase infinita. Mas não nos perderemos no caminho e voltaremos à nossa discussão sobre a hipertextualidade.

Un cabinet d'amateur conta a história de um quadro homônimo, que representaria um quarto de um colecionador de pinturas. Esse quarto estaria repleto das pinturas desse colecionador, que por sua vez também estaria representado no centro do quadro, sentado em uma poltrona. Entre as pinturas representadas, estaria o próprio quadro *Un cabinet d'amateur*, com o seu colecionador e o restante dos quadros, entre eles o quadro do quarto, com todas as suas pinturas e assim infinitamente. Cada quadro, ao ser integrado dentro do quadro *Un cabinet*, era copiado e ao mesmo tempo mudado. Essa mudança era o elemento do quadro que mais atraía os visitantes da exposição onde se encontrava *Un cabinet d'amateur*.

Lester Nowak, o crítico fictício que constrói uma verdadeira teoria a partir desse quadro, destaca na obra essa necessidade de integrar os "outros":

> Toute oeuvre est le miroir d'une autre [...]: un nombre considérable de tableaux, sinon tous, ne prennent leur signification véritable qu'en fonction d'oeuvres antérieures qui y sont, soit simplement reproduites, intégralement ou partiellement, soit, d'une manière beaucoup plus allusive, encryptées. Dans cette perspective, il convenait d'accorder une attention particulière à ce type de peintures que l'on appelait communément les "cabinets d'amateur" (*Kunstkammer*) et dont la tradition, née à Anvers à la fin du XVIe siècle, se perpétua sans défaillance à travers les principaux écoles européenes jusque vers le milieu du XIXe siècle. Concurremment à la notion même de musée et, bien entendu, de tableau comme valeur marchande, le principe initial des "cabinets d'amateur" fondait l'acte de peinture sur une "dynamique reflexive" puisant ses forces dans la peinture d'autrui[26].

26. "Toda obra é o espelho de uma outra [...]: um número considerável de quadros, senão todos, não encontram seu verdadeiro significado a não ser em função de obras anteriores que aí se acham, seja simplesmente reproduzidas,

A FICÇÃO DA ESCRITA

Como explica Edson Rosa da Silva[27], neste trecho está enunciada uma teoria própria da intertextualidade e uma reflexão sobre o seu sentido, que seria, em curtas palavras, a morte da arte como representação de uma realidade, seja ela externa ou interna. No quadro descrito nesta novela, o referente parece perder importância; aquilo que é importante é exatamente a perda da referência, a ligeira modificação, que os espectadores tanto apreciavam na exposição. O efeito produzido é a perturbação da noção de verdade e da possibilidade de representação de uma verdade, qualquer que seja. Nas palavras de Edson Rosa:

> *Un cabinet d'amateur* é uma grande metáfora da falácia do conhecimento. Pintam-se quadros, forjam-se verdades. Verdades que são muitas, verdades que são falsas. [...] Falácia igualmente da realidade como verdade. A arte se quer autônoma e busca seu próprio referencial. *Un cabinet d'amateur*, ao copiar infinitamente, propõe, paradoxalmente, a autonomia da arte[28].

Se a arte não busca representar nenhum referente, o que estaria representando? Talvez alguns respondam que a arte contemporânea se afastou da representação há muito tempo e que a literatura, desde Mallarmé, não tem seguido um caminho diferente. Mas custa acreditar nisso ao ler os textos de Perec, tão repletos de descrições e representações minuciosas. Parece-me que a sua concepção está

integral ou parcialmente, seja, de uma maneira mais alusiva, escondidas. Nessa perspectiva, convinha dedicar especial atenção a esse tipo de pintura comumente chamada de 'coleção de amador' (*Kunstkammer*) cuja tradição, nascida na Antuérpia, em fins do século XVI, perpetuou-se sem esmorecer através das principais escolas européias até a metade do século XIX. Concorrendo com a própria noção de museu e, claro, de quadro como valor de mercadoria, o princípio primeiro das 'coleções de amador' fundamentava o ato de pintar em uma 'dinâmica reflexiva', buscando sua força na pintura de outros" (Georges Perec, *Un cabinet d'amateur*, Paris, Balland, 1988 [1979], trad. Edson Rosa da Silva em "*Un cabinet d'amateur*: Quando a Ficção Reflete Sobre a Arte", *Letras, Sinais*, Lisboa, Edições Cosmos, 1999).

27. *Op. cit.*, p. 135.
28. *Op. cit.*, p. 137.

ESTÉTICA DA CRIAÇÃO

mais próxima de se encontrar *entre* os relatos, como em *"53 Jours"*, *entre* os quadros, do que na ausência de representação. Ou seja, o sentido dessa literatura estaria nas comparações entre as narrativas e nos seus "achados": as errâncias, as partes não-coincidentes, as modificações ou falsificações, como no caso de *Un cabinet*. É uma poética não do vazio, da ausência de representação, mas do falso, da transformação, ou, como veremos a seguir, da diferença.

Para quem não leu a novela, é necessário revelar o desenlace final: descobre-se que o quadro é falso, assim como todos os outros quadros pintados no seu interior. Dessa forma, até essa poética da falsidade que podemos extrair do quadro é falsa. O que equivale a dizer que o falso é verdadeiro e que, portanto, não existe o verdadeiro. Por mais que se procure nas narrativas, por mais que se interprete, por mais – inclusive – que se construam novas narrativas através da desconstrução e relação entre as narrativas (como no caso de *"53 Jours"*), nunca chegaremos à narrativa verdadeira. Ou, como apontam os críticos Quélen e Rebejkow, o artifício desta novela é iludir o leitor sobre a realidade do falso[29].

Vamos parar a nossa reflexão sobre *Un cabinet d'amateur* por enquanto para dar atenção a *Le voyage d'hiver*. Mais tarde, tentaremos uma análise conjunta. *Le voyage d'hiver* conta a história de um professor de literatura que, durante a Segunda Guerra Mundial, encontra um misterioso livro de poemas de um tal Hugo Vernier, de quem ele jamais teria ouvido falar. No livro, ele encontra versos dos mais variados poetas do século XIX, como Baudelaire, Verlaine e Rimbaud. O livro não poderia ser nem plágio nem pastiche, já que teria sido publicado meses antes de *As Flores do Mal*, a primeira obra "citada". Infelizmente, um bombardeio teria atingido a casa onde se encontrava o livro e assim, até hoje, a humanidade viveria privada dessa verdade sobre a literatura.

Ao contrário de *Un cabinet*, em *Le voyage d'hiver*, a obra infinita não é falsa, é totalmente verdadeira, mais verdadeira inclusive do

---

29. Dominique Quélen e Jean-Christophe Rebejkow, *"Un cabinet d'amateur*: le lecteur ébloui", *Cahiers Georges Perec 6*, Paris, Seuil, 1996.

A FICÇÃO DA ESCRITA

que as obras reais que consideramos verdadeiras. Com a descoberta de *Le voyage d'hiver* toda a poesia francesa do século XIX torna-se falsa[30]. Dessa forma, nessa novela há novamente uma perturbação da idéia de realidade, que pode ser também uma ficção. E sem idéia de realidade e, portanto, de verdade, novamente a interpretação aparece como uma barca furada. Como explica Edson Rosa:

> A ausência do livro nos conduz à impossibilidade de definir a origem. Quem produziu os textos? Para que saber? Onde está a verdade? Não há verdade, o livro sumiu. Os textos se criam, se falam, se reúnem, se fundem, se citam e excitam. É na ausência do livro, no vazio deixado pela ausência de respostas, no vazio deixado pelo livro na estante que outro livro poderá surgir[31].

Agora tentemos voltar ao nosso tema original da hipertextualidade. O prazer de criar um livro em função de outros textos, de um livro que não possa se amparar em um referente real, mas sempre em referentes fictícios, em outros livros, está relacionado a duas idéias que poderiam ser apenas uma: a perda da noção da verdade e a impossibilidade de interpretação.

Por sua vez, esses dois núcleos de sentido estão relacionados com uma certa concepção da memória. Afinal, a memória e suas tecnologias (escritos, fotografias, gravações etc.) são as responsáveis pela nossa noção de "verdade". Sabemos que algum acontecimento é verdadeiro porque de alguma forma está registrado em nossa memória. Dessa maneira, amparamos a nossa noção de verdade na confiança em nossa memória. Perturbar a idéia de verdade, então, de alguma forma, perturba a confiança em nossa memória, e conseqüentemente tende a nos fazer acreditar que as nossas lembranças são fictícias.

---

30. E se considerarmos as seqüências do romance, toda a literatura francesa até os dias de hoje torna-se falsa. Com "seqüências", refiro-me às novelas *Le voyage d'hier*, de Jacques Roubaud, *Hinterreise*, de Jacques Jouet, e *Le Voyage de Hitler*, de Hervé Le Tellier, que têm dado continuidade à narrativa perequiana nos últimos anos.

31. "O Vazio na Estante", em *Anais do VI Congresso da Assel-RIO*, Rio de Janeiro, Associação dos Estudos da Linguagem do Rio de Janeiro, 1996, p. 159.

ESTÉTICA DA CRIAÇÃO

Até esse momento, talvez não estejamos falando nada de novo para um leitor medianamente informado do início do século XXI. Porém, tudo muda ao considerarmos a impossibilidade da interpretação. Pois, se as nossas lembranças são fictícias, é comum pensar, então, que uma interpretação poderia revelar aquilo que está oculto, a verdade. Mas, segundo a poética da hipertextualidade desenvolvida por Perec, a interpretação não pareceria levar a nenhuma verdade oculta, mas a outro texto, com diferenças em relação ao texto inicial. Em princípio, poderíamos pensar então que Perec propõe uma espécie de poética da diferença, ao colocar a verdade *entre* os livros.

4.1.6. Uma falsa poética da diferença

Essa estética e a concepção de memória que ela implica não são propostas totalmente originais dentro do âmbito intelectual francês dos anos setenta. Jacques Derrida, no seu livro *A Escritura e a Diferença*, chega a uma concepção semelhante da memória. A partir da leitura do *Projeto de uma Psicologia Científica* de Freud, Derrida vê a origem da memória na diferença entre as respostas do homem aos estímulos externos, ou, de outra maneira, na diferença entre as percepções[32]. Essas respostas seriam, para Freud, caminhos traçados entre os neurônios, o que Derrida chama, por sua vez, de escritura. Ou seja, a memória poderia ser definida, na sua base, como um sistema de diferenças entre escrituras, como Perec, que elabora uma poética (e uma concepção de memória) baseada nas diferenças entre os livros.

Com essas observações não pretendo "fundamentar" a estética de Perec ou chegar a alguma verdade através de uma interpre-

---

32. Esta é uma maneira de simplificar os conceitos de Freud do *Projeto* e aproximá-los do leitor leigo. Literalmente, o que chamamos de estímulo equivale ao que Freud chama de "Quantidade" (uma forma de se referir à energia) e o que chamamos de resposta equivale ao conceito de "exploração", uma abertura de caminho entre os neurônios.

A FICÇÃO DA ESCRITA

tação teórica; apenas gostaria de destacar que esse conhecimento que propõe Perec nos seus últimos textos e na escritura de *"53 Jours"* não era alheio ao debate intelectual de sua época. O que por sua vez nos leva a pensar que esse conhecimento, ou essa poética proposta, de alguma maneira estava relacionado a mudanças sociais ocorridas nesses anos. Infelizmente não poderei desenvolver esse tema aqui, já que estaria fugindo completamente da nossa proposta de análise. Gostaria, entretanto, de remeter a dois livros, *Le postmoderne expliqué aux enfants*, de Jean-François Lyotard, e *O Fim da Modernidade*, de Gianni Vattimo, que ligam a crise da interpretação e da idéia de verdade ao curso do pensamento filosófico ocidental e também aos brutais acontecimentos do século XX[33].

Estaríamos mais ou menos satisfeitos com as relações feitas entre Perec e a teoria, se não fosse por um pequeno detalhe: até essa verdade constituída de diferenças aparece como falsa no final dos textos que abordamos. É o que podemos observar em *Un cabinet* e na escritura de *"53 Jours"*. O quadro que mostrava toda essa teoria era falso, assim como seria falsa a verdade à qual chegariam Salini e o narrador da primeira parte[34] através desse procedimento comparativo.

Como explica Claude Burgelin, cujo texto *Les parties de domino chez monsieur Lefèvre* será fundamental na última parte deste capítulo, a escritura de Perec demonstraria pavor por essa revelação da memória, por essa apreensão do funcionamento da memória. Em uma referência a Proust, Burgelin comenta: "as pequenas *madeleines* estariam todas envenenadas"[35]. Ao contrário da obra de Proust, aqui a revelação (ou a invenção) de um determinado funcionamento da memória não seria fonte de prazer. Pelo contrário,

---

33. Jean-François Lyotard, *Le postmoderne expliqué aux enfants*, Paris, Éditions Galilée, 1986. Gianni Vattimo, *El fin de la modernidad*, Barcelona, Gedisa, 1997 [1985].
34. Os principais detetives ou "buscadores da verdade" do romance.
35. Claude Burgelin, *Les parties de domino chez monsieur Lefèvre. Perec avec Freud – Perec contre Freud*, Lyon, Circé, 1996, p. 138.

deixaria a certeza de que uma verdade sublimatória jamais seria encontrada. Nas palavras de Burgelin: "Como se ele [Perec] jogasse uma espécie de partida de *fort/da* invertido onde o primeiro movimento seria de atração para si, de captura ansiosa e/ ou prazerosa e o segundo movimento de abandono, de desprezo, de destruição"[36].

Os aspectos principais da poética de Perec – especialmente neste romance – seguem essa articulação em dois tempos: um de construção e outro de destruição ou de inversão. Por isso, é necessário tomar cuidado com as conclusões às quais chegamos em cada parte analisada deste trabalho. Como as *madeleines* de Proust, elas provavelmente estarão envenenadas. Será necessário destruir todo o sistema criado para se salvar da morte, ou do desaparecimento.

Resta-nos recapitular o que foi visto para abrir caminho para o nosso próximo desenvolvimento, no qual seguiremos com estas questões. Nossa idéia inicial era analisar o que estaria por trás da mudança da estrutura de *mise en abyme* ao hipertexto. Em um primeiro momento, quando Perec planejou que seu romance teria a estrutura do "livro dentro do livro", enunciava-se ainda uma certa esperança na possibilidade de interpretação. A verdade sempre estaria em outro texto, mesmo que essa remissão fosse infinita. Haveria sempre a esperança de encontrar outra verdade, e outra verdade e outra verdade. Em um segundo momento, a estrutura do "livro dentro do livro" muda para "o livro em diálogo com outro livro" ou "o livro que só pode ser entendido em função de outro livro". Nesse momento, não haveria mais esperança de interpretação; a verdade estaria nas diferenças. O desenvolvimento do romance nos mostra, entretanto, que mesmo essa verdade baseada nas diferenças seria falsa. As personagens nunca encontram solu-

---

36. "Comme s'il jouait là à une sorte de partie de *fort/da* inversé où le premier mouvement serait d'attraction vers soi, de capture anxieuse ou jouissuive et le deuxième mouvement de l'abandon, de déprise, voire de destruction" (*op. cit.*, p. 142).

A FICÇÃO DA ESCRITA

ções e quando as encontram, são desmentidas por soluções muitas vezes sem fundamento algum[37], ou ficam em suspense, como ilustram as enigmáticas palavras com que termina "La crypte": "A menos que..."

4.2. PARA UMA NOVA LITERATURA REALISTA

4.2.1. As peças reais do jogo

Nossa proposta nesta parte será observar o movimento de integração de elementos da "realidade", ou de "verdade", na escritura de *"53 Jours"*.

Mas, antes de começar esse desenvolvimento, gostaria de citar um trecho do livro de Claude Burgelin, que já nos preparara para o que poderemos encontrar:

[...] essa paródia do romance policial [*"53 Jours"*], essa brincadeira com os enigmas, esse vaivém com o espelho, essa enésima versão do jogo com as referências, as piscadelas de cumplicidade e as sofisticações deixam-me perplexo. Temos às vezes a impressão de que Perec faz um pastiche de si mesmo, nessa obstinação por construir e desmontar as verdadeiras-falsas armadilhas. O leitor encontra-se ao mesmo tempo preso pelas estruturas e pelos lugares de fechamento (principalmente nos efeitos especulares) e sempre à beira de uma vertigem nesse "encaixotamento" perturbador das histórias sem fundo e sem fim. No momento em que a morte coloca as suas armadilhas no seu corpo, com essa multiplicação anárquica do quebra-cabeça celular, estamos frente a – reduplicação significante? Sofisticação terminal? Ou simples e evidente seguimento de

---

37. Por exemplo, em nenhum momento sabemos como o detetive encontrará a verdade (a culpabilidade de Patricia) através da leitura de um livro que só lhe fornecerá pistas falsas que o levarão a apontar um falso assassino ("Chabert") que acabará por confessar o crime que não cometeu. A solução para essas questões seria tão intrincada e tão pouco verossímil, que *"53 Jours"* faz muito mais sentido nessa forma inacabada, com questões "problemáticas", do que resolvido. Isto sem considerar a absurda coerência da morte do autor dentro do universo das narrativas.

ESTÉTICA DA CRIAÇÃO

suas empresas anteriores? – uma armadilha narrativa, feita ela mesma de uma proliferação de armadilhas que se encaixam umas nas outras, que ele coloca em jogo, mais uma vez[38].

Com essa citação, o meu objetivo não era mostrar que o texto de Perec está determinado pelos acontecimentos de sua vida, ou mais precisamente, de sua morte; mas que de alguma forma ele põe em jogo, nas palavras de Burgelin, que ele deliberadamente insere no texto dados ou alusões do que está acontecendo na "realidade". Nesse sentido, a nossa busca pareceria ter algo em comum com a de Bernard Magné, na sua determinação do biotexto perequiano. Contudo, há algumas diferenças. Ao contrário de Magné, o nosso propósito não é fazer uma verificação exaustiva das remissões no texto a elementos da vida do autor, mas mostrar qual é o movimento dessas remissões na escritura do romance e qual seria o seu papel na poética exposta nessa obra. Além disso, o que chamamos de "realidade" não se limita aos dados biográficos ou ao biotexto de Perec.

Os elementos não-ficcionais integrados a esse processo de criação podem ser divididos em cinco grupos: os que se relacionam à recepção da obra; aqueles referidos, pelo contrário, à sua emissão; os que estão ligados a obras literárias do "mundo real"; os que re-

---

38. "Mais cette parodie du roman policier, cette jonglerie avec des énigmes, ce va-et-vient constant avec le miroir, cette enième version du jeu avec les références, les clins d'oeil et les sofistications me laissent perplexe. On a parfois l'impression que Perec se pastiche lui-même, dans cette opiniâtre à construire et à démonter les vrai-faux pièges. Le lecteur s'y trouve à la fois pris dans des structures et des lieux d'enfermement (en particulier, dans les effects de miroir) et toujours au bord d'un vertige devant cet emboîtement ahurissant des histoires sans fond et sans butée. Au moment même où la mort met en place ses pièges dans son corps, avec cette multiplication anarchique du puzzle celulaire, c'est – redoublement significatif? Ultime parade? Ou simple et evidente poursuite des entreprises antérieures? – un piège narratif, fait lui-même d'une prolifération de pièges s'enclenchant les uns et les autres, qu'il remet en jeu, une fois de plus" (*op. cit.*, pp. 155-156).

metem à biografia do escritor e, finalmente, aqueles que exploram acontecimentos "históricos" reais.

4.2.2. A realidade da recepção

Sempre que se afirma que um texto remete à sua recepção, entendemos que essa remissão é fictícia e não real. É o caso, por exemplo, da personagem "o leitor" de *Se um Viajante Numa Noite de Inverno*, de Italo Calvino. Ele não se refere ao leitor real do romance, mas a uma personagem criada com o propósito, entre outros, de fazer o leitor real refletir sobre o seu papel. Porém, no caso de *"53 Jours"*, a estrutura de armadilhas do romance possibilita uma alusão ao que poderia ser uma recepção real do livro. As personagens principais de quase todas as narrativas têm como propósito decifrar uma verdade a partir de um livro, o que sem dúvida tem a função de remeter ao leitor real do romance e integrá-lo nessa procura do livro. Do mesmo modo, esses livros dentro do livro constituem romances inacabados, datiloscritos e, em determinados momentos do processo de criação, inclusive manuscritos ou cadernos de notas. Assim, as personagens-leitoras devem assumir o papel de um crítico genético, procurando a "verdade" da criação, aquilo que levou à construção de um romance (no contexto deste livro, um desaparecimento), o que não é alheio ao que está acontecendo agora, no processo de recepção que constitui esse trabalho. Mesmo que a nossa proposta seja discutir esse papel.

Nunca será possível definir se a inserção dessa recepção é real, fruto de uma coincidência ou de uma "intenção" final do autor. Mas, para os nossos fins, isso pouco importa. O efeito de inserção da realidade da recepção é produzido, seja intencional ou não. Nesta parte do capítulo, limitar-nos-emos a apontar esse efeito, para depois integrá-lo aos outros elementos não-ficcionais que "entram no jogo". Para um desenvolvimento maior sobre a inserção da recepção da obra, remeto à última divisão deste capítulo, que se refere à problematização da leitura no romance.

4.2.3. A ficção sobre a emissão

Como leitores, podemos definir o que é a realidade da percepção. Mas, mesmo após anos pesquisando a gênese de um romance, não chegaremos a nada além de uma ficção sobre a sua criação. Uma pequena intriga inventada a partir de alguns documentos, que podem ser apenas uma amostra ínfima dos documentos que realmente foram usados nessa escritura.

Entretanto, há certos aspectos um pouco óbvios dos quais podemos ter alguma certeza. Em primeiro lugar, devemos citar o inacabamento do romance, que aparece representado em pelo menos dois romances dentro do romance: "*53 Jours*" e "La crypte". Também podemos ler uma alusão ao inacabamento na referência a *La chartreuse*, já que o romance foi terminado abruptamente e seria revisado se Stendhal não tivesse morrido. Por outro lado, devemos considerar a inevitável questão da morte do autor. Robert Serval, escritor, desapareceu e deixou um datiloscrito de um romance policial inacabado. Georges Perec, escritor, também desapareceu e deixou um datiloscrito de romance policial inacabado. Apesar dessa coincidência ser aparentemente obra do acaso (ao definir a primeira parte do romance, Perec nada sabia sobre a sua doença), ela produz o estranho efeito, como já expliquei no capítulo 1, de implicar o leitor na morte do autor. Dessa forma, a inclusão de elementos da "realidade" da emissão no romance faz com que o leitor realmente perca o sentido da sua realidade. É esse aspecto que vamos tratar em princípio neste capítulo.

Antes de seguir em frente, gostaria ainda de destacar dois aspectos relativos à emissão: a referência ao próprio "sistema" de criação do romance e a inclusão da personagem Perec. Sobre o primeiro aspecto, refiro-me ao ponto em que Lise descreve para o narrador como Serval lhe descrevia seu processo de criação. Esse é um dos poucos trechos dos quais dispomos de uma versão manuscrita com rasuras e acréscimos:

"Ne croyez surtout pas, Mademoiselle, que j'invente. Je ne fais que chiper d'ici et de là divers

détails dt je me sers pour agencer ma propre histoire. Tout le monde fait

ds ces
Ant

pareil d'ailleurs, et pas slt les AA de rp. Voyez ~~l'affaire~~ Berthet ! Ou Bovary!

mecanismes   propr polici de c hist

Les 3/4 de Balzac provient de faits divers réels et qd ce n'est pas la realité ou la semi-realite

qu'inspire l'écrivain, alors c'est la fiction d'un autre. Vous savez combien

on a écrit de Don Carlos? Une bonne quinzaine, et il y en a q m un qui commence

par cet avertiss¹ pas du tout équivoque: " ————— ". "..."

Quatre modèles ont inspiré, à des titres divers, l'intrigue ou plutot les intrigues

le secret

racontees dans La Crypte↘ Cela veut dire | pour moi | que ~~l'indice~~ que je cherche
en particulier

n'a aucune chance de transparaitre
ne se trouve pas ds l'un ou l'autre des mecanismes policiers, ms ds un detail peut etre

superfet (par ex la transform de Misene en Monitor? ↗je n'ai pas fini de me creuser la cervelle...)

Le 1ᵉʳ modele vient des 10 petits negres d'AC. On sait que ds ce roman 9 coupables jms cond

sont executés par un juge qui se fait passer pour le 10ᵉᵐᵉ victime (la 10 mais pas la derniere). Ce juge

assassin ("~~Le juge est l'assassin~~") se nomme L. Wargrave, nom que Serval donne à l'auteur

du rom precise intitule "Le J est l'A"

(52,7,3+ recto)³⁹

ESTÉTICA DA CRIAÇÃO

Reproduzo a seguir o trecho do datiloscrito (ou do livro publicado) correspondente ao manuscrito citado acima:

Ne croyez surtout pas, Mademoiselle, que j'invente. Je ne fais que chiper de-ci et de-là divers détails dont je me sers pour agencer ma propre histoire. Tout le monde fait pareil, d'ailleurs, et pas seulement les auteurs de romans policiers! Voyez Antoine Berthet! Ou Bovary! Les trois quarts de Balzac proviennent de faits divers réels, et quand ce n'est pas la réalité ou la semi-réalité qui inspire l'écrivain, alors c'est la fiction d'un autre ou, à défaut, une ancienne fiction à lui! Vous savez combien on a écrit de *Don Carlos*? Pas loin d'une cinquantaine! Et il y en a même un qui commence par cet avertissement pas du tout équivoque: [...]

Quatre modèles, donc, ont inspiré, à des titres divers, la, ou plutôt, les intrigues racontées dans *La Crypte*. Pour moi en particulier, cela veut dire que le secret que j'essaye de percer n'est tapi dans l'un ou l'autre des mécanismes proprement policiers de cette histoire mais dans un détail peut-être superfétatoire (par exemple, la transformation de *Misène* en *Monitor*, sur laquelle je n'ai pas fini de me creuser la cervelle...).

Le premier modèle vient des *Dix Petits Nègres* d'Agatha Christie. On sait que dans le roman, neuf coupables jamais condamnés sont executés

39. "Não ache, senhorita, que eu invento. Eu só roubo aqui e lá diversos/ detalhes dos quais eu me sirvo para montar a minha própria história. Todo mundo faz/ igual aliás, e não somente os autores <nos> de romances policiais. Veja o ~~caso~~ <[em tinta azul] Antoine> Berthet! Ou Bovary!/ Os 3/4 de Balzac provêm de [em tinta preta] fatos reais quando não é a realidade ou semi-realidade/ que inspira o escritor/ então é a ficção de um outro. Vocês sabem quantos/ Dom Carlos foram escritos? Uns quinze, há um que começa por esse advertimento de forma alguma equívoco: '_____'..."/ Quatro modelos inspiraram, em questões bem diversas, a intriga, ou melhor as intrigas/ contadas em A Cripta. <Para mim em particular> isso quer dizer ~~para mim em particular~~ que o ~~indício~~ o segredo que eu procuro <[em tinta vermelha] não tem nenhuma chance de transparecer de> [em tinta preta] não se encontra em um ou outro dos <[em tinta vermelha] mecanismos precisamente policiais dessa história> mecanismos policiais, mas em um detalhe talvez superficial (por exemplo a transformação de Misene em Monitor?) eu não terminei de quebrar a cabeça...) / O 1º modelo vem dos 10 negrinhos de Agatha Christie. Sabe-se que nesse romance 9 culpados jamais condenados/ são executados por um juiz que se faz passar pela décima vítima (a 10 mas não a última). Esse juiz assassino (~~O juiz é o assassino~~) chama-se L. Wargrave, nome que Serval deu ao autor/ do romance que se intitula precisamente "O juiz é o assassino".

A FICÇÃO DA ESCRITA

par un juge qui se fait passer par la dixième victime (la dixième mais pas la dernière); ce juge-assassin se nomme Laurence Wargrave, nom que Serval donne à l'auteur du roman précisement intitulé *Le juge est l'assassin*[40].

Como é possível perceber, não há muitas diferenças na redação dos dois trechos, como é comum na criação deste romance. As mudanças principais, para os fins desta análise, são a substituição de "Affaire Berthet" por "Antoine Berthet" e o acréscimo da frase "ou, à defaut, une ancienne fiction à lui" ("ou, na falta de, uma antiga ficção dele"). Podem parecer apenas detalhes, mas a atenção no nome de Berthet, o "Julien Sorel" real no qual Stendhal se inspirou em *O Vermelho e o Negro*, indica uma especial atenção para a incorporação de fatos "reais", ou *faits divers*, na ficção. Mais adiante, veremos que Perec também utiliza esse procedimento, o que revelaria um diálogo "genético" com a literatura realista. Por enquanto, apenas nos interessa ressaltar que o próprio Perec tende a destacar nos diálogos das suas personagens essa necessidade de incorporar elementos da realidade.

A segunda mudança ("une ancienne fiction à lui") refere-se a um aspecto do próprio processo de criação de *"53 Jours"*. Na análise genética, percebemos que Perec usava elementos de várias de suas obras na ficção, como, por exemplo, o detetive Salini e o nome Serval (abreviação de Serge Valène). Essa relação com suas "antigas ficções" não é perceptível apenas na análise detalhista do manuscrito. O próprio leitor do datiloscrito pode se dar conta disso, se leu as obras anteriores do autor.

Os outros aspectos discutidos nesse trecho também se referem a procedimentos que já destacamos do processo de criação, como a "colagem" de diversos trechos, a própria incorporação da "realidade ou semi-realidade" e a utilização de modelos de outros romances. Mas talvez o ponto que mais remeta à realidade nesse trecho seja o fato do narrador "quebrar a cabeça" para entender a

40. Para tradução, ver nota anterior, salvo detalhes abordados no corpo do texto (*"53 Jours"*, p. 81, grifos nossos).

mudança da palavra Misène para Monitor[41], o mesmo procedimento que estamos usando agora para ler o livro.

O último aspecto que gostaria de abordar acerca da emissão é a inclusão da personagem Georges Perec, que apareceria no final do romance. Seria natural pensar que não se trata do Perec real, mas de uma personagem fictícia. No entanto, não devemos esquecer que o nome Georges Perec é real, ou semi-real, pelo menos. O nome começa a surgir nos manuscritos como o autor de *"53 Jours"* a partir do final do mês de dezembro de 1981, quando o escritor começa a sentir os sintomas de sua doença. Assim, quanto mais próximo da morte ele se encontrava, mais aumentava a sua participação no romance. O livro, então, servia não só como uma forma de integrar a realidade, mas também como uma maneira de negá-la; negar a doença, negar a morte. É impossível saber se esta era realmente a intenção do autor ou mesmo se era isso o que ele desejava, inconscientemente. Seja qual for o motivo desta inclusão do seu nome na estrutura textual, ela produz o efeito de perturbar a noção de realidade no leitor, que é levado a pensar, por alguns segundos, que Perec está vivo e que o livro é uma armadilha.

4.2.4. As ficções reais

A inserção de obras literárias reais no mundo da ficção abala as fronteiras entre as "diégeses" do romance e do leitor. Esse é um recurso muito explorado em *"53 Jours"*; as personagens recorrem a romances reais: Salini, por exemplo, deve ler as obras de Stendhal e *O Coronel Chabert* para resolver o enigma da segunda parte; por sua vez, Robert Serval, o escritor, usa os romances *Os Dez Negrinhos*, de Agatha Christie, *Edith au cou du cygne*, de Maurice Leblanc, e *Un dent contre lui*, de Bill Ballinger, como modelos para a criação de "La crypte". Também há alusões me-

---

41. A mudança de Misène para Monitor é uma rasura "invisível" de Robert Serval apontada por Lise alguns parágrafos antes. Serval teria pedido a Lise que ela redatilografasse uma página inteira somente para mudar essa palavra (*"53 Jours"*, pp. 80-81).

A FICÇÃO DA ESCRITA

nos evidentes a outras obras reais, como é o caso do romance *Naufrage du Stade Odradek*, do oulipiano Harry Mathews (que Perec traduziu para o francês), citado no livro dentro de "La crypte", *Od Radek* (Le naufrage), de um tal Mathias Henrijk, anagrama de Harry Mathews.

Outro recurso usado, como apontou acima Robert Serval, é o uso de obras anteriores do próprio autor. Como já afirmei, o detetive Salini é uma personagem da *A Vida Modo de Usar* e o encontro entre o Cônsul e o narrador da primeira parte também é, por sua vez, baseado no encontro entre o falso Winckler e o Otto Apfelstahl em *W*. Mas há infinitas outras alusões para a obra de Perec, como aponta Bernard Magné[42]. Por exemplo, o romance *Le juge est l'assassin* aparece no quarto de Madame Orlowska em *A Vida Modo de Usar*, e vários procedimentos escriturais de outras obras (como, por exemplo, os anagramas usados em *Alphabets*) são usados aqui para integrar elementos de *A Cartuxa*. Segundo Magné, essas referências teriam o objetivo de criar uma "rede" entre os diferentes textos, que poderia ser chamada de outro texto, ou, como ele mais tarde chamará, biotexto. Biotexto porque, como já vimos, essa rede remete à vida do próprio autor. Assim, se vemos que algum elemento se repete em várias obras, de alguma forma, é natural pensar que esse "tema" remete a alguma preocupação do autor, que está relacionada com sua vida pessoal. É o caso típico, por exemplo, do número onze (dia do desaparecimento da mãe), usado com freqüência em várias obras e aqui explorado, principalmente no romance "K comme Koala", como explicado na divisão anterior deste capítulo. Se essa rede remete realmente à vida de Perec ou se ela é também uma ficção, jamais saberemos; mas podemos estar certos de uma coisa: Bernard Magné, leitor especializado da obra de Perec, considerou que essa rede poderia estar relacionada com a vida do autor, e conseqüentemente, com a realidade. Na trilha de Magné, estão seus orientandos e vários outros pesquisadores, que baseiam suas pesquisas nessa fronteira entre a ficção e a realidade.

42. "*53 jours*. Pour lecteurs chevronnés...", pp. 190-201.

ESTÉTICA DA CRIAÇÃO

Portanto, seja qual for a intenção da existência dessa rede, ela de fato produz, no leitor, um efeito de perturbação das fronteiras narrativas.

4.2.5. A autobiografia encriptada

O quarto grupo de elementos que consideraremos é aquele relacionado com a biografia do próprio Perec, como as lembranças de colégio do capítulo 2, por exemplo, Étampes, o motivo do desaparecimento, o tema da Segunda Guerra Mundial e dos mortos de guerra, o endereço de Perec quando criança... Essa necessidade de inclusão de elementos autobiográficos não está na lista inicial de regras de composição, mas encontra-se alguns fólios depois:

carnets
suivre docilement l'idée du miroir

donner des titres
(parfois enigmatiques)
aux chapitres   (cf. tlooth)

souvenirs d'enfance 12-18
         Marolles en Hurepois
         Bouray
         Lardy
         Chamarande
         Etrechy
         Etampes

Cartes d'alimentation

Noms des camarades d'école

(La vraie vie de Sebastien Knight)

(52,5,18 verso Or. 14 verso)[43].

43. "cadernos/ seguir docilmente a idéia do espelho/dar títulos/ (algumas vezes enigmáticos)/ aos capítulos (cf. Tlooth)/ lembranças de infância 12-18/

A FICÇÃO DA ESCRITA

Por que "Souvenirs d'enfance 12-18"? Custa acreditar que haja pessoas que numerem as suas lembranças de infância. Mas esse é o caso de Georges Perec. Segundo Philippe Lejeune[44], essa numeração serviria para compor o projeto autobiográfico "Lieux" ("Lugares"), onde o autor uniria descrições "objetivas" de lugares às suas lembranças desses mesmos lugares. As lembranças de infância são uma constante na obra de Perec. Podemos encontrar uma espécie de justificativa para essa necessidade em *W ou A Memória da Infância*:

> – "Je n'ai pas de souvenirs d'enfance": je posais cette affirmation avec assurance, avec presque une sorte de défi. L'on n'avait pas à m'interroger sur cette question. Elle n'était pas inscrite à mon programme. J'en était dispensé: une autre histoire, la Grande, l'Histoire avec sa grande hache, avait déjà répondu a ma place: la guerre, les camps[45].

Como Perec justificará diversas vezes, sua obsessão pelas lembranças de infância está ligada ao fato dele não as ter. Assim, sua escrita sempre terá esse papel de escrever aquela história com "h" minúsculo, mesmo que esta só possa ser fictícia, como é possível observar em *W*. Podemos dizer, inclusive, que esse livro tem como um dos seus objetivos expressar esse caráter ficcional da memória e das lembranças. Ou seja, aqui temos o efeito contrário ao descrito anteriormente. Ao invés de criar a ilusão de que aquilo que estamos lendo faz parte da realidade, ao integrar as lembranças de infância à narrativa, Perec parece querer, pelo contrário, provocar a ilusão (ou desilusão) de que aquilo que acreditamos ser verdade é ficção.

Mas a inserção de elementos autobiográficos não se limita às lembranças de infância. Perec coloca elementos do seu quotidiano nas páginas que escreve. Por exemplo, as características das

Marolles em Hurepois/ Bouray/ Lardy/ Chamarande/ Etrechy/ Etampes/ Cartões de alimentação/ Nomes dos colegas de escola/ (A verdadeira vida de Sebastien Knight)".

44. *La mémoire et l'oblique.*

45. "'Eu não tenho lembranças de infância': eu fazia essa afirmação com certeza, com quase uma espécie de desafio. Não tinham que me perguntar sobre essa questão. Ela não estava inscrita em meu programa. Eu fora dispensado: uma

194

ESTÉTICA DA CRIAÇÃO

cidades que conhece durante as viagens que se desenvolvem de forma paralela à escrita. Dessa forma, o começo de "K comme Koala", que ocorre em Milão, contém elementos do diário de viagem à Itália. Outro exemplo é o seguinte trecho sobre os pensamentos de Salini em um avião, que provavelmente foi escrito durante uma viagem do próprio Perec[46]:

Modele pour Salini
Au present
Tres direct

Salini est ds l'avion. Regarde par le hublot
Dire qu'apres tt et tt de voyages il est encore
capable de s'emerveiller qd il voit des
champs de si haut. Ou de villes. Ou des
deserts. Les autres passagers ne regardent
presque jms.
S. revient a ses moutons. Qu'est ce que tt cela veut dire

(52,10,54 recto)[47].

O leitor usual de crítica literária deve perguntar-se: que importância têm essas pequenas inserções que só o escritor e um geneticista poderiam descobrir? Em primeiro lugar, devo lembrar um argumento já várias vezes usado neste trabalho: este livro foi publicado com os seus manuscritos e qualquer um de seus leitores deve ser considerado um geneticista. Em segundo lugar, é necessário citar que o

outra história, a Grande, a História com o seu grande H, já tinha respondido em meu lugar: a guerra, os campos" (*W ou le souvenir d'enfance*, Paris, Denoël/ Gallimard, 1975, p. 17, Collection L'Imaginaire).

46. O trecho encontra-se na última página do *Carnet Blanc*, que, provavelmente, foi escrito em sua viagem à Itália. A última página pode ter sido usada na viagem de volta a Paris.

47. "Modelo para Salini/ No presente/ Muito direto/ Salini está no avião./ Olha pela janela/ Dizer que depois de tantas e tantas viagens ele é ainda/ capaz de se maravilhar quando ele vê/ campos de tão alto. Ou cidades. Ou/ desertos. Os outros passageiros não olham/ quase nunca./ Salini volta aos seus problemas. O que é que tudo isso quer dizer".

quotidiano é um dos temas de Perec, desenvolvido na maior parte dos seus livros, mas talvez de forma mais predominante em *L'infra-ordinaire*, *La boutique obscure*, *As Coisas* e *Um Homem que Dorme*. Essas inserções, que talvez só sejam observáveis no manuscrito (junto a algum conhecimento da biografia do autor), adquirem importância ao serem contrastadas com a "rede" perequiana. Esse procedimento faz parte da poética do autor, que defende – pelo menos em um primeiro momento – "ler entre os livros".

4.2.6. Os faits divers

Finalmente, o último grupo de elementos de realidade inseridos no livro que vou abordar neste trabalho é aquele relacionado aos acontecimentos reais ou "históricos". Já citamos a referência à Segunda Guerra Mundial, que seria evocada no episódio da traição de Robert Serval durante a Resistência. Agora vamos nos concentrar em outro fato histórico que, até hoje, nunca foi identificado no romance.

Na primeira parte de *"53 Jours"*, a leitura "entre os livros" leva o narrador a uma primeira pista sobre o desaparecimento de Serval: Alphonse Blablami, líder do movimento terrorista *La main noire*. No manuscrito, o movimento é chamado em três fólios de *Main rouge*, que reproduzo parcialmente, em ordem cronológica:

recit A = X travaille sur des documents
    trouvés dans une valise
    dans la voiture (abandonée?) de Serval

reel : valise (avec Ms de "53 J") ds la voiture de Serval

recit A : histoire de la **Main Rouge**, explication politique
    vite <u>dementie</u> par X

"reel": histoire de la resistance
    <u>confirmée</u> par Salini

$$(52,6,6 \text{ recto})^{48}.$$

48. "Narrativa A= X trabalha com os documentos/ encontrados em uma mala/ no carro (abandonado?) de Serval/ real: mala (com manuscrito de '53 dias') no

ESTÉTICA DA CRIAÇÃO

On sait que St Real n'a jms ecrit cette phrase
qui apparait 2 fois chez S ds le R et N
ss des references diff.
Ds l'esprit de S^T R il s'agissait
non du <u>roman</u> mais de l'<u>Histoire</u>

Voulait on signifier que le "roman" ("53 jours")
se referait à un fait historique réel
en etait le reflet
(un peu comme R et N est la tres lointaine
transcription du procès Z?)

Rouge et Noir doit apparaitre

St Real ds la vie de Stendhal   la preuve herité
      la SAINTE REALITÉ   l'âpre vérité
Madrid (REAL de Madrid)

appel a une realité tjs absente

Rouge: les rouges?
    la main rouge

Noir?

(52,4,9,7 recto)[49].

transcription eventuelle du thème de la main noire
dans ~~le juge est l'~~ la crypte! ? l'affaire des vedettes? CIA?
Ds Un R...: enquete du SDEC sur Serval et Mvts genre **Main rouge**
      Bug rouge etc

(52,7,45 Bl 38)[50]

carro de Serval/ narrativa A: história da **Mão Vermelha**, explicação política/ rapidamente <u>desmentida</u> por X/ "real": história da resistência/ <u>confirmada</u> por Salini".

49. "Sabe-se que St. Real não escreveu nunca essa frase/ que aparece duas vezes em Stendhal em O Vermelho e o Negro/ sem referências diferentes/ No espírito de St R tratava-se/ não do <u>romance</u>, mas da <u>História</u>/ Queriam significar que o 'romance' ('53 dias')/ referia-se a um fato histórico real/ era o reflexo dele/ (um pouco como o Vermelho e o Negro é uma transcrição muito distante/ do processo Z?)/ Vermelho e Negro deve aparecer/ St Real na vida de Stendhal a prova herdada/ a SANTA REALIDADE a amarga verdade/ Madrid (REAL de Madrid)/ chamado a uma realidade sempre ausente/ Vermelho: os vermelhos? A mão vermelha/ Negro?"

50. [Em tinta azul]: "transcrição eventual do tema da mão negra/ em ~~o juiz é o~~ a

A FICÇÃO DA ESCRITA

Pela forma como aparece nesses manuscritos, a primeira conclusão a que podemos chegar a respeito da *Main rouge* é: deve tratar-se de um movimento terrorista "real", cujo nome foi alterado no texto para provocar uma alusão a *Le rouge et le noir*, de Stendhal. Porém, essa conclusão é pelo menos insuficiente até que tenhamos a informação sobre que movimento foi esse.

Como foi revelado (somente em 2001!) pelo jornal *Libération*[51], *La main rouge* foi um movimento fictício criado pelo serviço secreto francês (SDECE[52]) para provocar atos terroristas contra militantes da liberação da Argélia. O crime mais conhecido desse movimento foi o assassinato de um professor de província, Georges Laperche, por meio de um livro-armadilha. O livro em questão, *La pacification*, tinha inscrita a sádica frase "Tiragem limitada. Edição numerada". Ao abri-lo, o livro explodiu. Mas a relação entre a literatura e a *Main Rouge* não termina nesse episódio. Como forma de propaganda subliminar, o governo francês encomendou ao escritor de livros de espionagem Gil Perrault a redação de dois romances sobre a Main Rouge, chamados *La main rouge* e *Le faux-frère*[53].

Como a primeira parte de *"53 Jours"* conta a história de um professor de um país fictício da África do Norte, que também recebe um livro-armadilha ligado a um movimento terrorista chamado Main Noire, então podemos supor que ele está pelo menos inspirado em um fato real ou em um *fait divers*. Mas, como Perec teria tomado conhecimento de um fato que só foi revelado no ano 2001? Não é muito difícil imaginar. Perec vivia na Tunísia nos anos

---

cripta! O caso das vedetes? CIA?/ Em Um R...: investigação do SDEC sobre Serval e movimentos tipo **Mão Vermelha/** besouro vermelho" (os grifos são nossos).

51. Nills Andersson, "Homicide d'état em Algerie", *Libération*, 24 de maio de 2001.

52. A sigla SDECE significa literalmente "Service de Documentation Extèrieure et Contre-Espionnage".

53. Informação obtida no jornal eletrônico www.amnistia.net, na edição de 6 de junho de 2001.

posteriores à publicação do livro *La main rouge* (que relata o assassinato do professor), que por sua vez foi distribuído especialmente nas colônias francesas na África. Junte-se a esta informação o fato de que Perec era um devorador de livros de espionagem e já é quase impossível que o nosso autor não soubesse nada sobre o assassinato do professor Laperche.

Agora peço ao leitor para voltar um pouco e reler o manuscrito 52,4,9,7 recto, citado acima. Podemos observar nesse fólio uma nova referência ao método de escritura realista a partir de um *fait divers*. Porém, aqui o scriptor parece não saber o nome do processo que inspirou Stendhal para a redação de *O Vermelho e o Negro* ("Procès Z?"), referido com o nome do acusado (Antoine Berthet) no rascunho do capítulo 7, em que Serval fala do seu processo de criação. Assim, podemos identificar um certo movimento nesta escrita que tende a privilegiar o procedimento de incorporar um fato da realidade "histórica" à ficção.

O fólio citado é um exemplo da difícil divisão entre leitura e escritura que encontramos no manuscrito. Ele parece servir ao mesmo tempo como forma de determinar a narrativa do romance ("Rouge et le Noir doit apparaître") e também a leitura, ou decriptagem, dessa narrativa. Dessa maneira, a pergunta "Voulait on signifier que le 'roman' (53 jours) se referait à un fait historique réel[?]" seria feita pelo leitor de *"53 Jours"*, como bem sabemos, o detetive Salini. Mas essa fronteira entre leitura e escritura é tênue. É bem provável que, ao pensar na "decriptagem", Perec estivesse criando ao mesmo tempo o morto, ou morto-vivo, que seria revelado. Assim, a pergunta acima citada poderia estar sendo endereçada ao próprio scriptor, no procedimento habitual de diálogo scriptural encontrado no manuscrito. Como no fim do fólio encontramos a referência a "La main rouge", é possível que ali, nesse movimento, o scriptor tivesse encontrado sua resposta.

4.2.7. *O diálogo com a antiga literatura realista*

Percebe-se no manuscrito e no datiloscrito "final" um diálogo constante com os procedimentos escriturais, as premissas e as obras da literatura realista do século XIX. Como vimos, em relação ao procedimento escritural, a referência encontra-se no diálogo de Serval com Patricia, na pesquisa sobre os *faits divers* que inspiraram outros romances "realistas" (*O Vermelho e o Negro, Madame Bovary*) e na busca constante de fatos da realidade que pudessem ser integrados à ficção. Além dos fatos já abordados neste capítulo, gostaria apenas de lembrar a investigação sobre a participação de Stendhal nas guerras napoleônicas e sobre os episódios de traição da resistência, especialmente o "Affaire Hardy"[54]. Também poderíamos mencionar, como um diálogo com um procedimento escritural do realismo, a descrição da forma como Serval ditava o seu romance a Lise:

> Mlle Carpenter secoua la tête: elle n'avait jamais eu en main les brouillons. Serval venait tous les jours lui dicter deux ou trois pages du livre. Ses "états antérieures du texte" consistaient en un inextrincable ramassis de notes griffonnés dans tous les sens sur les feuillets d'un carnet à spirale du type de celui qui utilisaient les sténos. Apparemment, il s'y retrouvait assez bien et dictait son texte d'une voix lente, certes, mais regulière et absolument exempte d'hésitations et de repentirs. Quand il en avait terminé avec un de ces feuillets, il l'arranchait du bloc-notes, le pliait en deux dans le sens de la longueur, et l'insérait dans une boîte parallélépipédique, en metal de Plexiglas, d'un format à peu près identique à celui d'un volume de la Pléiade, qui en faisait des confetti. Il semblait accorder une extrême importance à cette opération[55].

54. Nos fólios do envelope 10 do *Classeur noir*, correspondentes ao capítulo 19 de *"53 Jours"*, Perec transcreve uma pesquisa sobre o "Affaire Hardy", um episódio da resistência no qual estaria baseada a traição Serval. Hardy era chefe de um grupo de sabotagem que foi descoberto e seus membros, pegos. Hardy é liberado seis horas depois (52,4,10, 1-2).

55. "A Senhorita Carpenter sacudiu a cabeça: ela nunca teve nas suas mãos os rascunhos. Serval vinha todos os dias para ditar duas ou três páginas do livro. Seus 'estados anteriores do texto' consistiam em um inextrincável monte de notas rabiscadas em todos os sentidos nas folhas de um caderno de espiral do tipo que usam as estenógrafas. Aparentemente, ele se sentia bem assim e ditava seu texto com uma voz lenta, por certo, mas regular e absolutamente isenta de hesitações e arrependimentos. Quando terminava com uma dessas folhas, ele a arrancava do bloco de notas, dobrava-a em dois no sentido da altura e a inseria

Segundo os seus biógrafos, Stendhal escrevia de forma muito parecida. Ele somente rascunhava em blocos de notas os aspectos gerais do romance e, a partir desses blocos, ditava lentamente o conteúdo dos capítulos a um copista. A segunda parte da citação (em que Serval transforma seus manuscritos em confete) é uma referência – suponho – a *A Vida Modo de Usar*, onde o protagonista Bartlebooth põe tanta atenção no processo de destruição do seu trabalho como no de construção. Também a primeira parte pode ser lida como uma autocitação, já que os manuscritos de *"53 Jours"* estão compostos, majoritariamente, de cadernos com "esboços" do que aconteceria nos capítulos. São raros os trechos de escrita linear e não há nada semelhante a "versões" do romance. Não poderia deixar de citar o próprio nome do livro, *"53 Jours"* (o número de dias que levou Stendhal para escrever *A Cartuxa*). Se o diálogo com o procedimento escritural do realismo dá nome ao romance, então este não pode ser apenas um detalhe evocado pela narrativa.

Em relação às premissas do realismo, a primeira questão que gostaria de destacar é a importância da frase "Un Roman est un Miroir qui se Promène le Long de la Route". A frase dá nome à segunda parte do romance e seria a chave a partir da qual o detetive Salini encontraria a relação entre "53 Jours" e Stendhal. Ou seja, a frase é uma espécie de "porta" para a famosa verdade sempre falsa do romance. Apesar de conter a palavra "Miroir", esta frase não alude ao relato especular nem a nenhum efeito perturbador da diégese do romance. Com "um espelho que se passseia ao longo da estrada", Stendhal chama a atenção para o caráter realista da literatura, que deve simplesmente refletir aquilo que encontra no seu caminho. Mesmo que esse reflexo não seja do agrado das autoridades e clérigos.

No mesmo sentido, a frase stendhaliana "la verité, l'âpre verité" é usada duas vezes nos planos do romance para determinar o con-

---

em uma caixa em forma de paralelepípedo, de metal Plexiglas, de um formato mais ou menos idêntico ao de um volume da coleção La Pléiade, que deles fazia confete. Ele parecia dar extrema importância a essa operação" (*"53 Jours"*, p. 79).

teúdo do último capítulo, no qual a verdade anterior seria desmentida. Esta frase também não apresentava nenhum conteúdo irônico para Stendhal; ela apenas justificava, perante a sociedade e as autoridades conservadoras, o porquê de sua narrativa estar repleta de elementos "impuros". A culpa não era dele, nem da sua pena e sim da "verdade, a amarga verdade". Essa é uma das premissas da literatura realista, que tinha como objetivo retratar a "realidade" e não um ideal, como o romantismo.

Finalmente, em relação às obras realistas citadas, não há grandes verdades ocultas. O leitor deste trabalho já deve estar bem consciente da importância das obras de Stendhal como um todo (principalmente *A Cartuxa de Parma* e *O Vermelho e o Negro*). Há também uma importante referência a *O Coronel Chabert*, de Balzac. Chabert seria o condinome usado na resistência pelo assassino do homem de negócios R. Serval (da segunda parte do livro). Além desses textos, como já vimos, há também uma breve referência a *Madame Bovary* e às obras de Balzac em geral.

Agora que espero pelo menos ter balizado as diferentes formas em que Perec dialoga com o realismo em literatura, resta ligar esse diálogo à nossa reflexão anterior sobre a perturbação do efeito de realidade no romance. Como poderíamos coincidir esse recurso com a referência constante à representação realista? Nossa hipótese é: Perec tenta propor um novo tipo de literatura realista, amparada na necessidade de representar a realidade tal como era a preocupação dos escritores do século XIX, mas ele se apóia em uma outra noção de realidade.

4.2.8. A nova literatura realista

Um primeiro passo para entender que tipo de realidade seria esta é um artigo de juventude de Perec denominado, justamente, "Para uma literatura realista"[56]. Nesse texto, o autor se opõe à lite-

---

56. Georges Perec, "Pour une littérature réaliste", *L. G. Une aventure des années soixante*, Paris, Seuil, 1992.

ESTÉTICA DA CRIAÇÃO

ratura "engajada", de Sartre, pelo seu caráter panfletário, e à proposta do Nouveau Roman, pelo problema contrário, sua alienação, e propõe, como contrapartida, uma "nova literatura realista". Por "realismo" Perec não entende apenas uma "evocação épica dos acontecimentos coletivos históricos, políticos e sociais"[57], mas uma vontade de compreender o real, na sua dupla face contraditória, que reúne percepção e percebido, realidade almejada e realidade visível. Deixemos que as juvenis palavras de nosso autor expliquem o seu ponto de vista naquela época:

Le problème central commandant la création résiderait alors dans une mise en relation reciproque de la sensibilité et la lucidité: l'auteur n'est pas quelqu'un à qui tout est donné d'avance (sinon, pourquoi écrire?) mais quelqu'un qui, *cherchant avant tout à se comprendre et à comprendre le monde, s'efforce, dans un double mouvement contradictoire, de traduire en vision du monde la perception qu'il a du réel*, par un dépassement continuel de sa sensibilité en lucidité, *en choisissant et en organisant le matériel sensible qui lui est donné* (par exemple: ce qu'il voit), *et en même temps de traduire en images sensibles à la conscience théorique ou l'expérience qu'il a de la réalité sociale* (par exemple: ce qu'il veut voir); ce double mouvement nous semble caractériser le travail même de la création, cet aller-retour entre l'enthousiasme et le travail à froid, entre la trouvaille et la recherche, de même qu'il nous semble qu'il rend compte de la démarche de l'oeuvre tout entière, de ce cheminement progressif qui, d'image en image, accompagne le lecteur, le fait participer à la création, pose des questions, intègre dans un champ toujours plus vaste les signes fondamentaux d'une réalité enfin maîtrisée.

Le réalisme, en fait, n'est que ce qu'est toute littérature lorsqu'elle parvient à nous montrer le monde en marche, lorsqu'elle parvient à nous rendre sensibles la nécessité et la certitude d'une transformation de notre société. Ce que nous attendons d'une telle littérature est clair: c'est la compréhension de notre temps, l'élucidation de nos contradictions, le dépassement de nos limites[58].

57. *Op. cit.*, p. 53.
58. "O problema central que dirige a criação residiria então em um relacionamento entre sensibilidade e lucidez: o autor não é alguém a quem tudo é dado no começo (se não, por que escrever?), mas alguém que, *procurando, antes de tudo, compreender-se e compreender o mundo, se esforça, em um duplo movimento*

A poética expressa em *"53 Jours"* está bem distante dos pensamentos de Perec na sua época comunista, porém vemos neste trecho uma origem do que será a sua concepção posterior de realidade. Perec considera, no texto citado acima, que o realismo corresponde à literatura que mostra o mundo em movimento. Esse movimento pode ser definido como a diferença entre aquilo que o sujeito "deseja" e aquilo que ele percebe. De fato, a "realidade" para Perec só pode ser definida nestes termos: na diferença, no intervalo entre a imagem percebida e o seu efeito. Ou seja, o realismo não está na representação do mundo, mas no movimento que esta representação provoca: no movimento de criar outra representação e outra representação e outra representação, na procura infinita motivada pelo desejo. Nas palavras do próprio Perec, descrever o mundo, "c'est le décrire tel qu'il bouge"[59]. Ou, na medida em que ele deixa de ser mundo.

Dessa forma, podemos retomar o nosso desenvolvimento anterior sobre a desestabilização da realidade e o diálogo com a literatura realista do século XIX. Perec propõe também um realismo, uma literatura que dê conta da realidade, assim como a literatura de Balzac, Stendhal, Flaubert. Suas narrativas também pretendem ser um espelho que caminha ao longo da estrada. Porém, tal como

> *contraditório, por traduzir em visão de mundo a percepção que ele tem do real*, pelo deslocamento contínuo de sua sensibilidade em lucidez, *escolhendo e organizando o material sensível que lhe é dado* (por exemplo: aquilo que ele vê) *e ao mesmo tempo por traduzir em imagens sensíveis à consciência teórica ou à experiência que ele tem da realidade social* (por exemplo: aquilo que ele quer ver); esse duplo movimento parece-nos caracterizar o próprio trabalho da criação, essa ida e volta entre o entusiasmo e o trabalho braçal, entre o encontro mágico e a pesquisa, da mesma forma que ela dá conta da escrita da obra inteira, desse caminhar progressivo que, de imagem em imagem, acompanha o leitor, o faz participar da criação, coloca questões, integra em um campo sempre mais vasto os signos fundamentais de uma realidade enfim dominada./ *O realismo, de fato, é apenas aquilo que é toda a literatura, já que ela consegue nos mostrar o mundo em marcha*, já que ela consegue nos tornar sensíveis à necessidade e à certeza de uma transformação de nossa sociedade. Aquilo que nós esperamos de uma literatura como essa é claro: a compreensão de nosso tempo, a elucidação de nossas contradições, a superação dos nossos limites" (*op. cit.*, pp. 61-63, grifos nossos).

59. A frase é intraduzível, mas poderia ser transcrita nos seguintes termos: "descrever o mundo é descrevê-lo enquanto movimento" (*op. cit.*, p. 56).

no reflexo de qualquer espelho, a realidade não pode ser fixada, está em constante mudança. É essa mudança que a literatura de Perec e particularmente de "53 Jours" vai tentar abordar, com a passagem infinita de uma narrativa para outra, com a desestabilização de toda noção de verdade alcançada e com o efeito de perturbação, inclusive, da noção de realidade, no leitor.

Para terminar esta parte do trabalho, gostaria de fazer uma breve digressão que em princípio pode parecer um pouco alheia ao nosso desenvolvimento, mas que, pouco a pouco, se revelará adequada.

Refiro-me à visão de "realidade" da psicanálise. Em Freud, este conceito passa por momentos diferentes. No já citado *Projeto de uma Psicologia Científica*, ele define a realidade (princípio de realidade) como um juízo que permite que o sistema psíquico avalie se o momento é propício ou não para uma descarga[60]. Ou seja, a realidade, desde o começo, é vista como uma construção, uma "crença" do ser humano baseada nas experiências corporais, sensações e imagens motoras de si e do mundo.

Em um segundo momento de sua teoria, Freud transforma esse juízo em um dos princípios básicos do funcionamento mental. O primeiro deles seria o princípio do prazer, que faria o sujeito buscar sempre a satisfação dos seus desejos e, portanto, diminuir a quantidade de estímulos ao mínimo possível. Quando a satisfação que guia este princípio não é alcançada, o pequeno ser alucina. Porém, esta alucinação não se mostra eficaz para produzir a satisfação: o juízo de realidade não indica nenhuma mudança da situação inicial, que continua desagradável; a alucinação não é suficiente para reduzir a intensidade do estímulo. O aparelho psíquico deve, então, cuidar para que a "ação" disparada pelo princípio de prazer (a alucinação) não produza um desconforto ainda maior. O princípio de realidade surgiria, então, como uma forma de defesa que possibilitasse uma margem de segurança maior, pareando as representações que ajudassem a evitar o desprazer[61].

60. De "Quantidade", na linguagem do *Projeto*.
61. Sigmund Freud, "Formulações sobre os Dois Princípios do Funcionamento Mental", *Obras Completas*, Rio de Janeiro, Imago, 1976, vol. XII.

Desde esse momento, Freud considerará o funcionamento do sistema psíquico como uma oposição entre os dois princípios fundamentais. Entretanto, mais tarde, ele chegará à conclusão de que essa oposição é, de fato, uma continuidade. O princípio de realidade existiria como forma de proteção contra acontecimentos traumáticos e garantia de uma satisfação, ainda que tardia. Dessa forma, o princípio de realidade estaria sempre subjugado ao princípio do prazer[62].

Assim, a função da realidade limitar-se-ia ao adiamento da satisfação. Mas quais seriam os critérios usados? A resposta inicial do projeto era "através das experiências corporais, sensações e imagens motoras de si". Ou, em outras palavras, através das percepções. Freud, nos seus últimos textos, aponta que é impossível, a cada vez que é necessário criar um juízo de realidade, "perceber a realidade como um todo". O procedimento só é realizado porque há um movimento de retorno às percepções iniciais e uma repetição dessas percepções. Assim, o movimento de representação da realidade corresponde ao reencontro de uma percepção de um objeto que agora não está, que está perdido. A possibilidade de um representação da realidade somente se dá a partir de uma perda, a perda de um real[63].

Jacques Lacan parte desse ponto da obra de Freud para definir o Real, registro formado pela materialidade que marca o campo pulsional, alheia ao domínio da linguagem. Sua existência é garantida, ao mesmo tempo, pelo ato de representar, pela linguagem. Foi a partir da representação da perda de um objeto primordial, como vimos a partir de Freud, que a realidade pôde ser representada. Esse objeto, denominado por Lacan objeto a, resta como marca dos objetos parciais, pulsionais, vazios das bordas corporais cujo contorno determinava a satisfação. Ou seja, estamos todos condenados a uma "alucinação" que visaria a resgatar esse

---

62. "Além do Princípio de Prazer". *Obras Completas*, Rio de Janeiro, Imago, 1976, vol. XVII.
63. "A Negatividade", *Obras Completas*, Rio de Janeiro, Imago, 1976, vol. XIX.

objeto de satisfação que, desde sempre, se perdeu. Daí Lacan dizer que "a realidade é precária"[64] e não corresponde ao que usualmente se chama por esse nome; é o resultado da inadequação de um aparelho.

Podemos, então, a partir da psicanálise, pensar a realidade como um movimento infinito de perda, procura e reencontro falido. Esse movimento não parece estar distante da concepção de "literatura realista" de Perec. Na sua proposta, encontramos a perda (a morte, o desaparecimento), a procura em si (sempre com a esperança de encontrar a amarga verdade) e o encontro falido (a verdade era falsa), o que reinicia o movimento.

Desculpe-me o leitor pela pergunta ingênua; suponho que não sou a única a tê-la nos lábios: então, não se ganha nada com a leitura? Nem um pedacinho dessa realidade quotidianamente perdida? A literatura, e particularmente a literatura "realista" de Perec somente reproduz a alucinação diária de todos nós?

Para responder, proponho outro passeio pela psicanálise, agora um pouco mais breve. Em um texto já citado[65], Freud afirma que, na atividade artística, o sujeito que não suportaria a insatisfação da renúncia ao prazer instintivo se recolheria na fantasia e ignoraria o princípio de realidade. Porém, aqui, essa fantasia não seria frustrante para o artista; pelo contrário, produziria prazer. Por quê? Nas palavras de Freud: "ele só pode conseguir isto porque outros homens sentem a mesma insatisfação, que resulta da substituição do princípio de prazer pelo princípio de realidade; é em si uma parte da realidade"[66].

Dessa maneira, a experiência de compartilhar a perda seria uma forma de ganhar a realidade. Como se pudéssemos evocar um diálogo íntimo, ocorrido antes do surgimento das palavras, do qual leitor e escritor se lembram, por uma espécie de "memória" que sempre escapa.

---

64. Jacques Lacan, *Seminário 7. A Ética da Psicanálise*, Rio de Janeiro, Jorge Zahar, 1988.
65. "Formulações sobre os Dois Princípios do Funcionamento Mental".
66. *Op. cit.*, p. 6 (edição eletrônica).

A literatura de Georges Perec e especialmente *"53 Jours"* seria muito eficientes nesse sentido. A perturbação constante da concepção de realidade no leitor colocaria em evidência essa perda compartilhada com o narrador, as personagens, o autor implícito, outras obras literárias, o scriptor etc. Isto sem contar que, em alguns momentos fugidios, o livro nos produz o efeito de experimentar não só a perda, mas também o reencontro; vida e morte separados por um limite tênue; o câncer que se propaga em narrativas contaminadas que têm como conseqüência a morte do autor e a prisão do leitor.

4.3. POÉTICA DO INACABÁVEL

4.3.1. O que é um texto acabado

Para alguns, o inacabamento de *"53 Jours"* não poderia ser um objeto de discussão. Afinal, o escritor morreu enquanto escrevia o romance: eis aí a prova e a razão do livro não ter fim.

Contudo, o comentário da personagem Lise (a leitura) sobre o inacabamento de "La crypte" não deixa de ecoar neste momento: "Pour moi, c'est terminé". Como saber se o suspense em relação ao fim do romance é também uma forma de conclusão? E se a necessária participação do leitor na reconstrução (ou não-construção) do resto do romance também for uma estratégia da narrativa?

Para responder a essas perguntas, vou recorrer a um artigo do geneticista Jean-Louis Lebrave[67], no qual ele afirma que a melhor forma de saber o que é a interrupção de um texto é saber, antes, o que é um texto não-interrompido, acabado[68]. Porém, saber o que

---

67. Jean-Louis Lebrave, "L'écriture interrompue. Quelques problèmes théoriques", *Le manuscrit inachevé*, Paris, Éditions CNRS, 1986, Collection Textes et Manuscrits.

68. Por que essa necessidade de voltar ao texto? Desde o começo deste trabalho, proponho considerar o livro como um processo, não como uma obra acabada. Mas neste subcapítulo proponho um parêntese nessa idéia inicial. Sem esse intervalo, não seria possível conceber e abordar o problema do inacabamento. De qualquer maneira, este será apenas um artifício narrativo para ten-

ESTÉTICA DA CRIAÇÃO

é um texto para a literatura não é simples: talvez toda a teoria literária tente responder a essa pergunta. Para não cair no infinito nesta parte do trabalho, limitar-me-ei às definições apontadas por Lebrave, com algumas observações da minha parte, com toda a consciência de que esse recorte não pretende ser amplo ou exaustivo; apenas funcional.

Amparado nas definições de Beaugrande-Dressler, Lebrave destaca sete características da "textualidade"[69]: a *coesão* (no nível de superfície de relações gramaticais); a *coerência* (no nível dos conceitos e das relações entre eles); a *intencionalidade* (atitude do produtor de texto que quer formar um texto coeso e coerente a fim de responder à sua vontade, que é de expandir um saber ou atingir uma meta dada em um plano); a *aceitabilidade* (simétrica à característica precedente, a atitude do receptor do texto); a *informatividade* (quantidade de informação contida em um texto); a *situacionalidade* (pertinência do texto em uma situação comunicativa dada) e a *intertextualidade* (relação de dependência entre o texto e outros textos anteriormente recebidos)[70].

Como Lebrave bem aponta, o sistema de Beaugrande-Dressler é baseado na situação conversacional e dá conta, apenas marginalmente, do que acontece no texto literário[71]. É necessário pensar este sistema para a literatura[72]. A coesão em relação às relações gramaticais deve ser ampliada para as relações narrativas, que devem ser tomadas como um sistema.

---

tar compreender um aspecto da escritura de Perec: quando chegarmos às conclusões desta parte veremos que esse artifício nos servirá para comprovar seu estatuto de artifício.

69. Para Lebrave, os próprios lingüistas evitam delimitar o objeto "texto", porém são capazes de definir as características da "textualidade". A diferença, segundo o autor, não contribui muito, já que um texto seria definido por ser "textual", ou ter as características da "textualidade" (p. 139).

70. *Op. cit.*, p. 139.

71. Porém, afirma Lebrave, constitui pelo menos um passo a mais nas relações entre lingüística e gênese, que sempre se limitaram a discutir os acontecimentos da frase.

72. O que Lebrave não faz: ele somente discute os seus limites.

A FICÇÃO DA ESCRITA

Em relação à coerência, devemos, talvez, mudar os "conceitos" por uma "poética" ou espectro de possibilidades interpretativas. Sobre a intencionalidade, a questão é problemática para quem se concentra nos estudos da gênese. Em muitos casos (senão em todos) o autor não se atém ao seu plano inicial: o prazer é justamente afastar-se desse plano ou, em outras palavras, afastar-se da intencionalidade, deixar-se dominar pela intenção do inconsciente. Seja isso através de alterações no próprio plano, da feitura de outros planos ou do "esquecimento" do plano inicial (rasura invisível). Talvez a única maneira de ligar a intencionalidade à gênese do texto literário seja pela noção de autoria. Um determinado escritor decide publicar um texto que já produziu: nessa atitude está a intencionalidade.

A aceitabilidade também não é simples em termos literários. Tomemos o caso de Kafka, por exemplo, que não quis que seus textos fossem publicados. O leitor pode, pela aceitabilidade do texto, decidir que o texto será publicado, contra a "intenção" do autor. Por outro lado, um texto pode não ter uma aceitabilidade imediata (tomemos o caso, por exemplo, de Mallarmé, que quase não foi lido pelos seus contemporâneos) e tê-la muito tempo depois. Assim, para que um texto literário seja aceito, o leitor deve ter uma possibilidade de apreensão dos novos códigos que ele propõe, mesmo que essa possibilidade seja remota e desenvolvida muito tempo depois da elaboração desse texto.

Finalmente, a intertextualidade (eu sei, ainda faltam duas características) em relação à literatura pode ser definida como uma forma de criar uma referência ao mundo (o texto literário não é um sistema fechado) e como uma maneira de delimitar as expectativas de leitura para o receptor.

A "situacionalidade" e a "informatividade", segundo Lebrave, não teriam nenhum cabimento para a literatura. Porém, a informatividade seria a maneira pela qual os subsistemas do texto teriam alguma ligação entre si. No caso do texto literário, essa ligação continuaria existindo, claro, mas não estaria ligada à informação; se tomarmos a informação como referência. Talvez se a tomássemos

210

ESTÉTICA DA CRIAÇÃO

como prazer, descarga emocional... mas não haveria nada mais afastado da noção original de informação.

Como já disse, Lebrave destaca que esse sistema não teria uma pertinência direta para a literatura, mas a aplicação de algumas de suas características poderia ajudar a chegar a uma noção de texto literário acabado. Essa definição seria aproximadamente a seguinte: o texto literário acabado deve ser tomado como um sistema estável, feito de elementos não-estáveis, que seja inteligível pelo leitor. Como é possível perceber, a questão da intencionalidade, nessa nova definição, não é sequer mencionada por Lebrave. Ou seja, o texto pode ser acabado ou não, independente da "intenção" de publicá-lo por parte do autor.

Em todo este sistema comentado por Lebrave, não vemos uma só referência ao caráter ficcional da literatura. Por isso, antes de tentar contrastar seu comentário com "53 Jours", é necessário procurar outras definições de texto literário que levem em conta esse aspecto (bastante fundamental) dos textos aos quais nos referimos.

Gérard Genette, em *Figures II*, preocupa-se em definir não a obra literária, mas a narrativa[73]. Já no começo do texto, o autor esclarece que uma definição positiva (como "série de acontecimentos reais ou fictícios expressados por meio da linguagem escrita") não levará a nenhuma conclusão útil: somente as delimitações negativas podem mostrar os limites reais da narrativa. Assim, ele chega a duas características essenciais: *1*. a narrativa não é imitação da realidade e *2*. a narrativa não é um discurso. O que significa que, por um lado, a narrativa será sempre representação, ou seja, transposição de códigos, e, por outro, ela não pretende ser o discurso de uma pessoa real (como, por exemplo, este livro), que dependa das suas circunstâncias de emissão. Seguindo as definições de Benveniste, a narrativa independe da existência de um "eu" (emissor real), um "tu" (receptor real), um "aqui" e um "agora".

Dessa forma, nossa definição de texto narrativo acabado será: uma representação (ou sistema de representações) estável, consis-

73. "Frontières du Récit", *Figures II*, Paris, Éditions du Seuil, 1969.

2 1 1

A FICÇÃO DA ESCRITA

tente nas categorias narrativas propostas, coerente na sua poética, em diálogo com a tradição literária, inteligível para o leitor diacrônico e independente das circunstâncias de sua emissão. A questão da intencionalidade pode ser tomada como uma observação, mas não é condição para a integralidade. Com essas definições, vamos prosseguir, mas cientes, com Genette, de que uma definição positiva é sempre pobre e só pode ser considerada como um ponto de partida.

4.3.2. "53 Jours", *texto inacabado?*

"53 Jours" segue algumas dessas nossas delimitações e outras não. Em relação à estabilidade do sistema de representações, "53 Jours" parece ter algumas falhas. O texto datilografado termina abruptamente, sem nenhuma revelação que mude o sistema anterior, sem pergunta desafiante. Em termos psicanalíticos, o corte, ali onde está feito, carece de sentido. Somente por esse detalhe, o sistema parece instável; seria necessário mais um fragmento de texto para estabilizá-lo. Poderíamos argumentar que tanto esse fragmento como vários outros virão logo a seguir, com a transcrição do manuscrito. Mas é impossível argumentar a estabilidade de um sistema pela presença de um manuscrito. O manuscrito é em si um sistema instável, em supostas vias de se tornar um sistema estável. As determinações tomadas nos diferentes cadernos de Perec, por exemplo, por mais estáveis que pareçam, são definições provisórias, somente pelo fato de fazerem parte de um manuscrito.

Há algumas falhas quanto à consistência narrativa do romance. Dentre elas, a que mais nos chamou a atenção no seguimento do manuscrito foi a questão enunciada pelo próprio Perec: "comment la lecture de "53 jours" conduit-elle Salini sur le chemin de la verité" (52,7,8 Bl 2 recto). Não há nenhuma indicação em relação a como Salini chegaria à culpabilidade de Patricia através da leitura de "53 Jours". Todas as pistas do livro conduziriam à culpabilidade de "Chabert", que inclusive confessará o crime, fato, por sua vez, também inconsistente. Por que o falso assassino confessaria o crime?

2 I 2

Por outro lado, se a descoberta da "amarga verdade" tivesse o objetivo de criar uma surpresa, "un renversement final" (como aponta o fólio 52,6,3 recto Rh. 5), será que essa surpresa funcionaria? Em *"53 Jours"*, no final da primeira parte do livro, o narrador descobriria que "La crypte" é uma falsa pista e que a verdade seria completamente outra: a armadilha de Lise e Serval. Pela similaridade dos diversos romances no interior deste romance, seria quase automático supor que a verdade extraída da leitura de *"53 Jours"* seria falsa e que, portanto, a verdade deveria ser outra. E, provavelmente, essa verdade seria também derivada de um crime passional, envolvendo uma mulher e seu amante[74]. Ou seja, não haveria nenhuma surpresa no final de *"53 Jours"*; a curta explicação final careceria de funcionalidade narrativa.

Por último, gostaria de lembrar que, analogamente, na primeira parte do romance, a solução final também parece inconsistente. A suposta armadilha na qual o narrador e o leitor cairiam de fato não funciona: como definido no início da campanha de escritura, o narrador deveria deixar as suas digitais em um revólver, e isso nunca acontece. Assim, pelo desenvolvimento da narrativa, a explicação final teria pouquíssima consistência.

Estas são apenas as inconsistências que considero mais importantes no desenvolvimento da narrativa. É possível apontar outras em uma análise detalhada, que não vale a pena desenvolver nesta parte do trabalho. Mesmo assim, esses problemas destacados já revelam um caráter não-resolvido do romance, talvez próprio de uma obra "inacabada".

Já em relação à coerência da poética ou do sistema interpretativo, a situação é outra. As próprias inconsistências do romance são coerentes com a proposta interpretativa.

---

74. Essa mulher seria praticamente a mesma. No começo da escritura as duas personagens tinham inclusive o mesmo nome: Lise. Depois cada uma delas tem um desenvolvimento e um nome separado; entretanto, duas semelhanças são constantes: ambas são parceiras de um tal Robert Serval e têm um nome de origem anglo-saxã (Patricia Humphrey e Lise Carpenter).

A FICÇÃO DA ESCRITA

Cada uma das narrativas contidas devia se espelhar na outra: não necessariamente em relação aos próprios acontecimentos narrados, mas à estrutura da narração e às suas possibilidades de leitura. Isso também acontece na comparação entre esses relatos e *"53 Jours"* como um todo. Assim, por exemplo, a estrutura em duas partes inversas que observamos em quase todos os romances também é característica do livro final. Da mesma forma, as diferentes narrativas no interior da trama parecem também ser inconsistentes, com falhas. Daí concluirmos que a inconsistência do romance final seria coerente com a poética proposta.

Vejamos alguns exemplos de "inconsistências" nas narrativas "em abismo".

O narrador de *"53 Jours"*, já no datiloscrito, afirma que a narrativa de "La crypte" não estaria bem "amarrada":

> Je ne sais pas très bien quoi penser de ce roman policier. Personnellement, je serais plutôt du même avis que l'ami Crozet: il y a de l'idée, mais on ne peut pas dire que ça soye bien ficelé. On a l'impression que l'auteur a esquissé un scénario hyper-brillant (du genre du "Ce n'était pas lui! Ce n'était pas elle!" d'Alphonse Allais) et qu'ensuite il a concocté sa petite cuisine sans trop se préoccuper de la vraisemblance ou en feignant de croire qu'il lui suffirait d'appâter son lecteur avec des "tests de Lauzanne-Tavistock" ou des "effects destructeurs de la CDP" pour qu'on gobe sans sourciller son histoire d'assassinat sans cadavre. Evidemment, il est assez habile pour laisser entendre, in extremis, que c'est peut-être bien Vichard qui a tout manigancé, mais c'est une solution qu'il ne fait qu'effleurer et qu'il aurait certainement du mal à faire passer (par exemple, pour n'en donner qu'un: si Rouard est pour de vrai au fond du *Devil's Rift*, qui est ce Labbé qui vient chercher la Volvo? Un complice de Vichard? Dur, dur, comme on dit aujourd'hui quand on veut dire que c'est faible)[75].

75. "Eu não sei muito bem o que pensar desse romance policial. Pessoalmente, eu seria da mesma opinião que o amigo Crozet: ele tem uma idéia, mas não dá para dizer que ela esteja bem amarrada. Temos a impressão de que o autor esboçou um roteiro superbrilhante (do tipo do 'Não era ele! Não era ela!' de Alphonse Allais) e que em seguida ele deixou funcionar a sua pequena cozinha sem se preocupar demais com a verossimilhança ou fingindo crer que

2 I 4

ESTÉTICA DA CRIAÇÃO

Como é possível perceber, o tipo de inconsistência que o narrador de *"53 Jours"* observa em "La crypte" é muito semelhante às "falhas" da narrativa que vimos no romance como um todo. Tal como na nossa análise, o narrador se atém ao fato de que a suposta explicação final (a culpabilidade de Vichard), que mudaria toda a investigação de Serval, não se sustenta pelos dados da narrativa. Outro exemplo dessa falta de consistência dos romances encontra-se no comentário de Lise Carpenter sobre "K comme Koala": "Un roman d'espionnage pas très bon"[76]. A breve crítica da datilógrafa é depois explicada de forma mais detalhada pelo narrador:

> À condition de ne pas prêter trop d'attention aux détails, ça se laisse lire. La fin est même assez allègre. L'auteur a soigné la couleur locale, les descriptions et les dialogues, mais le moins que l'on puisse dire c'est que ses explications manquent de clarté et qu'il nous propose des énigmes sans se donner la peine de les résoudre [...][77].

Em "K comme Koala", não há uma revelação final, porém, como podemos ver no trecho citado, o problema do relato encontra-se também na falta de consistência das explicações, que propõem enigmas que não estão resolvidos em lugar algum. É o mes-

seria suficiente distrair seu leitor com 'testes de Lauzanne-Tavistock' ou 'efeitos destruidores da CDP' para que engula sem pestanejar sua história de assassinato sem cadáver. Evidentemente, ele é suficientemente hábil para deixar entender, *in extremis*, que foi talvez o próprio Vichard que manipulou tudo, mas essa é uma solução que toca apenas superficialmente no assunto e que ele teria dificuldades em fazê-la passar (por exemplo, para dar somente uma: se Rouard está realmente no fundo do *Devil's Rift*, quem é esse Labbé que vem buscar o Volvo? Um cúmplice de Vichard? Tosco, tosco, como se diz hoje em dia para dizer que é fraco)" (*"53 Jours"*, p. 63).

76. *Op. cit.*, pp. 91-92.
77. "Com a condição de não prestar muita atenção nos detalhes, ele se deixa ler. O fim é até bem movimentado. O autor foi cuidadoso com a cor local, as descrições e os diálogos, mas o mínimo que se pode dizer é que falta clareza às explicações e que ele propõe enigmas sem se dar ao trabalho de resolvê-los" (*op. cit.*, p. 83).

A FICÇÃO DA ESCRITA

mo caso dos indícios que culparão o narrador em *"53 Jours"*, por exemplo.

Também em relação a esse romance, gostaria de destacar um caso de inconsistência apontado pelo próprio Perec, no manuscrito. Já vimos esse exemplo no capítulo 3. Quando o scriptor tenta definir o que Serval teria feito logo após a resistência, ele faz uma advertência a "si mesmo": "pas chirurgie faciale SVP!" (52,6,8 recto Rh 15), ou, em outras palavras, "por favor não opte por uma solução fácil e nunca muito verossímil, como a cirurgia plástica". No entanto, em "K comme Koala", Perec parece abrir mão desse seu desejo de não mostrar sua narrativa precária. Mas nunca sem deixar claro que se trata de uma atitude "consciente":

> Un physicien nommé Blanes et prénommé Abraham (Abe pour les intimes) sera prochainement envoyé au laboratoire d'astronautique de Newcastle. Il présente suffisamment de ressemblances physiques avec Vidornaught pour qu'un minimum de chirurgie esthétique en fasse un socie aceptable (c'est un des points *très* faibles du livre: glissons...)[78].

O último exemplo que gostaria de citar estaria na segunda parte do livro e refere-se ao livro *"53 Jours"* como um todo. Ao ser descoberto o livro *"53 Jours"*, a polícia deveria submetê-lo à opinião de um editor, que por sua vez afirmaria que ele também não apresenta uma consistência perfeita:

> Nous l'avons fait lire à un éditeur. Il dit que c'est assez superficiel comme mystère mais tt de m assez plein de détails intrigants

$$(52,4,5,3 \text{ Cl } 53J \ 41)^{79}.$$

---

78. "Um físico de sobrenome Blanes e de nome Abraham (Abe para os íntimos) será proximamente enviado ao laboratório astronáutico de Newcastle. Ele apresenta suficientes semelhanças físicas com Vidornaught para que uma cirurgia plástica mínima faça dele um sósia aceitável (é um dos pontos *muito* fracos do livro: passemos por cima disso)" (*op. cit.*, p. 90).
79. "Nós o fizemos ler por um editor. Ele disse que era bastante superficial como/ mistério mas de qualquer forma repleto de detalhes intrigantes."

Salvo aparentemente o último exemplo, que teria sido escrito em setembro, no começo da campanha de escritura[80], as outras observações sobre a inconsistência dos romances foram escritas em uma etapa "final" da redação. Então, seria possível supor que as referências às questões não-resolvidas dos relatos tenham sido incluídas, pois o autor suspeitava que ele mesmo não teria tempo para solucionar esses problemas e que o romance, então, ficaria inacabado ou com imperfeições. Mas também seria possível pensar que, já que há sinais dessa necessidade de inclusão das inconsistências em um primeiro momento de escritura, as outras inclusões seriam somente a aplicação de um plano inicial. Nos dois casos, vemos que o inacabamento como inconsistência narrativa constituía uma espécie de programa, determinado seja por necessidades da escritura seja por restrições da vida.

Também a instabilidade do sistema é uma constante nas narrativas dentro do romance. "La crypte" e *"53 Jours"* são datiloscritos ou manuscritos (dependendo da fase de escritura) e "La crypte" tem como estratégia de leitura o seu inacabamento. Ou seja, a idéia do livro em processo, ainda com perguntas a serem respondidas, é coerente com as possibilidades interpretativas do romance.

Gostaria apenas de mostrar, como exemplo, agora, a descrição que o narrador de *"53 Jours"* faz de "La crypte" no texto final:

Il se présente sous la forme d'un manuscrit de 130 pages, très soigneusement dactylographié, sans corrections, ratures ou rajouts d'aucune sorte. Sur la couverture – une feuille de matière plastique brillante, sans indication de titre ni d'auteur – est colle une bien curieuse photographie en noir et blanc. Je suppose qu'il s'agit d'un panneau peint – plutôt naïvement, mais non sans charme – installé quelque part dans le sud du Maroc[81].

O datiloscrito de *"53 Jours"* apresenta várias semelhanças com a descrição de "La crypte". Apesar de não ter 130 páginas, o nú-

---

80. Mas que pode ter sido modificado depois, mesmo sem uma mudança de tinta ou inclinação da escritura.

81. "Apresenta-se sob a forma de um manuscrito de 130 páginas, muito cuida-

A FICÇÃO DA ESCRITA

mero é bastante próximo: 119[82]. Também há algumas coincidências no aspecto do datiloscrito: a escritura é bastante limpa, mesmo que haja algumas poucas rasuras e acréscimos. E a capa do documento é exatamente igual à descrita: de cartolina preta brilhante, sem indicação de nome ou de autor, com uma foto em branco e preto, que representa o mesmo quadro africano[83]. Dessa maneira, a instabilidade da forma "manuscrito" ou mesmo "datiloscrito inacabado" é coerente com as possibilidades interpretativas do resto do romance.

A instabilidade e a inconsistência narrativa foram dadas como exemplos de coerência para mostrar que, até nesses aspectos, o livro se reservava uma coerência. Mas essa qualidade não se refere apenas a essas características do inacabamento. Algumas questões já abordadas neste trabalho, como a relação entre *mise en abyme* e hipertextualidade, a inclusão de elementos da "realidade" e a problematização da leitura (que abordaremos na próxima parte deste capítulo) são desenvolvidas ao longo do texto "final" e do manuscrito, dentro de uma rigorosa coerência, até os menores detalhes, como vimos até agora. Dentro dessas questões interpretativas do romance, parece também figurar a do inacabável, do inconsistente e do instável; senão, provavelmente não estaríamos discutindo esse ponto. Mas não nos adiantemos, por enquanto prossigamos com a nossa identificação – ou não – deste romance como inacabado.

A próxima definição que apontamos para um texto acabado é o diálogo com a tradição literária. Como vimos no capítulo 1, a existência de um livro como *"53 Jours"*, em forma de manuscrito,

> dosamente datilografado, sem correções, rasuras ou acréscimos de nenhum tipo. Na capa – uma folha de matéria plástica brilhante, sem indicação de título nem de autor – está colada uma curiosa fotografia em preto e branco. Eu suponho que se trata de um painel pintado – pintado de uma forma um pouco *naïve*, mas não sem charme – instalado em alguma parte do sul do Marrocos" (*"53 Jours"*, p. 37).

82. Curiosamente a diferença é exatamente de onze páginas, o número "mágico" da escritura perequiana, como desenvolve Magné.

83. Que corresponde à ilustração da capa da edição *Folio* do romance.

218

com participação ativa do leitor, com múltiplas narrativas, com a inclusão de outros romances e com a perturbação das fronteiras entre realidade e ficção, faz muito sentido dentro da literatura do século XX. No século passado e neste (em que acabamos de entrar), a literatura tem fugido da idéia de criar um "universo paralelo", fechado e tem incluído o leitor de forma explícita na cena da criação, como mostra a iniciativa surrealista de destacar o processo de criação de suas obras e as atitudes de Valéry, Gide, Roussel e Ponge de revelar elementos de sua escritura, por exemplo. *"53 Jours"* está inserido neste contexto e em diálogo com ele, ou seja, propondo questões novas, como, por exemplo, a necessidade de uma nova noção de "realidade" e de uma literatura hipertextual. Em grande parte por causa deste diálogo, o livro pode ser inteligível para o leitor e compreendido na sua proposta. Não queremos dizer que o romance não possa ser entendido sem um conhecimento anterior da literatura: de certa forma, isto sempre é possível. Mas seu caráter de "texto literário" é mediado por esse diálogo. Assim, pelo menos em relação ao seu aspecto "intertextual", *"53 Jours"* cumpre os "requisitos" de texto literário acabado.

Sobre a inteligibilidade da narrativa, a posição do romance não é facilmente discernível. A edição atual, que apresenta um resumo do que aconteceria no final, não apresenta nenhuma dificuldade para o leitor. No entanto, coloca o que está definido nos planos do romance como o "conteúdo dos capítulos não-escritos", o que pode ser falso. Os planos de qualquer escritor são, em geral, mudados durante o processo de criação. No caso deste livro em particular, vimos ao longo de todo este trabalho que muitas determinações iniciais são eliminadas, como, por exemplo, a idéia de fazer uma "obra-prima oulipiana", a inclusão do professor de tiro, o fato de "La crypte" ser um manuscrito etc. Nada garante que o conteúdo da segunda parte seria igual ao determinado pelos planos. Pelo contrário: nossas observações sobre a escritura do romance garantem que provavelmente esse conteúdo seria outro. Dessa forma, o leitor tem duas possibilidades: ou aceita esta inteligibilidade fácil, mas potencialmente falsa, da edição atual, ou deve ampliar sua competência de leitura, sendo capaz, agora, também de reconstituir uma suposta gênese do romance e encontrar as principais tendências de sua escritura. Assim como as personagens do livro, o leitor desse romance não chegará a nenhuma amarga verdade através desse novo tipo de leitura; porém, essa não-verdade será mais verdadeira que a verdade da leitura linear proposta por Mathews e Roubaud. Será um novo tipo de verdade, de realidade.

Esse tipo de leitor realmente existe? Como eu mesma procurei esse caminho, tendo a acreditar que sim. Mas, como explico na introdução deste livro, o fato de ter escolhido esta forma de leitura deve-se em grande parte a uma coincidência. Não sei se esta coincidência se repete com os outros leitores que abrem pela primeira vez este romance. Contudo, o fato desta coincidência ter acontecido uma única vez significa que há um caminho aberto para essa leitura genética que, se ainda não é automática e o leitor precisa de um guia linear (a projeção dos capítulos), isso se deve a uma resistência natural às mudanças. A publicação de boa parte dos manuscritos no final do datiloscrito e o aumento das edições de romances com manuscritos e notas de elaboração mostram que o interesse pelo processo de criação já existe. Mesmo da parte de quem não tem nada a ver com a crítica genética ou com a crítica literária em geral.

Esta necessidade de um leitor-geneticista é de certa forma anunciada no próprio manuscrito. O narrador da primeira parte deveria buscar a verdade sobre o desaparecimento de Serval, a princípio, em um dossiê de notas e manuscritos. Só depois, "La crypte" se transforma em um datiloscrito. Mesmo assim, como vimos, o narrador decide que só os manuscritos do romance poderiam lhe dar alguma indicação da verdade. Nesta procura pelos manuscritos, ele encontra Lise. Lembro também que essa necessidade de competência de geneticista encontra-se da mesma forma nos manuscritos relativos à segunda parte do romance, na qual Salini encontraria, em um princípio, uma mala com o manuscrito de *"53 Jours"*.

Voltaremos à discussão sobre a leitura na última divisão deste capítulo. Por agora, diremos que *"53 Jours"* propõe desafios ao leitor, que deve, de certa forma, sair de uma postura tradicional para ler este romance. Assim, em relação à inteligibilidade da leitura, o livro pode ser considerado como um objeto instável, inacabado.

Resta definir se ele pode ser considerado um relato independente das circunstâncias de sua emissão. Uma primeira resposta seria positiva. Afinal, as diferentes narrativas podem ser lidas e interpretadas sem sabermos a sua autoria e as circunstâncias de sua produção. Mas o fato de ter elaborado uma pesquisa exatamente sobre a escritura do romance obriga-me a duvidar dessa certeza inicial. Vários motivos na interpretação do texto reafirmam essa dúvida. Em primeiro lugar, devemos considerar o aspecto tratado acima: a necessidade de uma leitura genética. A natureza desse livro, composto de um datiloscrito acabado e transcrição de manuscritos, impele, de certa forma, o leitor a se interessar e mesmo a pesquisar as circunstâncias de sua emissão. Em segundo lugar, a existência de uma personagem chamada Georges Perec, escritor de "53 Jours", também desloca a atenção do leitor para o Georges Perec real, e portanto há uma remissão às circunstâncias de produção.

Mas o maior motivo para essa remissão é a própria possibilidade interpretativa do romance. Tanto em "53 Jours" como em "Un R est un M", a personagem-leitor tem em suas mãos um manuscrito, única pista para chegar à verdade sobre o desaparecimento de um Robert Serval, que na primeira parte é inclusive o escritor do romance. Como já disse várias vezes, talvez o grande impacto da leitura do romance seja justamente o fato de que o leitor também tem nas mãos um manuscrito e que sentirá por alguns segundos a obrigação de encontrar nele algum tipo de verdade, quem sabe a verdade sobre o desaparecimento do escritor. Dessa forma, as circunstâncias de emissão tornam-se essenciais para o efeito produzido pela obra; o que, segundo as nossas classificações iniciais, indicaria que este romance se afasta um pouco do estatuto de texto ficcional acabado.

Depois desse longo percurso, creio ser possível identificar agora se "53 Jours" pode ser realmente chamado de romance inacabado. Como vimos, o livro não cumpre várias das condições que definimos para um texto literário "acabado". Algumas falhas narrativas não permitem classificar a obra como "consistente", o sistema é instável por causa da sua forma de manuscrito, é exigida uma leitura genética, que pode dificultar a compreensão e, por último, o efeito de leitura do livro não é independente das circunstâncias de sua produção. Contudo, o romance é tão coerente que até as inconsistências e os motivos de instabilidade parecem estar dentro desse sistema especular, de reflexão de verdades falsas. *"53 Jours"* também está em pleno diálogo com a tradição literária, diálogo que por sua vez diminui a dificuldade da leitura exigida. Se o romance estabelece relações com obras que de alguma maneira incluem manuscritos e referências ao processo de criação, então o leitor não se encontra tão despreparado para o tratamento desses documentos. Para empreender essa nova leitura, ele toma fôlego na tradição literária.

Mas então, classificamos ou não *"53 Jours"* como um romance inacabado? Pelo nosso percurso, é mais acertado dizer que estamos diante uma obra que tenta se aproveitar do seu aspecto inacabado e incluí-lo em seu sistema interpretativo. Assim, o livro contém o inacabamento dentro do seu próprio acabamento. A análise da gênese do romance indica que essa atitude foi reforçada no desenvolvimento da escritura, mas que ela existia desde os primeiros planos, como indicam, por exemplo, a inclusão de manuscritos logo nos primeiros fólios e a opinião desfavorável do editor sobre a consistência de *"53 Jours"*. Dessa forma, não é possível afirmar que o escritor foi incluindo o inacabamento à medida que pressentia que o romance não seria acabado. O inacabamento fazia parte de sua proposta inicial e, provavelmente, apenas ganhou importância com a morte do autor. Perec soube usar o seu desaparecimento como estratégia textual, coerente com o resto da obra.

4.3.3. O inacabável

Desde o primeiro capítulo, já colocamos essa possibilidade do livro "propor" uma poética do inacabado, em vez de sê-lo simplesmente por acidente. Esta hipótese inicial foi reforçada pelo comentário de Jacques Roubaud sobre sua última conversa com Perec, na qual o escritor lhe dissera que teria tentado terminar o romance. Se não considerarmos a idéia de uma perda dos manuscritos de redação relativos aos dezesseis capítulos restantes, podemos concluir que a intenção do autor era deixar o romance inacabado. Embora esse argumento não seja suficiente para definir a condição do livro, ele nos serve para pensar que, para Perec, a noção de autoria estaria ligada à produção de um objeto instável, em movimento.

Como também vimos no capítulo 1, essa afirmação coincide com a poética de outras obras suas. Gostaria apenas de citar alguns exemplos que não cheguei a desenvolver no capítulo de apresentação. Nem todos os livros de Georges Perec parecem inacabados de uma forma tão explícita quanto *"53 Jours"*. Mais do que isso, poderíamos dizer que neles se expressa uma certa poética do inacabável.

É o caso da maioria das obras criadas a partir de restrições formais rígidas, por exemplo, como *La disparition* e *Alphabets*. Escrever com uma restrição e revelar essa restrição (uma obrigação para os membros do OuLiPo) implica o leitor no processo de criação e o convida a continuar sua empreitada.

Também poderíamos considerar a integração final do leitor em *W* como uma forma de inacabamento, ou de continuidade necessária da narrativa. Segundo aponta Philippe Lejeune, quando o livro finalmente termina a sua lista de lembranças de infância e o seu relato do mundo dos esportes, "W", o leitor tem a responsabilidade de unir esses pedaços de fantasias, sonhos, reconstruções e tentar criar, ele mesmo, uma memória possível. É uma leitura que exige um longo silêncio após seu final. Esse silêncio é a palavra do leitor tentando se escrever.

De outra maneira, *Le voyage d'hiver* também propõe a continuação permanente da escritura após o seu ponto final. Senão, suponho que ele não teria tido tantas continuações e tantas que

A FICÇÃO DA ESCRITA

ainda podem vir a ser publicadas[84]. As dezenas de livros incluídos em *Le voyage d'hiver* podem transformar-se em centenas, milhares e assim ao infinito. O professor que encontrou a obra não teve tempo de identificar todos os poetas que poderiam ter plagiado Hugo Vernier: cumpre ao leitor continuar a sua tarefa. Dessa forma, o leitor também poderá fazer parte desse livro infinito, inacabável. Prova disso é a observação de Gorliouk, protagonista de *Hinterreise*, do oulipiano Jacques Jouet, e leitor de *Le voyage d'hiver*:

[apesar do prazer da leitura] Por que ele guardava, no entanto, esse gostinho de inacabamento? Ele soube então que estava preso na rede dessa história e que ele se unia a uma espécie de comunidade intelectual, a dos Vernier, dos Borrade, dos Degraël e outros Gauger, a das Virginie Huet e Klara Jägers [...][85].

A obra que provavelmente mais desenvolveu essa estratégia, até "53 *Jours*", foi certamente *A Vida Modo de Usar*. A presença de múltiplas narrativas sem fim e sem conclusão (assim como podem ser as vidas dos habitantes do prédio em que cada um de nós vivemos) e o inacabamento do complexo projeto do milionário Bartlebooth, que morre com uma peça do quebra-cabeça na mão, correspondem a manifestos de uma poética do inacabável. Nesse ponto, compartilhamos a opinião de Jacques Roubaud:

Ora, o fracasso do completamento absoluto do projeto de apagamento de Bartlebooth e de solução de todos os mistérios (quebra-cabeças)

---

84. Durante o ano 2000, o OuLiPo apresentou uma sessão de leitura de trabalhos em homenagem a Hugo Vernier, o suposto autor do livro de poemas *Le voyage d'hiver*.

85. "Pourquoi en gardait-il néanmoins ce petit goût d'inachèvement? Il sut alors qu'il était pris dans le filet de cette histoire et qu'il rejoignait de la sorte une façon de communauté intellectuelle, celle des Vernier, des Borrade, des Degraël et autres Gauger, celle des Virginie Huet et des Klara Jägers [...]" (Jacques Jouet, *Hinterreise et autres histoires retournées*, La Bibliothèque Oulipienne, n. 108, 1999, p. 6). As personagens citadas são personagens do próprio *Le voyage d'hiver* (Vernier, Degraël) e de leitores dessa novela, por sua vez protagonistas das suas continuações.

ESTÉTICA DA CRIAÇÃO

mostra, de fato, que *A Vida Modo de Usar* oferece como romance exatamente o contrário desse fracasso; [...] *A Vida Modo de Usar* é o romance de uma espiral entrelaçada de acabamentos e inacabamentos múltiplos (as vidas, a vida), do acabamento e inacabamento da memória, de uma reminiscência, de uma anamnese[86].

Por mais estranho que pareça, o inacabamento seria, para Roubaud, uma forma de restaurar a memória. Não no sentido de recuperar uma lembrança esquecida, um acontecimento morto, mas de eliminar toda possibilidade de desaparecimento através de uma nova concepção de memória, uma memória em constante escritura, feita de acabamentos e inacabamentos, sem fim. Esse é o contrário do fracasso: o não-desaparecimento. Na mesma obra citada, o poeta defende que o grande problema do gênero romance na atualidade é o fato dele ter fim.

O acabamento de todo romance, a inscrição da palavra FIM não é somente uma morte metafórica. Trata-se, propriamente, de uma morte desse romance; ela marca seu desaparecimento. Nada fará, mesmo se o relermos por prazer, depois de um intervalo de tempo, para estudá-lo ou criticá-lo, que ele não tenha sido lido. Ler é um desaparecimento. O romance, diferentemente dos poemas – cuja razão de ser é ser para a memória (e então não existe releitura) – está destinado a desaparecer, porque ele terminou. Pensem na tristeza, quase melancolia, eu utilizo de propósito esse termo que é muito forte, que atinge vocês quando vocês deixam sobre a mesa, terminado, um grande romance[87].

86. "Or, l'échec de la complétion absolue du projet d'effacement de Bartlebooth et de la solution de tous les mystères (puzzles) montre, en fait, que VME offre, en tant que roman, exactement le contraire de tel échec; montre, je pense, que VME est le roman d'une spirale entrelacée d'achèvements et d'inachèvements multiples (les vies, la vie), de l'achèvement et inachèvement de la mémoire, d'une reminiscence, d'une anamnèse, celle de la forme même qui le suscite et dont la poursuite (graal ou snark) fut comme le 'rêve d'avant-naissance', de son auteur, de son grand horloger, Georges Perec" (Jacques Roubaud, *Poésie, etcetera: ménage*, Paris, Éditions Stock, 1995, p. 247).

87. "L'achèvement de tout roman, l'inscription du mot FIN n'est pas seulement une mort métaphorique. Il s'agit, proprement, d'une mort de ce roman; elle marque son effacement. Rien ne fera, même si on le relit pour plaisir, à distance de temps, pur étude ou critique, qu'il n'ait déjà été lu. Lire est un

A FICÇÃO DA ESCRITA

Mas por que antes, na maioria dos romances do século XIX, essa angústia do fim não existia? Por que seria um problema do romance contemporâneo, segundo Roubaud?

4.3.4. O tempo do fim dos finais e o segundo tempo

Para o geneticista Louis Hay, a resposta estaria nas condições do mundo contemporâneo. No último século, as certezas sobre a realidade teriam começado a ruir. Estaríamos vivendo no mundo dos possíveis.

[No século XX], a própria realidade do mundo físico torna-se por sua vez incerta e numerosos trabalhos tentaram, no curso dos últimos anos, sondar a relação entre os conceitos novos da ciência – relatividade, quanta, probabilismo – e a estética contemporânea. [...] A partir disso, tudo se passa como se o fluxo da escritura estivesse formado de todos os elementos do possível e essa totalidade dos inacabamentos desdobra-se, singularmente, nesses imensos "manuscritos" que dominam a primeira parte de nosso século: *Em Busca do Tempo Perdido, O Homem sem Qualidades* e *Finnegans Wake*[88].

Para Roubaud, o escritor contemporâneo não poderia conviver com o drama do acabamento: por alguma razão, ele não poderia conviver com a certeza do fim, com a visão da morte. Segundo Louis Hay, esse pavor do fim estaria ligado a uma nova ordem dos possíveis. Não tenho aqui a intenção de descrever ou estabelecer essa ordem, senão este trabalho também se transformaria em outro manuscrito inacabável. Gostaria apenas de me restringir a um aspecto dessa "nova" concepção de mundo que, de alguma forma,

---

effacement. Le roman, à la différence de poèmes, dont la raison d'être est d'être pour la mémoire, et donc n'existe que d'être relu, est voué à s'effacer, parce qu'il finit. Pensez à la tristesse, mélancolie presque, j'emploi à dessein ce terme très fort, qui vous saisit quand vous posez, terminé, un grand roman" (*op. cit.*, pp. 236-237).

88. "Au siècle suivant [XX], la réalité même du monde physique devient incertaine à son tour et des nombreux travaux ont tenté au cours des dernières

ESTÉTICA DA CRIAÇÃO

possibilitaria a existência e o prazer desses livros-manuscritos. Refiro-me aqui à percepção do tempo.

Eric Hobsbawm, no seu livro sobre o século XX, afirma que uma das conseqüências do capitalismo avançado seria exatamente a percepção de um presente constante. Hoje, o sujeito não sentiria mais necessidade de reafirmar as suas raízes com o passado, com a tradição, e ao mesmo tempo teria a impressão de que esse futuro, como mudança, jamais existiria. O futuro, nesse sentido, seria uma eterna repetição do presente:

> No fim deste século, pela primeira vez, tornou-se possível ver como o mundo em que o passado, inclusive o passado no presente, perdeu seu papel, em que os velhos mapas e cartas que guiavam os seres humanos pela vida individual e coletiva não mais representam a paisagem na qual nos movemos, o mar em que navegamos. Em que não sabemos aonde nos leva, ou mesmo aonde deve levar-nos, nossa viagem[89].

Essa idéia de um tempo sem finais nem começos também está presente nos desenvolvimentos da física contemporânea. Durante séculos, teólogos e físicos afirmavam que o tempo, tal como hoje o concebemos, teria surgido com a criação do universo e terminaria com a sua destruição. Hoje, no entanto, os físicos defendem a existência de um tempo infinito, que não teria início nem fim. Como defende Ilya Prigogine:

> Para muitos físicos, aceitar a teoria do big-bang como origem de nosso universo equivaleria a aceitar que o tempo deve ter um ponto de

années de sonder la relation entre les concepts nouveaux de la science – relativité, quanta, probabilisme – et l'esthétique contemporaine. [...] À partir de là tout se passe comme si le flux de l'ecriture était formé de tous les éléments aléatoires du possible et cette *totalité des inachèvements* se déploie singulièrement dans ces imenses 'manuscrits' qui dominent la première partie de notre siècle: *A la recherche du temps perdu, L'homme sans qualités et Finnegans Wake*" (Louis Hay, "Quelques remarques pour commencer", *Le manuscrit inachevé*, Paris, CNRS, 1986, p. 11).

89. Eric Hobsbawm, *A Era dos Extremos*, São Paulo, Companhia das Letras, 2000 [1994], p. 25.

A FICÇÃO DA ESCRITA

partida. Haveria um começo e talvez um fim do tempo. Mas como conceber esse começo? Acho mais natural supor que o nascimento do nosso universo é um evento na história do cosmos e que devemos, pois, atribuir a este um tempo que precede o próprio nascimento de nosso universo. Esse nascimento poderia ser semelhante a uma mudança de fase que leva de um pré-universo ao universo observável que nos rodeia[90].

Aparentemente, a poética do inacabável da obra de Perec pareceria coincidir com essa visão do tempo do final do século XX: permanente, sem mudanças. O caso *"53 Jours"* seria extremo nesse sentido. O romance é, além de inacabável, inacabado: o leitor sequer tem essa sensação pavorosa, que descreve Roubaud, de colocar o livro sobre a mesa, terminado.

Mas, como já disse, é preciso sempre desconfiar das nossas conclusões, para não morrermos envenenados. Simultaneamente a essa visão de tempo eterno que parece emanar dessa poética do inacabável, observamos também no texto uma outra concepção de tempo, o tempo da inversão.

Como vimos na parte anterior deste capítulo, a concepção de realidade desta escritura propõe a existência de dois momentos: um primeiro, de busca, e um segundo, de encontro falido. Esse momento do encontro falido foi definido como o centro da poética do falso, do erro, com a qual são caracterizados diferentes movimentos desta escritura.

Também nos referimos a essa existência de um segundo tempo no capítulo 3, no trecho em que discutimos a fragmentação da escritura. Nesse momento, chegamos à conclusão de que a escrita despedaçada era necessária para provocar um olhar sobre as diferentes fantasias, os "refúgios bem balizados dos labirintos"[91], fragmentados sobre o papel. Esse olhar, que se reflete também na leitura, não pode ser representado, nem dito: ele é um efeito de leitura, ou um segundo tempo.

90. Ilya Prigogine, *O Fim das Certezas. Tempo, Caos e Leis da Natureza*, São Paulo, Editora da Unesp, 1996, pp. 169-170.
91. Expressão já citada do texto "Les lieux d'une ruse" que se refere às fantasias, às "historinhas" que Perec narrava durante a sua análise.

ESTÉTICA DA CRIAÇÃO

Se aliarmos a concepção do tempo infinito, da escritura aberta, a esse segundo tempo, qual será o resultado? Certamente, uma visão invertida desse tempo sem finais nem começos, uma visão, de alguma maneira, "crítica" do inacabamento. Voltaremos a esse ponto no "epílogo" deste trabalho.

4.4. AS PARTIDAS DE DOMINÓ COM O SENHOR LEITOR

4.4.1. A traição da leitura

Nesta breve subdivisão do trabalho, não pretendo fazer mais do que um prelúdio à conclusão. Peço ao leitor que não espere um desenvolvimento mais extenso, como nas outras partes deste trabalho.

Sinto-me "autorizada" a reduzir aqui nossa reflexão, já que a problematização da leitura foi suficientemente abordada no resto do trabalho. A esta altura, já deve ter ficado bem claro que a leitura é uma das grandes questões do romance, se não for "a" questão.

Mas, para entrarmos no contexto da discussão que vamos desenvolver, é necessário lembrar alguns pontos.

A leitura de "La crypte" é o ponto de partida do romance e também a suposta solução do enigma de *"53 Jours"*. Essa estrutura da leitura como motivo e única forma de desenvolvimento do romance repete-se com algumas variações em quase todas as narrativas presentes no livro. Assim, o crime de "La crypte" é "solucionado" com a leitura de "Le juge"; o objetivo das personagens de "K comme Koala" é decifrar a "lista Koala" e o detetive Salini tem como única pista do desaparecimento de Robert Serval o livro *"53 Jours"*. Como já dissemos várias vezes, a repetição dessa estrutura produz também a sensação, através da exegese, de que a leitura de *"53 Jours"* poderia levar à solução do enigma do desaparecimento de Georges Perec.

Vale lembrar que, em quase todos os casos citados, a leitura conduz a resultados falsos, que em "53 Jours" acabam por incri-

229

A FICÇÃO DA ESCRITA

minar o leitor e em "La crypte" transformam-no em cúmplice do assassino (o detetive Robert Serval, ao deduzir que o morto não está morto, livra o assassino da prisão). Ou seja, a leitura, apesar de ser definida inicialmente como sentido e direção da narrativa, no final ela sempre adquire um caráter "traiçoeiro". Assim também poderia ser definida a personagem feminina mais importante do romance, Lise[92], a leitura, que conquista o coração da personagem-leitor e o leva, cegamente, a cair na armadilha de "La crypte". O amor entre os dois aqui jamais se consome e é falso; exatamente o contrário do que acontece em *Se um Viajante Numa Noite de Inverno*, que termina com o leitor e a leitora na mesma cama.

Não podemos esquecer também que as personagens principais do romance são leitores: Veyraud (o narrador da primeira parte), Robert Serval e François-Léon Salini. Mas essa ocupação de leitura está sempre ligada à escritura. Dessa forma, o leitor Veyraud é também escritor do diário "53 jours", que por sua vez Salini deve decifrar e transformar em relatório policial. Já Robert Serval é leitor-detetive em "La crypte" e logo escritor de romances policiais, em "53 Jours". Lembremos que a personagem Lise pode ser também incluída nesse conjunto, já que tem uma ligação com a escritura: a sua profissão de datilógrafa.

4.4.2. Caminho para a decepção

Que mudanças sofre essa problematização da leitura no processo de criação do romance? A leitura tende a ganhar importância durante a escritura. É o que constatamos pelo menos na comparação dos planos, onde é possível perceber que os títulos dos capítulos, que em geral tinham a ver com o desenvolvimento dos

---

92. "Lise" corresponde literalmente ao subjuntivo singular do verbo *lire* (ler) e, sonoramente, ao presente da terceira pessoa do plural (*lisent*), alvo da paixão dos três personagens principais de "53 Jours" (o narrador, o cônsul e Serval), o que sugeriria a mensagem evidente de que a leitura é o grande objeto do desejo da escritura.

ESTÉTICA DA CRIAÇÃO

crimes, passam a fazer referência à leitura das narrativas dentro do romance (por exemplo, o capítulo 3 originalmente é chamado de *La crypte* e depois de "Le narrateur lit la crypte"). Também apontamos que era possível ver essa tendência no aumento da importância das narrativas citadas na elaboração do romance, especialmente o caso de *O Coronel Chabert*. Em relação ao nome "Lise", destacamos que ele corresponderia ao nome das duas personagens femininas, a datilógrafa da primeira parte e a esposa de Serval na segunda, e que, depois, passaria a ser somente o nome da personagem da primeira parte. Essa mudança também revelaria uma nova postura em relação à leitura. Enquanto antes, "Lise", a leitura, poderia ser identificada como qualquer personagem feminina (qualquer possível objeto de desejo para o leitor, que neste caso é sempre um homem), em um segundo momento ela só pode ser aquela mulher bela, encantadora, que desperta uma cega paixão no leitor e que o leva a cometer erros irreparáveis[93].

Outra mudança em relação à leitura que pode ser apontada neste processo é a tendência à decepção. No começo, a leitura era vista – como discutimos na primeira parte deste capítulo – como fonte da verdade, como a solução para o enigma. Esta não é apenas a sensação que o leitor tem ao começar a ler as narrativas, mas também a determinação do scriptor no início da campanha de escritura. O sentido da estrutura de *mise en abyme*, como já vimos, estava ligado a essa esperança na leitura. Porém, em todas as narrativas, essa esperança tende a desaparecer, já que todas são portadoras de pistas falsas e não ajudam – ou ajudam erroneamente – a solucionar o enigma. É o que acontece com a leitura de "53 jours", "La crypte", "Le juge est l'assassin" e "K comme Koala" e

93. Nesse ponto, encontramos mais um elemento em comum com o livro de Calvino, *Se um Viajante numa Noite de Inverno*. Esse romance foi construído a partir da repetição de uma mesma situação narrativa: "uma personagem masculina que narra a história se vê assumindo um papel que não é o seu, numa situação em que a atração exercida pela personagem feminina e o peso da obscura ameaça de uma coletividade de inimigos a envolvem sem lhe dar escapatória". Na situação narrativa principal do livro, o leitor assume o papel da personagem masculina e a leitora, da personagem feminina.

A FICÇÃO DA ESCRITA

também, de certa forma, *A Cartuxa* e *O Coronel Chabert*. A leitura de todos esses livros – inclusive os livros "reais" – leva a uma decepção, decepção que será o grande erro do leitor.

Esta estratégia da decepção encontra-se em outras obras de Perec. Ao menos é o que diz o crítico Jacques Neefs, que acredita que o leitor é o grande protagonista das narrativas perequianas. Porém, tal como em nossa análise, ele destaca que a leitura é sempre uma espécie de trapaça, que não oferece soluções: "O total dos elementos, citações, ordens etc. dissimulados no texto (e que proporcionam a sua estruturação) não estão presentes para serem decifrados (e eles são, na sua maioria, indecifráveis), mas para *solicitar* a curiosidade, a participação ativa do leitor"[94].

Ou seja, para Neefs, a participação do leitor é, apesar de ativa, frustrante, decepcionante. Os jogos e citações do texto não são decifráveis, não cumprem a expectativa que criam ao serem propostos. Ao decidir entrar em um jogo, toda pessoa tem a expectativa de poder ganhá-lo ou, ao menos, chegar ao seu fim. Não é o que acontece, por exemplo, em *W*, onde a busca do menino Gaspard Winckler, aparentemente o enredo principal do romance, é simplesmente abandonada, como se jamais tivesse sido citada. Também não é o que acontece em *A Vida Modo de Usar*. Desde o preâmbulo, a leitura do romance leva a crer que ele será estruturado como um quebra-cabeça. As principais características desse jogo são descritas no começo e no meio do livro e as personagens e suas diferentes histórias são descritas como peças de um todo que o leitor é levado a montar. No entanto, as peças não se encaixam e a única personagem que realmente tem relação com o jogo, Bartlebooth, o montador, morre antes de completar o seu quebra-cabeça, com a peça em forma de "W" na mão. Todos esses

94. "La totalité des éléments, citations, ordres, etc. dissimulés dans le texte (et qui concourrent à sa structuration) ne sont pas présents pour être déchiffrés (et ils sont bien, pour la plupart, indéchiffrables), mais pour *solliciter* la curiosité, la participation du lecteur" (Jacques Neefs, "Queneau, Perec, Calvino: création narrative et explorations logiques", *Romanische Philologie*, n. 25, 1986/2).

ESTÉTICA DA CRIAÇÃO

exemplos, no entanto, parecem pequenos se comparados ao que acontece em *"53 Jours"*, onde quase todas as narrativas estão inacabadas, ou seja, sem solução. E quando é encontrada alguma pista, algum elemento do romance que possa ajudar na solução no enigma, essa pista é falsa.

Para Hugues Corriveau, em um artigo dedicado exatamente à decepção nos livros de Perec, a frustração provém da negação daquilo que é dito:

> Ali onde parece se desenhar um certo logro, advém a inevitável reviravolta que modifica o curso das coisas, que envia a procura anterior à sua própria negação: Ouroboros perpetuamente recomeçado a partir da esperança decepcionada, do vazio jamais preenchido, da ausência sempre evanescente que jamais encontrará um nome, uma origem para saciar o desejo de viver[95].

Para Corriveau, essa negação das verdades levaria o leitor a entender que o que deve ser dito não pode estar nas palavras e essa possibilidade de tocar este "além das palavras" seria a grande arma da sedução da literatura de Perec. Dessa forma, a decepção não é tão decepcionante assim. Ela tem uma recompensa, mas que não é pronunciável e se refere a um silêncio compartilhado com o leitor.

4.4.3. A recompensa do silêncio compartilhado

Nada melhor para entender o que seria esse silêncio do que o livro *Les parties de domino chez monsieur Lefèvre*, de Claude Burgelin. Como já dissemos, essa obra é dedicada às relações en-

---

95. "Là où semble se dessiner quelque réussite, advient l'inévitable détournement qui modifie le cours des choses, qui renvoie l'entreprise à sa propre négation: Ouroboros perpétuellement recommencé de l'espoir déçu, du vide jamais plein, de l'absence toujours evahissante qui jamais trouvera de nom, d'origine pour assouvir le désir de vivre" (Hugues Corriveau, "Georges Perec ou le système de la déception", *Études littéraires*, vol. 23, n. 1-2. Québec, 1990, p. 136).

A FICÇÃO DA ESCRITA

tre os escritos de Perec e a psicanálise e, mais precisamente, ao paralelismo entre o processo de leitura desses escritos e o processo de análise que ocorre em um divã. Nas suas palavras:

Pela primeira vez, procedimentos, rituais, instrumentos da psicanálise tornam-se material de construção romanesca da forma mais íntima, ou seja, da forma mais estrutural [...]. Perec soube precisamente tomá-la por aquilo que ela é – também um jogo de regras fixas – e tirar dela suas conseqüências[96].

Quais são as regras fixas do "jogo" na situação de análise? Por um lado, é necessário que haja dois participantes: analista e analisando. Um deles, o analisando, deve deitar-se em um divã e falar, contar sonhos, fantasias, fazer associações livres. O analista deve escutar, fazer os cortes e apontar como aquilo faz parte de uma construção, de um fantasma. Dessa forma, o analisando começa a perceber que a causa de seu sofrimento está no seu discurso e que a única forma de acabar com esse sofrimento é desconstruir o discurso anterior e construir um novo. Esse movimento é possível porque as palavras do analista estão impregnadas por uma certa autoridade, dada pela identificação da sua posição com o lugar do grande Outro[97]. Essa identificação é denominada transferência. No final da análise, esta transferência termina porque esse lugar do Outro perde consistência para o sujeito. Supostamente, nesse momento, o analisando perceberia que o Outro, e que o objeto que o constitui, não são mais do que suas construções.

Depois dessa definição em linhas muito gerais, tentemos entender por que Burgelin afirma que Perec aproveitaria dessas regras nos seus textos. Em primeiro lugar, suas ficções ressaltam esse caráter "enganador" do discurso ou da memória, como vimos no capítulo 3. Assim como o analista, o leitor tem o papel de ver onde

---

96. "Pour la première fois, procédures, rituels, outils de la psychanalyse deviennent matériau de construction romanesque au plus intime, c'est à dire au plus structurel, de qu'elle met en jeu. Perec a su très justement la prendre pour ce qu'elle est – aussi... un jeu au règles fixés – et en tirer les conséquences" (Claude Burgelin, *Les parties de domino chez monsieur Lefèvre*, p. 10).

97. Lembro que há uma definição deste conceito no capítulo 3.

234

ESTÉTICA DA CRIAÇÃO

esse discurso falha, onde as lembranças são falsas, onde a memória está ligada à fantasia, onde as palavras carecem de verdade. Este não é só o papel que o leitor deve tomar, mas também, de certa forma, o que é representado no texto. Lembremos, por exemplo, que em *"53 Jours"* todos os leitores-personagens chegam à conclusão de que a narrativa, que deveria guiá-los em direção à verdade, não passa de uma armadilha. Também em *Un cabinet d'amateur*, o próprio falsificador escreve uma carta e explica que toda aquela construção que acabamos de ler é falsa, falsa como o livro, feito com o único propósito de fingimento ["faire semblant"[98]]. Em segundo lugar, haveria uma representação, nos livros de Perec, da leitura como jogo solitário que se joga a dois, com o leitor em um extremo e o escritor no outro. Um jogo nada limpo, repleto de blefes e armadilhas.

Como aponta Burgelin, esse jogo seria o eixo da relação, em *A Vida Modo de Usar*, entre o montador (Bartlebooth) e o fabricante de quebra-cabeças (Gaspard Winckler). O montador deve reconhecer as armadilhas do artesão, ter cuidado com os seus blefes e procurar, com ele, só os caminhos que ele traçou, e assim recriar o seu discurso.

No processo de montagem de um quebra-cabeça, muitas vezes o que importa não é o resultado final, mas exatamente esse caminho de solução das armadilhas e de desconstrução e reconstrução. Não é por nada que o próprio Bartlebooth resolve apagar o conteúdo das telas no final da montagem dos quebra-cabeças. O resultado ou a verdade não apresentam tanta importância nesse jogo, o que vale, o que é prazeroso, é o seu processo. Assim, afirma Burgelin, o trabalho de leitura é equivalente à transferência na análise. Ele é válido pelo jogo, não por qualquer verdade atingida através dele.

Essa idéia da transferência como o grande valor da leitura, de certa forma explicaria a noção de silêncio compartilhado pelo lei-

---

98. Com essa frase, termina *Un cabinet d'amateur*. Em psicanálise também esse termo tem seu sentido: ele é utilizado para designar o lugar do analista, que faz *semblant* de objeto a, ou seja, que se permite "recolher a transferência".

tor e pelo escritor. Ao destacar a leitura como a única forma de solução dos enigmas, ao colocar a leitura como o objeto do desejo, e ao mostrar que ao mesmo tempo ela não leva a nenhuma verdade, os textos de Perec e especialmente *"53 Jours"* estariam apontando a transferência, o amor, como o objeto da literatura. Ou nas belas palavras de Burgelin: "Por bem ou por mal, o destino do leitor de Perec é tornar-se um pouco, apaixonada ou loucamente, seu parceiro, o que quer dizer seu exegeta – ou seu cativo amoroso"[99].

4.4.4. A doce verdade?

Mas assim como as obras de Perec não chegam a uma amarga verdade, não poderia um estudo sobre suas obras chegar a uma doce verdade como a expressada acima.

Lembremos que em *"53 Jours"* o leitor terminaria preso; Lise, a leitura, transforma-se na mais diabólica das mulheres e, em *A Vida Modo de Usar*, Bartlebooth morre sem terminar o seu quebra-cabeça, com uma peça na mão. Como afirma o próprio Burgelin, se essa era uma metáfora do jogo entre a escritura e a leitura, a escritura (do fabricante de quebra-cabeças) ganhou a partida. O livro captura o leitor na sua promessa de amor infinito, mas deixa-o preso para sempre. A procura amorosa, como explica Burgelin, nesse caso é também uma procura predadora.

Por que atacar o leitor, por que atacar exatamente o cativo amoroso? Uma solução simples seria continuar o paralelo com a situação de análise e dizer que este seria um sinal de que o processo de transferência está terminado. O leitor, aquele que escuta, aquele que monta o quebra-cabeça, deixaria de ser identificado com o grande Outro e perderia importância; transformar-se-ia apenas em um outro.

---

99. "Bon gré mal gré, le sort du lecteur de Perec est de devenir un peu, passionément où à la folie, son partenaire, ce qui revient à dire son exegète – ou son captif amoureux" (*Les parties de domino chez monsieur Lefèvre*, p. 228).

Contudo, essa conclusão não é suficiente, não explicaria a agressividade da narrativa. Como vimos no começo do capítulo 3, com a citação do livro de Lejeune sobre Perec, o leitor é encarregado de criar uma interpretação silenciosa, de unir os fragmentos de narrativa, de encontrar algum sentido ali mesmo onde o texto não tem sentido. Nesse momento, o leitor ocupará o lugar do analisando e o texto, o de analista. É ele quem será o suposto saber, e quem tentará lhe apontar as suas próprias construções. Dessa forma, a leitura também é uma forma de descontrução e reconstrução do próprio discurso do leitor.

A amarga verdade da qual a escritura e o próprio texto fogem será de alguma forma elaborada na escritura (neste caso, barthesiana) do leitor. O scriptor só pode fazer sua viagem além das palavras com a cumplicidade do leitor, mas teme que este abra a boca. Por isso ele deve cair em uma armadilha, deve ser preso. O silêncio é o único valor e ele deve ser mantido.

As implicações dessa prisão não são banais. Por que a literatura teria essa necessidade tão imperiosa de silêncio? E o que pode ser a literatura depois desse silêncio? Com essas perguntas, considero terminado o nosso preâmbulo para a conclusão.

Epílogo: A Inversão Final

◆

> *Pierre me descrevia as ruas onde vivera, os quartos onde dormira, o desenho do papel de parede, precisava-me as dimensões do leito, da janela, a localização de cada móvel, a forma do fecho da porta, e eis que nesse inventário maníaco, dessa recensão infinita que não poderia ter deixado nada de fora, nascia em mim o pensamento pungente da ausência. Os quartos de Pierre: quanto mais eu os via se encherem de objetos, mais eles me pareciam vazios; quanto mais precisa era a topografia, mais vasto o deserto; quanto mais o mapa se povoava de nomes, mais mudo ele era. Ali só havia relíquias, não havia ninguém. E estranhamente era em mim que o buraco se abria.*
>
> J. B. Pontalis[1]

Começarei as conclusões com uma breve anedota. No ano de 2000, fui monitora na disciplina "Visão Diacrônica da Literatura Francesa 2", da habilitação em Língua e Literatura Francesa da Universidade de São Paulo. Nela, dei uma aula sobre o OuLiPo e, como forma de avaliação, solicitei o comentário de uma obra de

---

1. *O Amor dos Começos*, Rio de Janeiro, Globo, 1988, p. 148. Pierre é o pseudônimo de um dos mais famosos casos de Pontalis, o escritor Georges Perec.

Perec. A maioria dos alunos escolheu o texto *As Coisas*, já que parecia ser o mais curto do autor.

Com certeza não é o livro mais curto de Perec e, provavelmente, é um dos mais complexos, mas resolvi não dizer nada aos alunos: queria observá-los embarcando nessa aventura dos anos sessenta[2].

Uma dessas aventuras estudantis de alguma forma ecoou na redação de todo este trabalho. A aluna tinha odiado o texto de Perec. Não lembro literalmente de suas palavras, mas eram algo assim como: "O livro é muito chato, já que é basicamente uma enumeração de objetos de consumo. Além disso, essa enumeração só reforça o sistema capitalista vigente e nada contribui para uma reflexão crítica da sociedade".

Desconheço se ela chegou ao fim da novela, que termina com uma citação de *O Capital*, como já disse. Suponho que, se tivesse chegado, o comentário seria outro. Mesmo assim, lembro de ter escrito no final do seu trabalho mais ou menos o seguinte:

> A crítica à sociedade que Perec efetua neste texto é escrita no leitor e não representada no texto. A enumeração e a repetição têm como objetivo produzir um estranhamento no leitor, um estranhamento que é ponto de partida para uma reflexão sobre sua própria forma de perceber o mundo.

Dessa forma, a crítica de Perec é feita no olhar do leitor e tem como objeto esse mesmo olhar.

Esse procedimento faz parte da poética de vários textos do autor. É o caso de *Um Homem que Dorme*, que a partir da repetição de "figuras" de uma depressão (a desordem do quarto, três meias permanentemente de molho em uma bacia) ligada à narração em segunda pessoa do singular, permite ao leitor também construir um olhar de estranhamento e sair, junto com a personagem[3], do

---

2. O título em extenso do livro é *Les choses. Une histoire des années soixante*. Além disso, um outro livro do autor tem um título semelhante: *L. G. Une aventure des années soixante*.

3. Como a novela é narrada na segunda pessoa do singular, personagem e leitor confundem-se, invariavelmente.

EPÍLOGO: A INVERSÃO FINAL

estado depressivo. Tal como *As Coisas*, é um texto que produz uma espécie de "inversão final" do olhar construído.

Considero que esse efeito é explorado ao máximo em *La disparition*, um texto sem uma determinada vogal, cujo desaparecimento é tematizado. O leitor só sabe que se trata de um texto sobre a letra "e" porque ele não tem a letra e. A presença descobre-se somente através da ausência, ou seja, através de uma inversão. Finalmente, esse artifício está no cerne do romance *W ou A Memória da Infância*, no qual as lembranças de infância adquirem um sentido pela sua falta de sentido, pela sua incoerência. Mas esse olhar invertido só será possível no final do romance, quando a repetição fizer as palavras flutuarem e se deslocarem, para trás da cabeça do leitor[4].

"*53 Jours*" não foge a essa proposta; pelo contrário, ele a acentua. Por sua forma de manuscrito, podemos observar que o procedimento da inversão não está apenas em cada acontecimento do romance e em sua estrutura (o livro terminaria literalmente com um "*renversement* final"[5], a suposta confissão de Patricia Serval), mas também em cada movimento da escritura. No caso deste romance, esses movimentos não são apenas "um elemento a mais". É somente a partir de sua análise que podemos de fato identificar os acontecimentos e a estrutura do romance. Só podemos conceber o livro a partir da percepção de sua criação.

Nessa percepção do movimento de criação e na discussão de suas principais características, deparamo-nos várias vezes com o procedimento de inversão, como o leitor deste trabalho deve lembrar. Ele foi definido como uma elaboração dada pela existência de um segundo tempo, que implicaria um olhar "crítico" sobre a verdade atingida. Tal como nos outros livros de Perec, este segundo tempo emergiria da saturação, da repetição de verdades vazias.

4. Palavras de Perec no seu texto sobre a análise, "Lieux d'une ruse". Em *Penser/ classer.*
5. "Inversão final". No fólio 52,6,3 recto Rh 5.

A FICÇÃO DA ESCRITA

Espero já ter preparado o leitor para o que vou desenvolver a seguir. Se esse procedimento da inversão está presente em toda a escritura do romance, então é necessário supor que as conclusões às quais chegamos também devem ser invertidas: nossas interpretações sobre os procedimentos escriturais, sobre os movimentos da narrativa, sobre a poética proposta.

À primeira vista, esse movimento pode parecer um ato de destruição de verdades, totalmente niilista e impróprio a qualquer "conclusão". Mas, pelo contrário, ele é o artifício encontrado por Perec para produzir a construção de um olhar crítico sobre alguns problemas da literatura e da sociedade contemporâneas.

Para entender o que seria esse olhar crítico, é necessário recapitular os principais pontos do nosso desenvolvimento. Tentemos identificar juntos o que se repete até a exaustão, o que é saturado, e então saberemos o que deve ser invertido.

Na primeira parte do trabalho, mostramos que *"53 Jours"* estaria dentro de uma tradição da literatura, que privilegiaria o processo de criação. Nessa tradição, o romance ocuparia um papel-limite. Não só usaria ao extremo alguns recursos próprios para atrair a atenção para a instância enunciativa (*mise en abyme*, paródia, intertextualidade), como também representaria os processos de criação (por exemplo, criação de "La crypte") e recepção no seu interior (todas as narrativas começam da leitura de outra). Além disso, o livro encontrar-se-ia na forma de manuscrito e, conseqüentemente, inacabado. Assim, a criação estaria tão em evidência que o próprio leitor seria chamado a continuar a escritura dessa ficção, ou seja, chamado a ocupar o lugar do scriptor. Este efeito é reforçado, ou talvez, inclusive, iniciado pela própria narrativa, que conta a história de leitores (Veyraud, Serval, Salini) que encontram livros a partir dos quais devem escrever uma outra história.

Este tipo-limite de narrativa da criação teria surgido quase ao mesmo tempo de uma nova disciplina dedicada ao estudo dos processos de criação, a crítica genética. Essa coincidência revelaria uma certa estética da criação, ou seja, uma tendência a encontrar alguma beleza nos manuscritos, nos documentos de processo.

242

EPÍLOGO: A INVERSÃO FINAL

Para abordar *"53 Jours"* definimos que era necessário então assumir essa estética e analisar a beleza da criação, ou o prazer da escritura. Na observação do manuscrito, vimos que *"53 Jours"* apresenta uma escrita fragmentada, com poucas rasuras e em um diálogo literal consigo mesma. Este diálogo dá lugar a importantes mudanças no curso da escritura, como, por exemplo, a transformação da *mise en abyme* em hipertexto, a inclusão do inacabamento na própria narrativa, a incorporação gradativa de elementos da realidade à ficção e a problematização crescente da leitura.

Em relação à fragmentação da escritura e à falta de "versões" integrais do romance, concluímos que isso estava ligado a uma determinada forma de relacionar-se com a memória. Mais do que se posicionar como mestre, que domina o desenvolvimento da ficção, o *scriptor* aqui utiliza a escritura para aceder àquilo que se perde na sua memória, àquilo que não pode dominar. A fragmentação (e a fase posterior, de montagem, que ela implicaria) permitiria exatamente essa observação das explicações já prontas, dos "refúgios dos seus labirintos" e dos seus furos, seus pontos de fuga. Como se tentássemos montar um quebra-cabeças e, ao chegar ao final, sempre descobríssemos que a figura formada é falsa; não estava desenhada na caixa do brinquedo. É necessário então desfazer todas as peças e começar de novo a montagem. Para Perec, aparentemente, este movimento seria o objetivo mesmo da escrita. De fato, nunca vemos no manuscrito soluções finais, imagens verdadeiras. Toda explicação configurada no final torna-se falsa. Dessa forma, o movimento da escrita revelaria uma eterna procura do falso, do erro.

A ausência de rasuras reforçaria essa busca. Os textos, em geral limpos, de Perec mostrariam essa necessidade de convivência com o erro, com o falso. Essa convivência não seria apenas uma concessão: é a marca do início e a essência da ficção. Afinal, é ao perceber os erros que o olhar sobre a ficção – efeito de leitura – começa a ser construído.

O diálogo *scriptural* também reforçaria essa primazia do falso, mas de outra maneira. O fato de a escritura estar estruturada como

A FICÇÃO DA ESCRITA

um diálogo infinito, sem solução, chamaria atenção para a impossibilidade de soluções e, portanto, de verdades. Do mesmo modo, o diálogo como forma de criação estaria acusando uma impossibilidade de terminar a mensagem e, em decorrência, a falta de um destinatário real dessa comunicação. Esta ausência desse ponto de chegada do texto é um chamado ao leitor, para integrar o manuscrito, o momento da criação.

Por isso, a última parte do terceiro capítulo é justamente dedicada ao lugar do leitor no manuscrito. Evidentemente, o autor não cria o manuscrito para ser lido por um destinatário, mas podemos questionar essa certeza se pensarmos que os escritores muitas vezes se desfazem de documentos, arrancam folhas, classificam papéis avulsos. Mesmo que essas organizações visem ao próprio escritor, é um escritor enquanto leitor. Por essa razão, sentimo-nos obrigados a concordar com Genette quando ele destaca que os dossiês dos quais dispomos não são "o" rastro da criação, mas "aquilo que o escritor quis que se soubesse sobre a forma como ele escreve".

No caso de *"53 Jours"*, esse lugar do leitor no manuscrito é ainda mais evidente, já que ele é chamado a integrar o processo de criação. Em parte, pela ausência de um ponto de chegada da criação, como dissemos acima, mas em parte também por um fato que jamais deve ser esquecido: o livro é em si um manuscrito. O leitor não precisa ser um geneticista para ter acesso às hesitações da escritura e ao diálogo *scriptural*. O que é sem dúvida reforçado pelo fato de que as próprias personagens do romance devem procurar saber sobre a gênese dos livros-pista no interior da narrativa. Assim, em *"53 Jours"* o lugar do leitor é um lugar no manuscrito, um lugar contíguo ao do escritor, que parece esconder-se e deixar que os dedos do próprio leitor batam nas teclas da máquina de escrever.

Mais do que uma interpretação da sociedade, uma representação do mundo, este livro pareceria colocar o diálogo com o leitor como o grande valor da narrativa. O escritor parece mostrar-se como incapaz de criar, ele mesmo, uma ficção, uma verdade: as-

EPÍLOGO: A INVERSÃO FINAL

sim, concebe o diálogo como criador ou, inclusive, o leitor como criador. Observamos, dessa maneira, uma tentativa de fuga do escritor à responsabilidade da escritura. Tentativa que, com sua morte, é inevitavelmente lograda.

A mudança do uso da *mise en abyme* para o recurso da hipertextualidade tomaria a mesma direção dos outros movimentos de escritura analisados. O abandono parcial da estrutura de "uma narrativa dentro da outra narrativa" mostraria uma certa desconfiança na possibilidade de interpretação de uma ficção. Afinal, a base da interpretação estaria nessa idéia de uma história *dentro* de outra, o equivalente da noção de verdade no universo da leitura. Como alternativa, o *scriptor* propõe a hipertextualidade, ou seja, um texto em função de outro texto. Esse recurso ajudaria a construir uma espécie de "poética da diferença", exemplificada na frase: "a verdade está entre os livros". Dessa forma, novamente chegaríamos ao ponto em que um olhar deve ser construído a partir da observação de determinadas verdades que, por sua vez, são falsas. Por outro lado, essa valorização do "entre" também remeteria ao diálogo e ao caráter essencial do leitor na própria criação.

Outro elemento levantado da escritura foi a integração de elementos da realidade à ficção. Definimos que esses elementos apresentavam uma origem bastante heterogênea, e que podiam pertencer à realidade da emissão, da recepção, das ficções (obras que existem na própria realidade), dos fatos históricos ou à biografia do autor. Mas em todos os casos sua presença parecia remeter à literatura realista do século XIX, especialmente às obras de Stendhal, Flaubert e Balzac. Essa remissão não poderia indicar que esses autores foram os modelos para Perec nesse livro: aparentemente, *"53 Jours"* não seguiria nenhuma das premissas desse tipo de literatura. Mas só aparentemente, porque o romance, com todas essas alusões, pareceria também estar buscando uma representação da realidade.

Perec defenderia uma representação de uma realidade nãoestática, mas em constante movimento. Uma realidade, aliás, enquanto movimento; o movimento de buscar uma verdade que

A FICÇÃO DA ESCRITA

sempre se mostraria falsa. Nesse sentido, vemos, aqui, novamente, uma repetição da valorização do diálogo (neste caso, movimento, busca) e do falso como forma de aceder a essa busca sempre falida que é, ao mesmo tempo, o sentido da própria literatura.

Não são necessárias muitas argumentações para demonstrar que o fato de o livro estar inacabado também remete a essa concepção da literatura enquanto movimento. Ainda mais se consideramos que o livro não é somente inacabado, mas inacabável. Podemos deduzir isto de várias indicações da própria narrativa, como a inclusão de romances inacabados dentro do romance principal, o uso do inacabamento para procurar o objeto amado (Lise), a não-resolução de dois crimes etc. De alguma forma, o romance pareceria mostrar que o prazer da literatura não estaria na transmissão de alguma verdade universal, mas na comunhão com o leitor, desse tempo infinito, sempre em movimento.

Por último, devemos considerar a questão da problematização da leitura, que constituiria uma espécie de núcleo de todas as outras conclusões e é por isso que sua análise foi considerada um "preâmbulo" à parte final deste trabalho.

Em *"53 Jours"*, a maioria dos romances começa com a leitura de outros romances. Os protagonistas, portanto, assumem desde o início o papel de leitores. Eles não têm outra escolha: os romances dentro dos romances são as únicas pistas dos crimes, dos desaparecimentos que devem solucionar. Dessa maneira, a leitura é colocada como a única procura possível do objeto desaparecido. Porém, essa procura, ao mesmo tempo que é valorizada, colocada em um pedestal, também é mostrada como traiçoeira. A verdade que os leitores-protagonistas pensam atingir é sempre uma falsa verdade que os levará, inexoravelmente, a ser cúmplices, ou mesmo autores, de outro crime.

Em nosso desenvolvimento, sugerimos que esse ato de traição não constituiria uma forma de menosprezo ao ato de leitura, mas exatamente o contrário. Ao mostrar que o final seria uma mentira, que a ilusão de uma verdade alcançada só levaria à prisão do leitor, o livro novamente estaria chamando a atenção para o processo. Este seria o verdadeiro valor da comunicação literária; a mensagem atingida, o efeito, seriam meras ilusões envenenadas.

Terminada a nossa recapitulação, é possível identificar os elementos repetidos, saturados, que agora serão alvo da inversão final deste trabalho.

O primeiro desses pontos pode ser definido como a valorização do processo. Em todos os aspectos vistos, observamos que, no final, a solução é banida para dar lugar a uma espécie de primado da criação em movimento. É difícil distinguir se esse processo refere-se mais à leitura do que à escritura. Neste romance, não parece existir uma diferenciação clara entre esses dois pólos da literatura; não gratuitamente falamos do *scriptor*-leitor e do *lector*-escritor, no capítulo 3. O papel do escritor corresponde também ao lugar do leitor.

Poderíamos chamar de "estética do falso" o segundo ponto repetido na interpretação deste romance. As soluções encontradas sempre serão falsas, mas é a partir desta falsidade que o prazer do texto se constrói. Somente ao perceber que a verdade construída a partir da leitura era uma ilusão, pode haver alguma esperança de solucionar o crime.

Este último ponto também poderia ser ampliado para a literatura como um todo. O romance pareceria defender que a ficção já não é capaz de representar uma determinada realidade; ela só será capaz de revelar pistas falsas, armadilhas, não a solução procurada. Esta, por sua vez, só será atingida pelo reconhecimento dessa incapacidade da representação literária, dessa insuficiência da linguagem.

Estas questões não são novidades para uma determinada crítica literária, que se centra no vazio e na insuficiência da linguagem. Se alguns consideram os teóricos dessa corrente como "pós-modernistas", a denominação é bastante conflitiva. Como aponta Habermas, a modernidade, tal como foi posta em evidência por Hegel, corresponde ao período pós-Revolução Francesa, caracterizado pelo sistema capitalista e pelos ideais burgueses. Mesmo que estejamos em um período de incerteza em nossa sociedade, nada

A FICÇÃO DA ESCRITA

parece apontar para uma saída desse sistema ou um abandono desses ideais. Se há alguma mudança a ser pontuada, é uma mudança de percepção da modernidade; o que não significa que estejamos em outra etapa da história[6]. Essa nova percepção surge de uma contradição. A lógica da mercadoria, sempre nova, diferente e, portanto, vazia, que primaria no quotidiano da sociedade capitalista não coincidiria com alguns ideais burgueses essenciais, como a noção de identidade singular, subjetividade e hierarquia. Como explica Terry Eagleton, em um trecho que certamente lembra *"53 Jours"*:

> A mercadoria é a ruína de toda identidade distintiva, conservando cuidadosamente a diferença do valor de uso, mas só à custa de subjugá-la à mesmice – na diferença que para Walter Benjamin é a moda. Ela transforma a realidade social numa selva de espelhos, cada objeto contemplando especularmente no outro a essência abstrata de si mesmo[7].

A estética que corresponde a essa etapa de percepção tenderia, então, a apontar a contradição entre os ideais burgueses tradicionais e a lógica da mercadoria nos produtos culturais. No caso da literatura, essa contradição estaria representada pela impossibilidade de expressar essa identidade singular, essa subjetividade pelos meios disponíveis, ou seja, a linguagem verbal, a narração, a representação. A única forma de poder ter algum sucesso nessa significação da subjetividade seria compartilhar o fracasso, o não-dito com o leitor (como aponta Jean-François Lyotard), fazê-lo cúmplice de uma nova superficialidade e da total ausência de interpretações (como defende Frederic Jameson) e integrá-lo à impossibilidade da criação literária (como já vimos na obra de Linda Hutcheon). Ou, novamente nas palavras de Eagleton,

> [...] a (anti)epistemologia do pós-estruturalismo aponta recorrentemente para o impasse, o fracasso, o erro, para o perder a mira, o não-exatamen-

---

6. Jünger Habermas, *Le discours philosophique de la modernité*, Paris, Gallimard, 1988.
7. Terry Eagleton, *A Ideologia da Estética*, p. 270.

EPÍLOGO: A INVERSÃO FINAL

te-isso; a ponto que uma insistência em que algo num texto não consegue ser dito, já sempre fracassou, está agora mesmo fracassando em desviar-se daquilo que nunca foi exatamente[8].

Como é possível perceber, os pontos repetidos na análise de *"53 Jours"* estão bastante relacionados a essa estética. Tal como os pensadores pós-modernistas, o texto de Perec abominaria a noção de verdade e relacionaria o prazer da leitura ao erro, ao falso, ao "impasse". E, como seria impossível desviar esse erro, essa insuficiência do sistema representativo, ele também levaria à ausência de interpretações e, nesse sentido, a uma certa superficialidade. Essa superficialidade, por sua vez, também pode ser fruto da valorização do processo de criação, que levaria a um movimento sem fim e portanto sem "profundidade"[9].

Todos esses aspectos não são citados uma única vez no livro, não são um resultado de uma interpretação pessoal da minha parte, não se encontram apenas nas falas das personagens, ou apenas na intriga das narrativas, ou apenas na forma como os relatos se relacionam, ou apenas no modo de integrar os aspectos da realidade, ou apenas na maneira de escrever. Eles estão em todos os estratos do romance. Repetem-se até a exaustão, até o cansaço, ou até... a inversão.

Dessa forma, o livro-manuscrito de Perec produz no leitor um olhar crítico sobre essa estética do falso, da ausência de verdades, do fracasso, do vazio, do silêncio, da insuficiência da linguagem, da impossibilidade da interpretação da literatura e da teoria contemporânea. Esse olhar inevitavelmente também se aplica à estéti-

---

8. *Op. cit.*, p. 279. Aqui Eagleton chama os supostos teóricos do pós-modernismo simplesmente de "pós-estruturalistas".
9. Estas características não são alheias à crítica de Perec em geral. O primeiro capítulo do livro de Philippe Lejeune chama-se "Dire l'indicible", e trata exatamente do vazio como peça essencial da autobiografia perequiana. Já a tese de Hans Hartje, sobre a gênese de várias obras de Perec, conclui que a única forma de definir a obra do autor é como tentativa de dar a ver o indizível, seguindo as propostas de Wittgenstein.

ca da criação e à valorização do movimento, que também estão ligados à falta de soluções. *"53 Jours"* então seria portador de uma nova estética da criação, mas também acusaria seus limites. Não é possível afirmar que este olhar crítico seja "irônico", embora lembre essa figura. Não há necessariamente uma verdade por trás desta inversão. A reação a essa repetição está mais próxima da ordem do grito. Um grito de basta, que faça as palavras que estão flutuando por trás da cabeça do leitor caírem, destroçadas, no chão. Um grito que reflita a pesada angústia de não ser capaz de escrever aquilo que o escritor deixou em nossas mãos.

Ao convidá-lo para dentro do processo de criação, Perec estava também, como Patricia e Robert Serval, tendendo a uma armadilha. Com a beleza dos manuscritos, ele seduziu o leitor e o fez pensar que poderiam criar juntos.

Mas, uma vez integrado à escritura, esse leitor vai descobrir que ali não há nenhum autor, que ele está só, e que todos os instrumentos abandonados no processo de criação estão falidos. Torna-se então impossível deitar-se com o livro, rir dos erros das intrigas, sentir prazer com a ausência de solução, pois a responsabilidade por essa ausência total da palavra também é nossa. É em nós que esse enorme vazio se abre.

Anexo

O Dossiê 53 *Jours*

Antes da análise dos documentos, é necessário conhecer alguns aspectos sobre a composição do dossiê e sobre a transcrição usada, que descreverei a seguir.

ALGUMAS QUESTÕES TÉCNICAS

Todos os documentos manuscritos e datiloscritos encontrados no apartamento de Georges Perec após a sua morte encontram-se hoje no Fonds Georges Perec, administrado pela Association Georges Perec, que tem sede na Bibliothèque de l'Arsenal (parte da Biblioteca Nacional da França), em Paris.

Os documentos foram classificados pela ex-mulher do escritor, Paulette Perec, em diferentes caixas, que correspondem aproximadamente aos diferentes projetos de Perec[1]. Os fólios[2] que estão nessas caixas foram numerados pelo geneticista Eric Le Calvez da se-

1. Para a redação desta parte, contei com a leitura do documento "Brève présentation du Fonds Georges Perec", de Paulette Perec, não publicado e acessível na Association Georges Perec.
2. Para os leitores não acostumados com os termos da crítica genética, é necessário esclarecer que "fólio" é o nome dado à unidade de numeração de um arquivo de manuscritos. Uma folha reuniria dois fólios, o fólio frente e o fólio verso. No caso deste manuscrito, porém, usamos as distinções francesas "recto/verso", que já se encontram nas classificações feitas pela Association Georges Perec.

A FICÇÃO DA ESCRITA

guinte maneira: há um primeiro número que corresponde à caixa na qual o fólio se encontra, um segundo número correspondente a uma subdivisão feita por Perec ou estabelecida pelos responsáveis pela classificação do arquivo e um último número que corresponde ao próprio número do fólio. O primeiro fólio de uma subclassificação está representado pelo número 1 e o último com o número total de fólios da subclassificação seguido da letra d (*dernier*). As subclassificações, por sua vez, podem dividir-se em mais subclassificações. Os fólios são numerados seguindo a última subclassificação. Dessa maneira, o fólio 52, 3, 2, 1 se encontra na caixa 52, na subclassificação 3 desta caixa (que corresponde ao *Classeur Beige*), na segunda parte desse fichário (à *chemise rose*), e é o primeiro fólio dessa pasta. As capas foram designadas como fólio zero de cada divisão.

A numeração do Fonds Georges Perec foi realizada após a edição de "*53 Jours*". Para a publicação do romance foi feita outra numeração, que esteve a cargo de Catherine Binet, a segunda mulher de Georges Perec. Embora essa numeração tenha sido útil e didática para os fins da edição, não é conveniente usá-la para um trabalho acadêmico, já que, em algumas partes, é incompleta e pouco precisa. No entanto, como os críticos do romance usam essa numeração para se referir ao manuscrito, será colocada como referência após a numeração feita por Le Calvez.

O conteúdo de todas as caixas está descrito no documento "Fonds Georges Perec", disponível na Association Georges Perec. A partir de sua leitura, pude perceber que a maior parte do material relativo a "*53 Jours*" está na caixa 52 do Fonds. Alguns cadernos cujo conteúdo relaciona-se vagamente ao romance encontram-se na caixa 51. Com a observação desses documentos, somada aos esclarecimentos dos editores do romance[3] e a uma breve descrição do manuscrito encontrada em uma pasta de trabalho para a edição do livro em 89[4], pude elaborar o seguinte dossiê genético:

---

3. "*53 Jours*", pp. 169-170.
4. Para a edição do romance, realizada em 1989, foram utilizadas cópias dos manuscritos. Pelo que pude pesquisar, os originais não foram manipulados. Dentro

ANEXO

- *Classeur Beige* (Pasta de papelão bege) (52,3,0)
  → *Planning* (Planejamento de redação) (52,3,1,1-2d)
  → Datiloscrito original (52,3,1,3-121d)
  → *Chemise rose* (Pasta cor-de-rosa) (52,3,1-13d)
  → Datiloscrito do capítulo 10 (52,3,3,1-4d)
  → *Notes renvoyant aux pages redigées* (52,3,4,1-6d)
  → Cópia carbono do datiloscrito original (52,3,5,1-72d)
- *Classeur Noir 53 jours* (Fichário preto 53 jours) (52,4,0)
  → Cronograma (52,4,0v)
  → Envelopes de plástico 1 a 17 com manuscritos (52,4,1 a 52,4,17)
  → *Pages Pliées* (Páginas dobradas no fichário) (52,4,20,1-5d)
  → *Pages non-classées* (Páginas não-classificadas) (52,4,18, 1r-6v d)
- *Cahier Orange* (Caderno laranja) (52,5,1-98+d)
- *Carnet Rhodia* (Bloco Rhodia 1) (52,6,1r-37d)
- *Cahier Bleu* (Caderno azul) (52,7,1-55)
- *Carnet sur la table de chevet* (Bloco sobre a mesinha de cabeceira) (52,8,1-8)
- *Carnet Blanc* (Caderno branco) (52,10,1-57v d)
- Folha do Bloco Rhodia 2 (51,6,14)
- Folha do Caderno Branco 2 (51,1,1)
- Folha do Bloco Rhodia 3 (51,11,4)[5]

A maioria das subdivisões deste dossiê foram feitas pelo próprio Perec. Seu passado de bibliotecário sempre transparece nos dossiês manuscritos. Obviamente, a subdivisão "páginas não-classificadas" não foi feita por ele. Suponho que seja de autoria dos editores do romance.

da pasta dessas cópias, encontrei duas folhas com o seguinte título: "53 JOURS – Description du manuscrit". Ninguém soube me dizer a autoria do documento.

5. Na elaboração de uma "hipótese de percurso", decidi manter os nomes em francês dos documentos para facilitar o diálogo com os trabalhos já publicados sobre esse romance, comentados no capítulo 1.

A FICÇÃO DA ESCRITA

Como disse no capítulo anterior, o conteúdo da maioria destes cadernos e pastas encontra-se no próprio livro *"53 Jours"*, porém considerei necessário realizar uma nova transcrição para definir com maior precisão os movimentos de escritura.

Muitas vezes – como defende Almuth Grésillon[6] – uma transcrição pode negar o seu objetivo e tornar quase inacessível o manuscrito supostamente reproduzido. Seja por limitações de infra-estrutura, seja por uma necessidade de mostrar a interpretação na própria transcrição, o dossiê genético freqüentemente não é transcrito tal como se apresenta, mas através de uma codicologia complexa que muda a cada nova transcrição. Esse é o caso da transcrição linearizada, que pretende importar o tipo de leitura do texto (da esquerda para a direita e de cima para baixo) para o manuscrito, através de símbolos no interior da linha, que representariam rasuras, acréscimos, substituições etc.

Poderia dizer: "para não correr esse risco, optei pela transcrição diplomática, que tem o objetivo de reproduzir o manuscrito da forma como o vejo". Embora isto seja, em parte, verdade, a razão principal de minha escolha não foi esta. Como já descrevi acima, uma das características mais marcantes do manuscrito de *"53 Jours"* é a pluralidade de escritas em um mesmo suporte. Em um mesmo pedacinho de papel deste dossiê, é possível encontrar quatro cores diferentes, em sentidos e inclinações diferentes, correspondentes a quatro momentos de escrita diferentes, que muitas vezes nem estão centrados no mesmo "tema". Se reduzisse isto a uma linha em tinta preta, com a mesma tipografia, perderia completamente a possibilidade de estabelecer uma cronologia e, conseqüentemente, de elaborar hipóteses sobre o processo de redação do romance.

O tipo de transcrição escolhida para este caso é mais-do-que-diplomática. O que quer dizer, basicamente, que tentei reproduzir variáveis que, em geral, as transcrições desse tipo não consideram, como as inclinações do texto, os sentidos da escrita e as

6. Almuth Grésillon, *Éléments de critique génétique*.

2 5 6

ANEXO

cores[7]. Com as possibilidades que os programas gráficos oferecem hoje em dia, suponho que outras transcrições, que estão sendo feitas neste momento (às quais ainda não tive acesso) já consideram todos esses elementos e que a minha escolha não é nada original.

De qualquer maneira, há ainda alguns detalhes que não podem ser reproduzidos tal como estão no manuscrito; há possibilidades gráficas de fazê-lo, mas o resultado entorpece a leitura. É o caso dos elementos sobrescritos, por exemplo. Para simbolizá-los, utilizei, tal como aconselha Grésillon, uma barra. Assim, no fólio 52,3,2,3, o "pour moi" sobrescrito a lápis com traço grosso sobre as mesmas palavras em tinta preta, é simbolizado da seguinte maneira: "(pour moi/ **pour moi**)". Para as palavras ilegíveis, usei um parêntese com letras cursivas: (?). As leituras sobre as quais não estou certa foram colocadas entre asteriscos. Os trechos datiloscritos do dossiê foram reproduzidos com a tipografia `courier`, para diferenciá-los dos trechos manuscritos[8]. Todo o uso de simbologias foi baseado nas recomendações do capítulo 3 de *Éléments de critique génétique*.

Como já mencionei anteriormente, considerei que apenas a transcrição diplomática dos fólios era insuficiente para entender a cronologia da criação do romance. Alguns fólios do Fichário preto, por exemplo, foram arrancados do Caderno laranja, como pude observar a partir do manuscrito original. Esse fato altera completamente uma suposição de cronologia feita a partir da classificação atual dos documentos. Como forma de registro dessas alterações do suporte, realizei, junto com a transcrição do manuscrito, uma descrição minuciosa do suporte de cada fólio, com as suas dimensões, a cor da tinta usada e outras observações, que só serão apontadas neste trabalho quando pertinentes para a análise.

7. Mesmo que a transcrição tenha respeitado as cores originais, nesta reprodução limitamo-nos a apontar as mudanças de cor por meio de notas de rodapé.
8. No caso dos fólios que tinham trechos datiloscritos e trechos manuscritos, optei por reproduzir os trechos manuscritos com letras cursivas, para diferenciá-los dos trechos datiloscritos.

A FICÇÃO DA ESCRITA

É necessário esclarecer que eu não transcrevi completamente alguns trechos datiloscritos do dossiê, em primeiro lugar por falta de tempo e, em segundo lugar, porque, nestes casos, a transcrição completa carecia de sentido. Refiro-me aos datiloscritos da Pasta de papelão bege, que na verdade correspondem ao texto publicado. Transcrevê-lo em sua totalidade seria simplesmente copiar o livro sobre o qual trabalho, o que me parece um exercício pouco útil. Só reproduzi os trechos em que havia uma rasura ou uma alteração não indicadas na obra editada. Também é o caso do Planejamento da Pasta de papelão bege (52,3,1,2), já que está escrito em um formulário específico. A reprodução completa era trabalhosa demais e pouco funcional para uma análise genética. Como solução, transcrevi o conteúdo do formulário, com as alterações de tinta correspondentes.

Ao obter todas as informações que reproduzi e anotei na descrição do suporte, percebi que era possível organizar o manuscrito de diversas maneiras: na ordem em que foi encontrado, por suporte, por cor de tinta, por data etc. Cada ordem produzia um novo tipo de conhecimento genético e cada vez mais parecia improvável mostrar uma disposição ideal. A única ordem ideal era aquela que incluísse todas as ordens possíveis. Nos dias de hoje, essa ordem chama-se edição eletrônica de um manuscrito em Cd-Rom. Mas essa tarefa não cabe a mim, pesquisadora radicada no Brasil, e sim aos donos dos direitos de autor e à editora desta obra.

Bibliografia

———◆———

OBRAS DE GEORGES PEREC (USADAS NESTA PESQUISA)

"53 Jours". Texto estabelecido por Harry Mathews e Jacques Roubaud. Paris, Gallimard, 1989, Collection Folio.

"53 Jours". Texto estabelecido por Harry Mathews e Jacques Roubaud. Paris, P.O.L., 1989.

Les choses. Une histoire des années soixante. Paris, Julliard, 1965.

Quel petit vélo à guidon chromé au fond de la cour. Paris, Denoël, 1966.

Un homme qui dort. Paris, Denoël, 1967.

La disparition. Paris, Denoël, 1969.

Les revenentes. Paris, Julliard, 1971.

Espèces d'espaces. Paris, Gallilée, 1974.

W ou le souvenir d'enfance. Paris, Denöel, 1976.

La vie mode d'emploi. Paris, Hachette, 1980.

Un cabinet d'amateur. Paris, Balland, 1988 [1979].

Penser/Classer. Paris, Hachette, 1985.

L'infra-ordinaire. Paris, Seuil, 1989.

Je suis né. Paris, Seuil, 1990.

L.G. Une aventure des années soixante. Paris, Seuil, 1992.

Le voyage d'hiver. Paris, Seuil, 1993.

Le cahier de charges de La vie mode d'emploi. Présentation, transcription et notes: Hans Hartje, Bernard Magné, Jacques Neefs. Paris, CNRS/Zulma, 1993.

A FICÇÃO DA ESCRITA

OBRAS DE GEORGES PEREC TRADUZIDAS NO BRASIL

As Coisas. Trad. Teixeira Coelho Netto. São Paulo, Nova Crítica, 1969.
Um Homem que Dorme. Trad. Dalva Laredo Diniz. Rio de Janeiro, Nova Fronteira, 1988.
A Vida Modo de Usar. Trad. Ivo Barroso. São Paulo, Companhia das Letras, 1991.
W ou A Memória da Infância. Trad. Paulo Neves. São Paulo, Companhia das Letras, 1995.

OBRAS EM COLABORAÇÃO

Oulipo. *Atlas de littérature potentielle*. Paris, Gallimard, 1981.

OBRAS/REVISTAS DEDICADAS A GEORGES PEREC

Parcours Perec. Lyon, Presses Universitaires de Lyon, 1990.
Cahiers Georges Perec 1. Paris, P.O.L., 1985.
Cahiers Georges Perec 6. Paris, Seuil, 1996.
Georges Perec: écrire/transformer. Études Littéraires, vol. 23. Quebec, Université Laval, 1990.
Le Magazine Littéraire n. 316. Paris, dez. 1993.
BELLOS, David. *Georges Perec une vie dans les mots*. Paris, Éditions du Seuil, 1994.
BURGELIN, Claude. *Les parties de domino chez Monsieur Lefevre. Perec avec Freud – Perec contre Freud*. Circé, 1996.
LEJEUNE, Philippe. *La mémoire et l'oblique: Perec autobiographe*. Paris, P.O.L, 1991.
MAGNÉ, Bernard. *Perecollages 1981-1988*. Toulouse, Presses Universitaires du Mirail, 1989.

DISSERTAÇÕES/TESES SOBRE GEORGES PEREC

BENAROYA, Chloé. "Étude Littéraire Georges Perec *53 Jours*". Mémoire de Maîtrise sob a orientação de Mme. Bancquart. Université Paris IV, 1993. Inédita.

BIBLIOGRAFIA

BOILLAT, Raphaël. "Des structures au biotexte. *53 Jours* de Georges Perec". Mémoire de Licence sob a orientação de André Wyss. Université de Lausanne, 1998. Inédita.

HARTJE, Hans. *Georges Perec écrivant*. Tese sob a orientação de Jacques Neefs. Université Paris VIII, 1995. Inédita.

LAVALLADE, Eric. "Une bibliothèque de cadavres. Réfléxions autour du roman policier pour l'analyse de *53 Jours*, de Georges Perec". Mémoire de DEA sob a orientação de Jacques Neefs. Université Paris VIII, 1999. Inédita.

MEIRA, Vinícius. "*A Vida Modo de Usar*, de Georges Perec: Quatro Possíveis Modos de Interrogação." Dissertação de mestrado sob a orientação da professora Glória Carneiro do Amaral. Departamento de Letras Modernas, Universidade de São Paulo, 1999. Inédita.

VILLENA ALVARADO, Marcelo. "Roman à tiroirs ou tora à miroirs? Les structures spéculaires dans *53 Jours*, de Georges Perec". Mémoire de Maîtrise sob a orientação de Bernard Magné. Université de Toulouse le Mirail, 1992. Inédita.

ARTIGOS CRÍTICOS SOBRE A OBRA DE GEORGES PEREC

DE BARY, Cécile. "Les glaces gravées". *Le cabinet d'amateur* 7-8, *Revue d'études perequiennes*. Toulouse, Presses Universitaires de Mirail, Décembre 1998.

DE LIÈGE, Dominique. "Perec, Pontalis: fin d'une ruse", *Revue du Littoral* n. 43, Février, 1986.

HARTJE, Hans. "Georges Perec. Des relais pour écrire", *Rivista di Letterature moderne e comparate*, Pisa, Pacini editore, 1997.

LEJEUNE, Philippe. "Les cent trente-trois lieux de Georges Perec", *Carnet d'Écrivains*, Paris, Éditions du Centre National de la Recherche Scientifique, 1990.

_____. "Vilin souvenirs", *Genesis* n. 1, Paris, 1992.

MAGNÉ, Bernard. "Du registre au chapitre: le cahier de charges de *La vie mode d'emploi* de Georges Perec". *De Pascal a Perec. Penser/ Classer/ Écrire*. Paris, Presses Universitaires de Vincennes, 1990.

MELENOTTE, Georges Henri. "Graphème indécryptable de Georges Perec", *Revue du Littoral* n. 33, Novembre 1991.

MILÉSI, Laurent. "La variante joycienne et perecquienne: Études contrastives". *Genèse et variation textuelle. Textes et manuscrits publiés par Louis Hay*. Paris, CNRS, 1991.

MIGUET, Marie. "Sentiments filiaux d'un prétendu parricide: Perec", *Poétique* n. 54, Paris, Seuil, 1983.

NEEFS, Jacques. "Queneau, Perec, Calvino: création narrative et explorations logiques", *Romanische Philologie*, n. 25, 1986/2.

NEEFS, Jacques & ROUBAUD, Jacques. "Entretien: Récit et langue, à propos de *53 Jours*, de Georges Perec", *Littérature* n. 80, Paris, 1990.

PAWLIKOWSKA, Ewa. "Insertion, recomposition dans *W ou Le Souvenir de l'enfance*". *De Pascal a Perec. Penser/Classer/ Écrire.* Paris, Presses Universitaires de Vincennes, 1990.

PEREC, Paulette. "Brève présentation du Fonds Georges Perec". *Association Georges Perec* (Distribuição interna).

QUÉLEN, Dominique & REBEJKOW, Jean-Christophe. "*Un cabinet d'amateur*: le lecteur ébloui", *Cahiers Georges Perec 6*, Paris, Seuil, 1996.

ROUBAUD, Jacques. "Notes sur la poétique de listes chez Georges Perec". *De Pascal a Perec. Penser/Classer/ Écrire.* Paris, Presses Universitaires de Vincennes, 1990.

————. "L'auteur oulipien". *L'auteur et le manuscrit.* Paris, PUF, 1991.

SESTOFT, Carsten. "Perec et le 'postmodernisme' americain". *Actes du colloque Georges Perec* (Sem dados editoriais).

SILVA, Edson Rosa da. "O Vazio da Estante". In: *Anais do VI Congresso da ASSEL.* Rio de Janeiro, UFRJ/FAPERJ, 1996.

————. "W... Points de suspension...", *Ariane* n. 13, Lisboa, GUELF, 1995.

————. "Un cabinet d'amateur: Quando a Ficção Reflete Sobre a Arte", *Letras, Sinais*, Lisboa, Edições Cosmos, 1999.

ENTREVISTAS COM GEORGES PEREC

LE SIDANER, Jean-Marie. *L'Arc*, n. 76, 1979.

ORIOL-BOYER, Claudette. "Ce qui stimule ma raconteuze...", *TEM* n. 1, 1984.

PAWLIKOWSKA, Ewa. *Littératures 7.* Toulouse, Université de Toulouse-Le Mirail, 1983.

ROYER. "La vie est un livre". *Écrivains contemporains: 1976-1979.* Paris, Éditions de l'hexagone, 1982.

SIMONY, Gabriel. *Jungle* n. 6, 1983.

BIBLIOGRAFIA

OUTROS TEXTOS

ARANTES, Paulo Eduardo. "Tentativa de Identificação da Literatura Francesa", *Novos Estudos*, n. 28. São Paulo, Cebrap, 1990.

ASSIS, Joaquim Maria Machado de. *Memórias Póstumas de Brás Cubas*. São Paulo, Ática, 1987 [1881].

AUERBACH, Erich. *Mimesis. A Representação da Realidade na Literatura Ocidental*. São Paulo, Perspectiva, 1976.

AUSTER, Paul. *A Arte da Fome*. Rio de Janeiro, José Olympio, 1996 [1992].

AUSTER, Paul & CONTAT, Michel. Entretien: "Le manuscrit dans le livre", *Genesis* n. 9, Paris, 1996.

BAKHTIN, Mikhail. *Estética da Criação Verbal*. São Paulo, Martins Fontes, 1997.

_____. *Problemas de la Poética de Dostoievski*. México D.F., Fondo de Cultura Económica, 1986.

_____. *Esthétique et théorie du roman*. Paris, Gallimard, 1978.

BALZAC, Honoré de. *Le colonel Chabert*. Paris, Librairie Générale Française, 1994.

BARBOSA, João Alexandre. *A Leitura do Intervalo. Ensaios de Crítica*, São Paulo, Iluminuras, 1990.

BARTHES, Roland. *Critique et vérité*. Paris, Éditions du Seuil, 1966.

_____. *S/Z*. Paris, Éditions du Seuil, 1970.

_____. "Écrire la lecture". *Oeuvres complètes. Tome II. 1966-1973*. Paris, Éditions du Seuil, 1995.

_____. *O Rumor da Língua*. São Paulo, Brasiliense, 1988.

_____. *O Prazer do Texto*. São Paulo, Perspectiva, 1993.

BAYER, Raymond. *Historia de la Estética*. México D.F., Fondo de Cultura Económica, 1993 [1961].

BELLEMIN-NOËL, Jean. *Interlignes, Essais de Textanalyse*. Paris, Presse Universitaire de Lille, 1988.

_____. *Vers l'inconscient du texte*. Paris, PUF, 1979.

_____. *Le texte et l'avant texte*. Paris, Larousse, 1972.

BENTO, Conceição. *"Un coeur simple*. Um Estudo Genético". Dissertação de mestrado sob a orientação de Philippe Willemart. Departamento de Letras Modernas, Universidade de São Paulo, 1999.

BENVENISTE, Émile. *Problèmes de linguistique générale 1*. Paris, Gallimard, 1966.

BIASI, Pierre-Marc de. *La génétique des textes*. Paris, Nathan, 2000.

BLOOM, Harold. *A Angústia da Influência. Uma Teoria da Poesia*. Rio de Janeiro, Imago, 1991.

BORGES, Jorge Luis. *Ficciones*. Buenos Aires, Emecé,
_____. *Otras Inquisiciones*. Buenos Aires, Emecé, 1960.
BOSI, Alfredo. *Céu, Inferno*. São Paulo, Ática, 1988.
BOURDIEU, Pierre. *As Regras da Arte*. São Paulo, Companhia das Letras, 1992.
BRAIT, Beth (org.). *Bakhtin, Dialogismo e Construção de Sentido*. Campinas, Editora da Unicamp, 1997.
CALVINO, Italo. *O Castelo dos Destinos Cruzados*. São Paulo, Companhia das Letras, 1999.
_____. *Se um Viajante numa Noite de Inverno*. São Paulo, Companhia das Letras, 1999.
_____. *Seis Propostas para o Próximo Milênio*. São Paulo, Companhia das Letras, 1999.
_____. *Por que Ler os Clássicos*. São Paulo, Companhia das Letras, 1998.
CHRISTIE, Agatha. *Dix petits nègres*. Paris, Librairie de Champs-Elysées, 1993.
CONTAT, Michel & FERRER, Daniel (orgs.). *Pourquoi la critique génétique?* Paris, CNRS Éditions, 1998.
CORTÁZAR, Julio. *Los relatos 2*. Madrid, Alianza Editorial, 1976.
_____. "Situación de la novela". *Obra crítica 2*. Buenos Aires, Alfaguara, 1994.
COURSIL, Jacques. "La fonction muette du langage. Essai de linguistique générale contemporaine". Apostila distribuída no curso "Analythique du langage et du dialogue" (FFLCH-USP, 2000).
COVENAY, Peter & HIGHFIELD, Roger. *A Flecha do Tempo*. São Paulo, Siciliano, 1993.
CRISTO, Maria da Luz Pinheiro de. "Memórias de um Certo Relato". Dissertação de mestrado sob orientação de Philippe Willemart. Departamento de Letras Modernas, Universidade de São Paulo, 2000. Inédita.
DALLENBACH, Lucien. *Le récit spéculaire*. Paris, Seuil, 1977.
DERRIDA, Jacques. *A Escritura e a Diferença*. São Paulo, Perspectiva, 1971.
DIDEROT, Denis. *Jacques le fataliste et son maître*. Lausanne, Jack Rollan Éditeur, 1965.
DOSSE, François. *História do Estruturalismo 2. O Canto do Cisne, de 1967 a Nossos Dias*. Campinas, Editora da Unicamp, 1994.
EAGLETON, Terry. *A Ideologia da Estética*. Rio de Janeiro, Jorge Zahar Editor, 1993.

BIBLIOGRAFIA

_____. *Ideologia. Uma Introdução.* São Paulo, Boitempo e Editora da Unesp, 1997.

ECO, Umberto. *Lector in Fabula.* São Paulo, Perspectiva, 1986.

_____. *Seis Passeios pelos Bosques da Ficção.* São Paulo, Companhia das Letras, 1994.

FALCONER, Graham. "Où en sont les études génétiques littéraires?", *Texte* 7, 1988.

FOUCAULT, Michel. *Les mots et les choses. Une archéologie des sciences humaines.* Paris, Gallimard, 1966.

_____. *La pensée du dehors.* Paris, Fata Morgana, 1986 [1966].

FREUD, Sigmund. "Projeto para uma Psicologia Científica". *Obras Completas,* Rio de Janeiro, Imago, 1969, vol. I.

_____. "Caráter e Erotismo Anal". *Obras Completas,* Rio de Janeiro, Imago, 1969, vol. 9.

_____. "El creador literario y el fantaseo". *Obras Completas,* Buenos Aires, Amorrotu Editores, 1993, vol. 9.

_____. "Formulações Sobre os Dois Princípios do Funcionamento Mental". *Obras Completas,* Rio de Janeiro, Imago, 1976, vol. 12.

_____. "Lo inconsciente". *Obras Completas,* Buenos Aires, Amorrotu Editores, 1993, vol. 14.

_____. "Pegan a un Niño". *Obras Completas,* Buenos Aires, Amorrotu Editores, 1986, vol. 17.

_____. "A Negatividade". *Obras Completas,* Rio de Janeiro, Imago, 1976, vol. 19.

_____. "Más Allá del Principio de Placer". *Obras Completas,* Buenos Aires, Amorrotu Editores, 1993, vol. 19.

_____. "Lo Ominoso". *Obras Completas,* Buenos Aires, Amorrotu Editores, 1993, vol. 17.

GALÍNDEZ JORGE, Verónica. "Alucinação, Memória e Gozo Místico. Dimensões dos Manuscritos de *Un coeur simple* e *Heródias* de Flaubert". Dissertação de mestrado sob a orientação de Philippe Willemart. Departamento de Letras Modernas, Universidade de São Paulo, 2000. Inédita.

GENETTE, Gérard. *Figures II.* Paris, Éditions du Seuil, 1969.

_____. *Figures III.* Paris, Éditions du Seuil, 1972.

_____. *Seuils.* Paris, Seuil, 1977.

_____. *Palimpsestes. Littérature au second degré.* Paris, Éditions du Seuil, 1982.

_____. *Nouveau discours du roman.* Paris, Éditions du Seuil, 1983.

A FICÇÃO DA ESCRITA

GREEN, André. "A Desligação". *Teoria Literária e suas Fontes*. Seleção: Luiz Costa Lima, vol. 1, 2.ed. Rio de Janeiro, Francisco Alves, 1983.

GRÉSILLON, Almuth. *Élements de critique génétique*. Paris, PUF, 1994.

_____. "La critique génétique française: hasards et necessités". In: LEDUC-ADINE, Jean-Pierre (org.). *Mimesis et semiosis. Pour Henri Mitterand*. Lucon, Nathan, 1992.

HABERMAS, Jünger. *Le discours philosophique de la modernité*. Paris, Gallimard, 1988 [1985].

HAY, Louis (org.). *La naissance du texte*. Paris, CNRS, 1987.

HAY, Louis. "Critiques de la critique génétique", *Genesis* n. 6, 1994.

HAY, Louis *et alii*. *Le manuscrit inachevé. Écriture, création, communication*. Paris, CNRS Éditions, 1994.

HOBSBAWM, Eric. *A Era dos Extremos: 1914-1991*. São Paulo, Companhia das Letras, 2000 [1994].

HUTCHEON, Linda. *Narcissistic Narrative. The Metafictional Narrative*. London, Methuen and Co., 1984.

ISER, Wolfgang. *L'acte de lecture. Théorie de l'effet esthétique*. Bruxelles, Pierre Mardaga, 1997.

JAMESON, Fredric. *O Inconsciente Político: A Narrativa como Ato Socialmente Simbólico*. São Paulo, Ática, 1992.

_____. *El Postmodernismo o la Lógica Cultural del Capitalismo Avanzado*. Barcelona, Paidós, 1991.

JOUET, Jacques. *Hinterreise et autres histoires retournées*. La bibliothèque oulipienne, n. 108, 1999.

JURANVILLE, Alain. *Lacan e a Filosofia*. Rio de Janeiro, Jorge Zahar Editor, 1987.

KAUFMANN, Pierre. *Dicionário Enciclopédico de Psicanálise. O Legado de Freud e Lacan*. Rio de Janeiro, Jorge Zahar Editor, 1996.

KRISTEVA, Julia. *Semiotiké. Recherches pour une semanalyse*. Paris, Éditions du Seuil, 1969.

_____. *La révolution du langage poétique*. Paris, Éditions du Seuil, 1974.

LACAN, Jacques. *O Seminário. Livro 7. A Ética da Psicanálise*. Rio de Janeiro, Jorge Zahar Editores, 1988.

_____. *O Seminário. Livro 11. Os Quatro Conceitos Fundamentais da Psicanálise*. Rio de Janeiro, Jorge Zahar Editor, 1988.

LAPLANCHE, Jean & PONTALIS, J.-B. *Fantasia Originária, Fantasias das Origens, Origens da Fantasia*. Rio de Janeiro, Jorge Zahar, 1987.

LEBRAVE, Jean-Louis. "La critique génétique: une discipline nouvelle ou un avatar moderne de la philologie?", *Genesis 1*, 1990.

BIBLIOGRAFIA

LYOTARD, Jean-François. *La Condición Posmoderna*. Madrid, Cátedra, 1984.

————. *La Posmodernidad (Explicada a los Niños)*. Barcelona, Editorial Gedisa, 1984.

MAGNO, M. D. *Senso Contra Censo*. Rio de Janeiro, Colégio Freudiano do Rio de Janeiro, 1977.

MALLARMÉ, Stéphane. *Oeuvres complètes*. Paris, Gallimard, 1998.

MAN, Paul de. *Alegorias da Leitura*. São Paulo, Imago, 1996.

MARTY, Éric. "Les conditions de la génétique. Génétique et phénoménologie". *Pourquoi la critique génétique?*. Paris, CNRS, 1998.

MEIRELLES, Teresinha. "GH: Sublime Travessia". Dissertação de mestrado sob a orientação de Philippe Willemart. Departamento de Letras Modernas, Universidade de São Paulo, 2001.

MERLEAU-PONTY, Maurice. *Le problème de la genèse*. Inédito.

————. *Signes*, Paris, Gallimard, 1960.

————. *L'oeil et l'esprit*. Paris, Gallimard, 1997.

NABOKOV, Vladimir. *La vraie vie de Sebastien Knight*. Paris, Gallimard, 1962.

NASIO, Juan-David. *O Olhar em Psicanálise*. Rio de Janeiro, Jorge Zahar, 1995.

OULIPO. *La Bibliothèque Oulipienne*, vol. 4. Paris, Le Castor Austral, 1997.

PINGAUD, Bernard. "Merleau-Ponty, Sartre et la Littérature", *L'Arc*, 1977.

PASSOS, Cleusa Rios Pinheiro. *Confluências. Crítica Literária e Psicanálise*. São Paulo, Edusp, 1995.

PERRONE-MOISÉS, Leyla. *Altas Literaturas*. São Paulo, Companhia das Letras, 1998.

PONTALIS, Jean-Baptiste. *O Amor dos Começos*. São Paulo, Globo, 1988.

PRINCE, GERALD. "Introduction à l'étude du narrataire", *Poétique* n. 14. Paris, 1973.

————. "Notes About the Text as a Reader". *The Reader in the Text, Essays on Audience and Interpretation*. Princeton, Princeton University Press, 1980.

PRIGOGINE, Ilya. *O Fim das Certezas. Tempo, Caos e Leis da Natureza*. São Paulo, Editora da Unesp, 1996.

QUENEAU, Raymond. *Bâtons, chiffres et lettres*. Paris, Gallimard, 1965.

————. *Exercices de style*. Paris, Gallimard, 1947.

ROTHE, Arnold. "Le rôle du lecteur dans la critique allemande contemporaine", *Littérature* n. 32, Paris, 1978.

A FICÇÃO DA ESCRITA

ROUBAUD, Jacques. *Poésie, etcetera: ménage*. Paris, Éditions Stock, 1995.

SALLES, Cecília Almeida. *Crítica Genética – Uma Introdução*. São Paulo, Educ, 1992.

_____. *Gesto Inacabado – Processo de Criação Artística*. São Paulo, Annablume, 1998.

STAM, Robert. *O Espetáculo Interrompido. Literatura e Cinema de Desmistificação*. São Paulo, Paz e Terra, 1981.

STENDHAL. *La chartreuse de Parme*. Paris, Garnier-Flammarion, 1964.

STENDHAL. *Le rouge et le noir*. Paris, Garnier-Flammarion, 1964.

STERNE, Laurence. *A Vida e as Opiniões do Cavaleiro Tristram Shandy*. São Paulo, Companhia das Letras, 1998.

TODOROV, Tzvetan. *Mikhail Bakhtine le principe dialogique*. Paris, Éditions du Seuil, 1981.

UNAMUNO, Miguel de. *Niebla*. Madrid, Taurus, 1974.

VATTIMO, Gianni. *El Fin de la Modernidad. Nihilismo y Hermenéutica en la Cultura Post-moderna*. Barcelona, Gedisa Editorial, 1997.

VIGNAUX, Georges. *Discours acteur du monde*. Paris, Ophrys, 1988.

WILLEMART, Philippe. *Universo da Criação Literária*. São Paulo, Edusp, 1993.

_____. *Além da Psicanálise: A Literatura e as Artes*. São Paulo, Nova Alexandria, 1995.

_____. "De Qual Inconsciente Falamos no Manuscrito?", *Manuscrítica* n. 5, 1995.

_____. *Bastidores da Criação Literária*. São Paulo, Iluminuras, 1999.

ZULAR, Roberto. "No Limite do País Fértil. Os Escritos de Paul Valéry entre 1894 e 1896". Tese de doutorado sob a orientação de Philippe Willemart. Departamento de Letras Modernas. Universidade de São Paulo, 2001. Inédita.

Coleção Estudos Literários

1. *Clarice Lispector. Uma Poética do Olhar*
   Regina Lúcia Pontieri
2. *A Caminho do Encontro. Uma Leitura de* Contos Novos
   Ivone Daré Rabello
3. *Romance de Formação em Perspectiva Histórica.*
   O Tambor de Lata *de G.* Grass
   Marcus Vinicius Mazzari
4. *Roteiro para um Narrador. Uma Leitura dos Contos de*
   Rubem Fonseca
   Ariovaldo José Vidal
5. *Proust, Poeta e Psicanalista*
   Philippe Willemart
6. *Bovarismo e Romance:* Madame Bovary *e* Lady Oracle
   Andrea Saad Hossne
7. *O Poema: Leitores e Leituras*
   Viviana Bosi et al. (orgs.)
8. *A Coreografia do Desejo. Cem Anos de Ficção Brasileira*
   Maria Angélica Guimarães Lopes
9. Serafim Ponte Grande *e as Dificuldades da Crítica Literária*
   Pascoal Farinaccio
10. *Ficções: Leitores e Leituras*
    Viviana Bosi et al. (orgs.)
11. *Samuel Beckett: O Silêncio Possível*
    Fábio de Souza Andrade
12. *A Educação Sentimental em Proust*
    Philippe Willemart
13. *João Guimarães Rosa e a Saudade*
    Susana Kampff Lages
14. *A Jornada e a Clausura*
    Raquel de Almeida Prado
15. *De Vôos e Ilhas*
    Benjamin Abdala Junior
16. *A Ficção da Escrita*
    Claudia Amigo Pino

Título	A Ficção da Escrita
Autora	Claudia Amigo Pino
Capa	Aline E. Sato
Ilustração da Capa	Henrique Xavier
Revisão	Geraldo Gerson de Souza
Editoração Eletrônica	Aline E. Sato
	Amanda E. de Almeida
Formato	12,5 x 20,5 cm
Tipologia	Berkeley Book
Papel	Cartão Supremo 250 g/m² (capa)
	Polén Soft 80 g/m² (miolo)
Número de Páginas	272
Fotolito	Liner Fotolito
Impressão e Acabamento	Lis Gráfica